美国反恐怖战略调整及其对中国的影响

THE ADJUSTMENT OF AMERICAN ANTI TERROR STRATEGY AND ITS IMPACT ON CHINA

张家栋◎主编

时事出版社

《美国问题研究丛书》编委会名单

《美国问题研究丛书》总序

上海市美国问题研究所成立于2009年11月22日，系上海市政府全额财政拨款的事业单位，其立所宗旨为加强美国问题及中美关系的研究、促进中美人员交流和两国间的相互理解。该所同时以打造中国有特色的美国研究机构为目标，并为中国中央和地方政府决策提供咨询服务。

自成立以来，本所全体人员便以发展繁荣国内美国研究、加强中美交流为己任，举办各种类型的会议，发布年度研究课题，编写《美国动态》，编写"上海与美国"系列文集，出版《上海影像——见证中美关系发展百年史》画册等，而打造一套《美国问题研究丛书》则是本所矢志不渝的学术追求。我们希望通过这样一套丛书，反映国内学界对于美国问题的最新思考和深度总结。通过作者自主申报和所学术委员会推荐等方式，我们围绕美国问题研究和中美关系这两大领域，精心挑选了一批具有较高研究质量和重要政策意义的作品并将其纳入丛书系列。本套丛书主要以学术专著的形式呈现，但也适当考虑具有一定学术价值的编著、论文集和译作。从研究内容看，本套丛书主要涉及经济、安全、社会和政治等议题，同时也希望能够选取一些新兴议题的研究成果。本套丛书特别重视国内青年学者的优秀作品，鼓励年轻人在美国问题和中美关系研究等领域进行开拓和创新。

进入新世纪以来，新的国际热点问题不断涌现，同时中国的崛起也使得中国的利益全球化，这些发展拓展了中国国际问题研究者的研究视野，拓宽了国际问题研究的领域。在此背景下，国内美国研究或者美国问题研究相比以前，存在着一定程度的退潮。表面上看，就国别研究而论，美国仍然是国内国际关系学界的研究重心，但深入分析则不难发现，真正关于美国研究的专著以及其他有分量和影响力的作品越来越少。在某种程度上，这折射了美国在世界上地位与影响力的下降，也反映了中国学者对中国自身更多的关注，毕竟中国的迅猛发展给我们的学术研究带来了更多新鲜和富有挑战性的话题。

但是，不管学界的注意力如何变化，对美国进行深度研究远没有过时。在未来很长一段时间内，美国仍将是世界上综合实力最强的国家，它在21世纪的走向值得全世界的密切关注。对中国来说，美国仍将是影响中国国内政治以及中国与世界关系的最主要的外部因素。对于这样一个如此重要的国家，中国必须要对其进行坚实、深入和长期的研究：要通过研究，真正了解美国国内政治、经济、社会和文化生态，丰富我们对美国在21世纪的发展趋势的认识；也要通过研究，深刻把握中美关系的本质和规律，提高对两国关系发展的预见性；还要通过研究，推动中美之间增信释疑和建立战略互信。鉴于以上原因，这套《美国问题研究丛书》的出版有着特别重要的现实意义。

衷心希望通过本套丛书为国内美国学界同仁提供更多的知识交融机会，繁荣国内美国问题的研究，成为国内青年学者展现学术风采的平台。

是为序。

上海市美国问题研究所长　吴心伯

2013年6月6日

目　录

第一部分　美国国家安全战略及其调整

第二部分　美国反恐战略及其调整

第三部分　美国地区反恐战略

第四部分　美国反恐战略调整对中国的影响

前　言

张家栋　胡　华

2001 年 9 月 11 日发生的超级恐怖事件，开启了一个历时近十年的全球反恐战争时代，也让人们对恐怖主义问题有了新的认识。经过国际社会的十年努力，国际恐怖主义形势已经发生了重大变化，以“基地”组织为代表的伊斯兰国际圣战运动虽然方兴未艾，但是“基地”组织本身的行为能力却被严重削弱。在反恐怖阵营一边，美国打着反恐旗号发动了阿富汗和伊拉克两场战争，并高举全球反恐战争大旗以后，发现自己不仅没有实现预定的反恐目标和国际战略目标，反而陷入到一个没有明确对象、没有清晰战略目标的无休止的冲突泥潭之中。虽然自“9·11”事件以来，美国本土再没有发生重大恐怖事件，但是反恐收益与反恐付出远远不成正比。2009 年奥巴马总统上台以后，美国开始对其国家安全战略和反恐战略进行重大调整，降低了反恐怖在国家安全战略中的地位，淡化了全球反恐战争概念。随着这一调整，国际社会上曾经有过的全球反恐共识也开始消散，“一个人眼中的恐怖分子是另外一个人眼中的自由战士”开始重新成为主流反恐逻辑。在这种情况下，美国反恐战略的调整与变化，就不仅是美国一国的事务，也会对国际关系造成重大影响，也是一个影响中国国家安全和国家利益的重要因素。为解读上述问题，2012 年 10 月 22—23 日，复旦大学美国研究中心、上海市美国问题研究所和上海反恐怖研究中心共同举办了“美国反恐战略调整及其对中国的影响”学术研讨会，来自海峡两岸的40多名学者参与此会。与会人员就“美国安全战略及其调整”、“美国反恐战略及其调整”以及“美国反恐战略调整对中国的影响”等议题进行了广泛而深入的研讨。

一、美国国家安全战略及其调整

美国国家安全战略调整受国际权力结构变化的影响。在过去十年中，国际权力结构从实力结构、制度结构到观念结构，都发生了重大的变化。基于这些变化，奥巴马总统于2009年上台以后，对美国国家安全战略进行了调整。

（一）国际权力结构变迁

国际权力结构包括国际实力结构、国际制度结构和国际观念结构。实力结构决定制度结构的样式和观念结构中的主导观念，制度结构对实力结构形成制约，观念结构则体现在制度结构之中，三者呈现相互关系。

第一，国际实力结构变迁。第二次世界大战以来，国际实力结构已经出现了重大的变化。冷战时期，两极格局取代欧洲中心格局，军事实力以及军事战略是美苏两国国家安全战略及其相互间关系的主要特征。冷战结束以后，在横向上，一超多强的格局取代了两极格局；在纵向上，国际实力结构不再局限于政治军事领域，发展成一种立体的、多元的实力结构形态。在国际实力结构的变迁中，中国以及新兴国家群体的表现最为显著。在过去十多年中，中国的GDP从世界第五位，一路上升到世界第二位，从美国GDP的1/6上升到近1/2，在未来还有超越美国成为世界第一经济大国的趋势。在这种情况下，国际经济结构发生了变化，与此相应的国际政治结构与国际军事结构也出现了对新兴国家、对中国有利的变化。目前，虽然美国仍然是世界第一军事大国，但是其在东亚的军事手段选择权受到了中国等国家的制约，其在东亚的盟国体系也受到中国等新兴国家的影响。一些东亚国家纷纷表现出在中美之间搞平衡外交的意愿，并已有所行动。虽然奥巴马总统上台以来，日本等与中国存在领土与海洋争端的国家出现了借美抗中的态势，但在中美之间搞平衡外交的基本趋势并没有变化。

第二，国际制度结构变迁。在国际制度结构方面，第二次世界大战后的国际制度结构基本上等同于美国主导的世界秩序，由一系列的国际组织、国际法律和国际习惯构成。冷战结束以后，国际制度结构并没有发生重大的变化，基本上是对传统制度结构的调整与改革。但是，2008 年全球金融危机以后，国际金融制度体系出现了重大改革的趋势，G20 新体系兴起。这一变化是否能形成对国际金融体系的革命性变化，还有待观察。但至少在东亚，中国和日本积极推动的地区经济一体化进程已经有所成效。2008 年金融危机之后，中国与一系列东亚国家达成货币互换协议；2010 年，中国—东盟自由贸易区正式建成，中国取代美国成为东南亚第一大贸易伙伴；2012 年，中日韩三国正式启动三边自由贸易区（FTZ）谈判。中日两国共同推动的东亚共同体建设，更为东亚区域一体化提供了一个新的选择。

第三，国际观念结构变迁。在国际观念体系方面，在过去几十年中经历了重大的调整与变化。在冷战时期，主权原则、不干涉内政原则以及社会主义与资本主义阵营之间的斗争与竞争，是当时国际观念体系的主要内容。冷战结束以后，两大阵营之间的斗争与竞争状态基本结束，西方主导国际舆论也开始对主权原则、不干涉内政原则等第二次世界大战后基本观念进行挑战。其结果是："自由世界"扩大论、历史终结论、主权过时论、人权高于主权论等开始流行，以美国为首的西方国家同伊斯兰世界之间的观念冲突、北京共识与华盛顿共识之间的竞争关系，成为国际观念结构的新内容。

（二）奥巴马总统对美国国家安全战略的调整

奥巴马总统上台以后发现：一方面，美国在中东和南亚的反恐怖战争不仅没有达成消灭恐怖组织、获得战略前沿基地等预定目标，反而破坏了美国与伊斯兰世界及其盟国的关系，消耗了美国的国力；另一方面，在东亚等地区，很多国家、包括其传统盟国日本与韩国在内，纷纷出现离美亲华或在中美之间搞平衡外交的倾向，东亚共同体建设、“东盟+3”体制等重要地区机制及其建设，更是把美国排斥在外。美国认为在这一系列变化的背后有三个原因：第一，美国国力过度消耗在南亚与中东，在东亚的政治、军事影响力相对下降；第二，美国的国力因2007年次贷危机和2008年金融危机而严重削弱，通过经济力量来吸引东亚、控制东亚的能力下降；第三，中国等新兴国家的发展或崛起，以及这些国家的相关经济、政治和军事政策，对美国的国际地位、尤其是在东亚地区的领导权构成了直接挑战。

基于以上认识，奥巴马总统对美国国家安全战略进行了调整，先后提出重返亚洲、亚太战略再平衡等战略构想，主要目标是维持在东亚的霸权地位，防止盟国的战略转向甚至是战略叛变，防止中国等国家从潜在战略挑战者转变成现实的战略挑战者。其次，美国要利用东亚日益上升的经济地位，来帮助美国解决国内经济困境。为达此目标，美国加强了与传统军事同盟之间的关系，加深与新兴大国之间的伙伴关系，拓展美国在东亚地区的贸易和投资活动，增强美国在亚太地区的军事存在，促进民主化进程和人权事业。其结果是：美国一方面强化了与日本、韩国的同盟关系，特别是军事同盟关系，同时也积极发展与印度、越南、菲律宾、印尼、泰国等国家的双边关系，以借这些国家的力量来平衡中国的战略影响。

（三）美国国家安全战略调整对中国的影响及发展趋势

美国国家安全战略的调整对中国构成了很大的压力：首先，对中国地缘政治环境造成了不利的影响。在过去十年间，东亚地区出现了经济上靠近中国、政治安全上靠近美国的双领导体制。但是在美国调整亚太战略以后，很多国家又重新倒向美国，中国与周边国家的关系出现恶化趋势。其次，对中国的地缘经济环境造成不利影响。虽然中国已经是世界第二经济大国，但是对外依存度很高，组建自由贸易区是中国保障经济安全的一个重要手段。但美国调整国家安全战略，在经济上通过 TPP 等试图将东亚国家的经济注意力吸引向美洲，降低中国在东亚经济中的影响力，打乱了中国的东亚经济一体化进程。中国塑造国际经济秩序的能力也因此下降。再次，对中国的周边安全环境造成了消极影响。自从美国调整亚太战略以来，充分利用、挑动了中国与相关国家在领土与领海问题的争端。在东海和南海，原有的争端问题普遍出现了扩大化、国际化乃至军事化现象。最后，美国亚太战略调整还导致了中国与美国、中国与相关国家之间、美国与相关国家之间的普遍性不信任状态，历经十多年发展起来的地区良性互动关系和互信机制，受到严重的破坏。

但是，美国国家安全战略调整及其亚太战略，并不是一成不变的，而是受到美国国内党派政治和美国战略周期等因素的影响。共和党一般倾向于以传统安全问题为战略中心，而民主党则相对更倾向于从非传统安全视角看问题。奥巴马总统虽然重视大国崛起对美国的冲击，但其实也强调要把资源更多地投放到非传统安全领域，包括反恐怖、反扩散、网络安全等问题。另外，美国对外战略还有一个周期性现象，往往是扩张周期与收缩周期交替出现。从美国建国以来，大致以每 30 年为一个大周期。从 20 世纪 80 年代中期开始的这一轮战略扩张，到 2014 年左右将会结束。按照历史规律，美国很可能进入一个较长时期的战略收缩阶段。再加上中东和南亚问题的牵制，美国当前的亚太再平衡战略到底能否持续，即使能持续又能投入多少资源，能在多大程度上实现其战略目标，都还是未知数。

二、美国反恐怖战略及其调整

长期以来，恐怖主义就是美国面临的一个重要威胁，美国的反恐政策其实一直都在变化、调整。从 1968 年到 1990 年前后是现代恐怖主义的高峰时期，也是恐怖主义从一个合法的斗争手段被非法化为人类公敌的主要时期。当时，世界恐怖主义的主要发生地区是拉美、西欧和中东，也是当时美苏两大阵营斗争的前沿阵地。美苏两大阵营既打击针对自己的恐怖主义势力，又支持或操纵对自己有利的恐怖组织。甚至两国的情报机构，特别是美国的中央情报局，在世界范围内把暗杀等手段视为一种合法的国际斗争工具。古巴领导人卡斯特罗成为遭受暗杀次数最多的领导人之一，至少遭受过637次暗杀，其中很多有美国情报机构的背景或由其直接策划与实施。在这种情况下，尽管里根总统在 80 年代也曾经对利比亚动用过武力，但美国在冷战时期并没有把反恐怖提高到战略层面，只是采取了军事袭击、司法打击和经济制裁等战术性措施。冷战结束以后，美国开始调整自己的国家安全战略，逐渐提高了反恐怖在国家安全战略中的地位。克林顿总统把反恐怖与反扩散、推广民主制度一起视为美国三大战略目标之一。“9·11”事件爆发以后，小布什总统更是把反恐怖提高到史无前例的高度，不仅形成了一个完整的国家反恐怖战略，还把反恐怖视为国家安全战略、对外战略中的最重要的一个部分，成为一个压倒一切的优先战略任务。从总体来看，从20 世纪 60 年代开始，反恐怖在美国国家安全战略中的地位就不断提高，并经历了一个从战术反恐到战略反恐、从次要任务到优先战略目标的发展过程。奥巴马总统上台以后，这一趋势才出现扭转的趋势。

美国反恐怖战略调整背后的动机与根源，主要包括以下内容：

第一，美国国力的相对下降，迫使美国在反恐怖事务上从全球收缩。第二，美国的外交环境恶化，迫使美国对武力手段的使用更加谨慎。第三，美国对特定地区的依赖程度下降。随着页岩油气时代的到来，美国在5年内很可能会停止从中东地区进口石油，基地组织对美国的威胁也在不断下降，美国对中东的依赖程度、对南亚的重视程度都在下降。第四，反恐怖行动取得标志性成果，特别是击毙本·拉登为奥巴马总统的反恐怖战略调整提供了重要契机。

基于以上原因，美国于2011年6月29日出台国家反恐战略文件，主要内容包括四个部分：第一部分，明确界定美国面临的恐怖主义威胁主要是“基地”核心、“基地”分支机构以及“基地”支持者。美国认为，虽然本·拉登被击毙，但这并不意味着“基地”组织的终结，“基地”组织网络仍然在非洲、中亚和东南亚地区扩展，仍然在利用网络技术宣传其意识形态。第二部分确定了美国反恐斗争的四大指导原则：坚守民主、人权等美国核心价值观，构建安全伙伴关系，强调运用各种反恐手段和能力，加强本土防御体系和应对机制建设。第三部分是明确美国的八大反恐目标：保护美国人民、国土和国家利益，瓦解、削弱、击败基地组织及其分支和拥护者，防止恐怖主义分子发展和使用大规模杀伤性武器，消除恐怖主义的庇护场所，建立反恐伙伴关系，削弱基地组织、分支以及与拥护者之间的联系，消除恐怖主义的影响，切断恐怖主义资金。第四部分明确了反恐的重点区域和领域，主要包括九个重点区域和一个重点领域。九个重点区域包括美国本土、南亚地区、阿拉伯半岛、东非地区、欧洲、伊拉克、马格里布、东南亚和中亚，一个重点领域就是防范恐怖主义意识形态化。

总体来看，美国反恐战略出现了以下调整趋势：第一，从全球反恐到地区反恐，把反恐资源集中到美国本土以及对美国至关重要的地区；第二，从全面反恐到只打击反美恐怖主义，开始把恐怖组织区分为好的与坏的、敌人的与自己的；第三，从反恐战争回归到战术反恐，注重特种部队与无人机相结合的特种反恐措施，实行反恐情报与反恐作战行动的一体化；第四，反恐手段从单边主义为主到强调合作与协调的多边主义；第五，反恐重点从国际转向国内；第六，反恐策略从主要倚靠军事手段转移到军事与经济援助并重。与此同时，美国现在的反恐战略与其地区安全战略的结合更加密切，从提供全球反恐公共产品到自扫门前雪，反恐也从美国的一种国家战略目标，变成一种国家战略工具。

三、美国地区反恐怖战略

随着美国国家反恐战略的调整，美国反恐战略与地区安全战略的结合也更加紧密。在很多国家和地区，美国已经不再强调反恐目标，代之以反叛乱、国家建设等概念。在巴阿地区，美国反恐战略与阿富汗国家重建联系在一起，并提出了相应的“新丝绸之路计划”，企图把阿富汗国家建设与美国继续主导中亚南亚局势相关联。在中东与非洲，美国的反恐战略也与其能源战略、地区安全战略等逐渐结合为一个整体。

（一）美国中亚安全战略

在2001年之前，美国并没有一个成形的中亚安全战略。1999年，克林顿总统曾把美国的中亚政策概括为四点：民主化，与西方军事机构融合，核不扩散、反恐、禁毒，以及加强国家治理等。“9·11”事件爆发以后，美国开始重视中亚在其全球反恐战略之中的地位，视中亚为铲除阿富汗恐怖主义根源的重要外围基地。美国在中亚的反恐政策目标，主要是通过向中亚国家提供反恐援助来争取中亚国家对阿富汗战争的支持与配合。通过与中亚国家的反恐合作，美国不仅可以防止阿富汗恐怖主义势力的外溢，可以切断阿富汗恐怖组织的外部联系渠道，还可以支持自己在阿富汗的军事行动。

过去，美国在中亚重视的是民主与法治，现在开始把贸易与经济发展放在首位。为达此目标，美国开始形成自己在中亚地区的安全战略，并先后提出了“大中亚计划”、“新丝绸之路计划”等。在“大中亚计划”失败以后，“新丝绸之路计划”是当前美国在阿富汗—中亚地区提出的一个重要战略规划，涉及美国在阿富汗的后勤运输、未来中亚能源和相关资源的运输等问题。美国如果能把阿富汗现有的北方交通网与中亚国家联系起来，将可以形成一个地区性的交通网络——新丝绸之路。同时，美国在中亚国家推行贸易自由化，以把中亚国家拉入世界贸易组织之中。另外，美国在中亚还要实施一种“巴尔干方案”，试图把欧洲的力量引入中亚，重新塑造中亚的地缘政治形态和安全格局。目前，欧洲安全组织和北约已把一些中亚国家发展为伙伴国家，试图让中亚成为欧安组织和北约的新边疆。

但除此以外，尤其是在美国将从阿富汗撤出的背景下，美国在中亚反恐事务中的参与程度总体不高。美国没有参加中亚机制性反恐合作，在中亚的反恐政策也没有整体考虑，有些政策目标之间还存在矛盾关系。美国一方面希望中亚国家加强对伊斯兰极端主义的打击力度，另一方面又经常指责中亚国家的宗教自由问题。虽然兰德公司等智库认为，美国应该在中亚也进行在也门等国那样的特种反恐活动。但考虑到中亚地理位置以及周边地缘环境，美国很难在中亚从事特种反恐活动。

（二）美国中东反恐政策

小布什总统在中东的反恐战略是一种双轨战略：反恐战争是治标，民主化改造是治本。但8年下来，美国在中东既没有实现治本的目标，也没有实现治标的目标，中东反而是越反越恐。奥巴马总统上台之后，决定改善与中东国家和穆斯林世界的关系，结束伊拉克战争就是一个重要的选项。2010年底“阿拉伯之春”运动以来，中东国家出现民主化趋势，美国期待的反恐治本之策似乎不期而至。再加上2011年5月美国特种部队击毙基地组织领导人本·拉登，美国在中东反恐战略调整出现新契机。目前，美国在中东反恐战略主要有以下特征：第一，强调综合反恐，注重与中东国家在经济、政治、外交、文化等领域发展全方位关系，改善与中东国家的关系；第二，与中东国家的非国家行为体与民众团体进行直接联系，以削弱恐怖主义的社会基础，缓解反美主义情绪；第三，在反恐手段方面，美国注重无人机袭击和特种部队袭击，并已经取得一定成果。例如，2011年6月，美国击毙了1998年肯尼亚使馆爆炸案的策划者。

总体来看，美国在中东的反恐战略是双管齐下。一方面，美国反恐部门加强与相关国家反恐部门的合作，以打击特定的恐怖组织与恐怖分子；另一方面，美国向相关国家提供更多的经济援助，帮助这些国家发展文官政府和公民社会。但是，美国在中东的一些反恐措施，包括无人机袭击与特种部队袭击，与其所承担的国际法义务、尤其是与国际人权法规和人类安全原则相违背。这些反恐措施的主要目标不是消除恐怖主义根源，甚至也不是为了消除反美主义的根源，而是通过打击恐怖组织的领导层来削弱其恐怖活动能力、分散其恐怖主义目标，减少美国面临的恐怖主义威胁。

（三）美国南亚反恐怖战略

美国在南亚的反恐战略并不是一个完整的整体。由于南亚因印巴关系而分为两大集团，美国的反恐战略也因此分为两个部分：一是与印度的反恐合作；二是“阿富巴”战略。

印度是南亚最重要的国家，长期面临着严重的恐怖主义威胁，从旁遮普锡克教问题，到查谟和克什米尔的穆斯林分离主义运动，到东北部各邦的民族分离主义运动，再到毛派、纳萨尔派极左派别在印度东部和中部农村地区的扩散，都在威胁着印度安全，也威胁着美国在南亚的安全利益。美印之间的反恐合作，在“9·11”事件以前就已开始。1997 年 12 月，美国与印度进行战略对话，开始在反恐领域进行合作，但这一进程由于 1998 年印度核试验而中断。2000 年，美印反恐合作重新启动，两国成立联合反恐工作组（US-India Joint Counter-Terrorism Working Group），反恐成为两国之间的一个重要安全议题。奥巴马总统上台以后，美国不断推进与印度在反恐领域的合作，美国启动了与印度之间的国土安全对话，反恐合作从战术层次上升到战略层次，成为巩固美印战略伙伴关系的重要领域。目前，美印两国的反恐合作主要集中于保障运输安全、反洗钱、反伪造货币和打击恐怖主义融资、海事安全、港口安全、边境安全、网络安全和大城市安保等领域。但是，美印反恐合作并不是美国在南亚反恐活动的全部。由于美印两国在恐怖主义威胁来源的认识方面存在差异，以及两国之间的战略互疑和对恐怖主义的不同定义，两国在敏感领域的反恐合作并不顺畅。在美国眼中，与印度的反恐合作主要是为了推进美印战略关系的发展，对美国威胁最大的恐怖主义来源仍然是巴基斯坦和阿富汗。因此，美国虽然与印度达成很多协议与动议，但主要的反恐伙伴仍然是巴阿两国，“阿富巴”战略最能体现美国南亚反恐战略的本质特征。

自从 2001 年以来，美国在阿富汗的政策目标，从注重政治改革的民主化，到注重政府治理能力建设的国家重建，到维持稳定与安全，再到当前的如何体面地从阿富汗退出而不让塔利班重新上台，政策目标不断下调。2009 年奥巴马总统上台以来，为了兑现自己将反恐主要目标从伊拉克转移到阿富汗的竞选承诺，推出了自己的“阿富巴”战略，核心目标是“破坏、摧毁和战胜‘基地’组织及其在巴基斯坦的安全庇护所，防止他们在巴基斯坦和阿富汗卷土重来”。为实现这一目标，美国采取以下五项措施：第一，破坏阿富汗和巴基斯坦境内的恐怖主义网；第二，推动阿富汗政府职能建设；第三，提高阿富汗安全部队的独立作战能力；第四，推动巴基斯坦政府的职能建设和社会经济建设；第五，寻求国际社会尤其是联合国的支持。为了迫使塔利班等接受美国和阿富汗政府的政治解决方案，美国在阿富汗执行了以定点清除（targeted killing）为主要特征的反叛乱军事战略，主要内容可以概括为十六个字："区别对待，分而治之，以打促谈，国家建设"。即一方面与抵抗组织领导人进行谈判，并提供一些利益与好处；另一方面，对那些不愿意谈判的抵抗组织进行严厉打击，迫使其来到谈判桌前。

2012年5月21日，北约28国和阿富汗战争伙伴国领导人在美国城市芝加哥结束为期两天的会议并发表声明，确认北约驻阿部队定于2013年中期结束作战任务，向阿方移交安全主导权，随后转入培训和顾问角色，并于2014年撤出绝大部分部队。从阿富汗退出只是美国"阿富巴"战略的一个组成部分，并不意味着美国就不再过问"阿富巴"事务、不再在阿富汗驻扎军队，只意味着美国不愿意处于与阿富汗各武装力量冲突的第一线，而希望保留自己在阿富汗事务上的战略选择空间与自由。美国希望在阿富汗可以建立一个分权式（decentralized）政治体制，至少阿富汗不要立即陷入大规模内战状态。为了实现上述目标，美国将采取以下措施：第一，将阿富汗战争"阿富汗化"，甚至是在国家的支持下将阿富汗战争"地区化"，把巴基斯坦拉入美国设计的政策轨道。第二，在经济和社会方面，美国将会加大对阿富汗、巴基斯坦等相关国家的援助，以培养这些国家打击叛乱武装、基地组织和其他恐怖组织的能力。第三，在政治上，美国会鼓励阿政府与反对势力分享权力，将会努力与塔利班中的所谓温和派接触。第四，为了减轻在阿富汗问题上的负担，美国将会继续要求一些地区性和全球性大国对其进行支持，特别是俄罗斯和中国的支持，更是至关重要。第五，虽然美国会停止承担在阿富汗的安全职能，但并不意味着美国军队将完全撤出阿富汗，也不意味着美国将会停止在巴基斯坦的越境打击活动。在未来，美国将继续在阿富汗保持一定规模的部队，以防止塔利班重新掌握阿富汗政权，并对巴阿两国境内的极端恐怖组织、尤其是反美恐怖组织保持实质性威胁与军事压力，以防止巴阿两国再次成为反美恐怖主义的温床。

四、美国反恐怖战略对中国的影响

“9·11”事件爆发以后，在全球反恐战争的时代大背景下，中美两国超越了意识形态鸿沟，在很多方面进行了有效的合作，中国的国际环境得到了空前的改善。现在美国对反恐战略进行调整，在战略地位、战略目标和战略资源分布等方面都发生重大变化，将会对中美关系、中国周边安全形势和中国国内安全形势造成重大的影响。在这些影响中，既有直接的针对性影响，也有间接的次生性影响，既有不利影响，也有有利影响。

（一）对中美关系的影响

“9·11”事件爆发以后，人们曾辩论全球反恐战争对中美关系的意义。大致有三种观点：转机论、契机论、无关论。中国学者多认为这是中美关系的一个契机，加速了中美关系走出政冷经热的进程。这一观点的要点是：第一，美国的安全理念发生了变化，从大国竞争变为大国合作应对共同威胁；第二，改变了美国国防战略的重点，应对恐怖主义威胁代替了应对中国崛起；第三，改变了美国国家安全战略的议题，反恐优先代替了美国军力向东亚转移；第四，反恐拓展了中美合作的领域。转机论者认为，没有“9·11”事件，美国就会把主要精力放在如何应对中国崛起上，中美关系不仅不会改善，反而会恶化。转机论者甚至还认为，“9·11”事件拯救了中美关系。无关论者认为，不管有没有“9·11”事件和全球反恐战争，中美两国都会改善关系。因为中美关系的基础不是政治与军事，而是经贸关系。当美国给予中国永久性贸易最惠国待遇以后，中美关系的基石也就巩固下来，其他事务都是细枝末节。在无关论者看来，2000 年 10 月 10 日克林顿总统在白宫南草坪签署了对华永久正常贸易关系法案（PNTR），从而使这项由美国参众两院通过的法案正式成为美国法律，才是影响中美关系更重大的事件。

总体来看，三种观点都不否认的事实是："9·11" 事件以及随后的全球反恐战争，对中美关系的改善有促进作用，至少是有益无害。随着美国反恐战略的调整，中国从国际反恐合作中所能获得的红利将大为减少。首先，美国全面推动反恐战略和亚太战略调整的情况下，美国对反恐事务的关注让位于对传统安全问题的关注，中国的战略机遇期虽然没有消失，但是面临更大挑战。其次，随着美国反恐从战略变成战术、从目标变成手段，中美两国在反恐领域的竞争与矛盾将会上升。另外，随着美国放弃全球反恐概念，美国在不同地区的反恐战略也出现差异化趋势，这使得中美两国在反恐领域的互动更加复杂，合作与冲突将会同时存在。

（二）对中国周边安全形势的影响

在"9·11" 事件以后，为了配合美国反恐，美国对藏独和东突组织的支持一度减少，相关恐怖组织也纷纷中断了恐怖暴力活动，以呼应美国反恐政策的变化，或避免遭受美国的打击。随着美国从全面反恐过渡到差异反恐、从反对一切恐怖主义转变到反对反美恐怖主义，美国对一系列的恐怖组织的态度开始发生变化，开始区别好的、我们的恐怖组织与坏的、敌人的恐怖组织，并分别予以扶持或打击。相关涉华恐怖极端组织的态度也开始变化。这些变化不仅影响中国的反恐形势，也影响中国与相关国家之间的关系，对中国的地缘政治环境、周边安全环境产生重要的影响。

从有利的方面来看，美国提出"新丝绸之路计划"，旨在通过发展阿富汗和中亚国家的交通网建设和基础设施来重塑阿富汗。这也给中国西部省份的发展提供了更多的选择空间：一方面，中国参与阿富汗和中亚交通网建设，可以增强中国对这些国家的影响；另一方面，这一建设中的交通网络，也给中国西南和西北省份提供了一个直通印度洋甚至是波斯湾的潜在战略出口，加快我国参与南亚、中亚及至中东经济圈的进程。虽然印度、日本等国都介入阿富汗事务之中，但中国占有地理优势和经济优势，能够发挥更大的影响力。

从不利的方面来看，美国从阿富汗撤退以后，阿富汗安全形势将会恶化，将对中国造成全方位的影响。反华恐怖极端组织也将因此在阿富汗寻找到更有利的庇护场所。另外，美国反恐战略意味着将不会承担一些反恐职能，将会选择性的打击反美恐怖组织和恐怖分子。这意味着针对中国的恐怖组织和恐怖分子，面临的来自美国的压力将会逐渐减轻。同时，各国纷纷介入中国周边地区，这些国家之间不同的、甚至是相关矛盾的国家利益与战略目标，将会颠覆各国之间曾经存在的反恐共识。

五、小结

随着美国国家安全战略的调整，反恐在美国国家安全战略中的地位不断下降，反恐战略本身也在领域、地域、力度等方面出现收缩趋势。美国反恐战略的调整对中国产生了复杂影响，既有不利的一面，也有有利的一面。从中美关系的角度来看，中国一方面要加强与美国的战略沟通，特别是加强军方和高层交流，以减少误判；另一方面中国的目光也不能仅仅盯在美国身上，要逐渐建立自己的、相对独立的国家安全战略，要有自己相对确定的战略原则、战略目标和与之相对应的战略手段。在反恐方面，我国一方面要防止由于美国反恐战略收缩而可能导致的恐怖主义回潮，另一方面也要防止因为更多地参与国际反恐合作而导致的恐怖主义祸水东引到中国身上，同时也要避免美国和欧洲国家在反恐领域转嫁责任的企图。为达此目标，中国在相关领域、特别是在目前问题比较集中的南亚地区，首先要加强地区安全机制建设，至少是安全对话或伙伴关系建设，充分发挥上海合作组织的反恐职能；其次，中国要加强与相关国家政府的联系，特别是与阿富汗等国家政府间的联系，增加对这些国家的支持与援助；另外，中国还要加强与相关国家非政府行为体的联系，在双边关系、反恐合作上向更加深入的方向推进。

第一部分

美国国家安全战略及其调整

权力结构变化视角下的美国国家安全战略调整

——兼论美国反恐战略调整的根源

王传兴

（同济大学政治与国际关系学院政治学系副教授）

一、前言

就总体战略目标乃是要谋求和维持美国霸权地位而言，可以说二战结束以来美国国家大战略——即美国国家安全战略[①]——并未发生实质性的变化；但就不同阶段的具体战略目标而言，美国国家安全战略在冷战前后两个时期则存在明显的差异。如果说冷战时期美国国家安全战略的主线是对苏联的“遏制”，从而达到其独霸世界的野心，那么冷战后的美国国家安全战略，则是要维持其世界唯一超级大国的地位。具体到冷战后的不同阶段，美国国家安全战略也曾

① 国家安全战略概念始于1986年《戈德华特—尼克尔斯国防部改组法》；正式界定始于1997年美参联会出版的《军语计相关术语》：国家安全战略是“为达到巩固国家安全目标而发展、运用和协调国力的各部分（包括外交、经济、军事和信息等）的艺术和科学，也称国家战略或大战略”。转引自杨毅主编：《国家安全战略理论》，时事出版社，2008年版，第17页。

有过多次调整。

导致美国国家安全战略调整的原因，根源在于对其形成制约的各种因素的变化，其中既有主观因素——包括战略文化和安全观——的变化，也有客观因素——包括国家安全利益、国家实力和战略环境等——的变化。[①] 本文从国际体系权力结构——即影响美国外交周期性变化的国际局势变动因素[②]——变化的角度，对美国国家安全战略调整进行宏观的分析，并进而揭示美国反恐战略调整的根源和影响。

二、权力结构三维度：实力、制度和观念

“权力概念对国际关系来说是极为重要的。”[③] 自二战以来的半个多世纪、尤其是冷战结束后的20多年里，国际关系中对权力概念的探究可谓方兴未艾。罗伯特·达尔（Robert Dahl）于1957年提出了权力即支配权（power over）的权力概念，即“*A*使*a*做其本不会做之事”[④]。随着第二次世界大战结束以来全球治理框架的出现，传统的无政府状态中的自助国家体系（self-help state-system）假定难以为继。[⑤] 这使得国际关系研究者更加渴望弄清权力的本质。由此，在

① 有关国家安全战略制约因素的论述，请参见杨毅主编：《国家安全战略理论》，第26—61页。

② 刘建华和张学鹏指出，美国外交的周期性变化与“美国经济的周期性波动、国际局势的变动以及国内思潮的转换等因素密切相关”。参见刘建华、张学鹏：《扩张与收缩：论美国外交的周期性》，《太平洋学报》，2011年第9期，第16页。

③ Michael Barnet and Ramond Duvall，“Power in International Politics”，*International Organization*，59：1（2005，Summer），p. 39.

④ Robert A. Dahl，“The Concept of Power”，*Behavioral Science*，2：3（1957：July），p. 204.

⑤ Andrew Heywood，*Global Politics*，Palgrave MacMillan，2011，p. 8.

国际关系研究中，我们发现肇始于战后的对权力概念的质疑，由“权力要素、权力运用和权力成就的急剧变化”[①]所导致的权力的不可捉摸性，演进为对权力概念不断进行多样性的界定和区隔。它们之间的一大共性，是对现实主义权力概念的批判。借用达尔的权力概念，现实主义认为，权力乃“国家使用物质资源使它国做其本不会做之事”[②]。虽然对国际政治现实的解释离不开现实主义的权力概念，但现实主义这种对权力概念的狭隘限定，必定“会导致理论上的视野狭隘，从而使学者们忽视权力的其他形式和影响(effects)”[③]。换言之，尽管现实主义传统观点认为，“国际体系的结构指国际体系中物质性权力的分配格局”[④]，但是，对国际关系中的权力分析也“必须考虑社会结构和社会过程如何造成行为体界定并追求自己利益和理想的不同社会实力”[⑤]。因此，传统现实主义所认为的通过基本权力分配能够解释国际体系运作的观点，掩盖了这样一种本质上的循环论：即结果评估（权力分配是解释结果的主要标准）与权力大小（结果是评估权力大小的主要标准）的循环。这种批评与范围更广的政治科学领域中的尝试是契合的。例如，尼尔森·波尔斯比（Nelson W. Polsby）等有关权力不限于物质资源的多

① Stanley Hoffmann, “Notes on the Elusiveness of Modern Power”, *International Journal*, 30, (1975, Spring), p. 183.

② Michael Barnet and Ramond Duvall, “Power in International Politics”, *International Organization*, 59: 1 (2005, Summer), p. 40.

③ Ibid.

④ 转引自秦亚青：《权力政治与结构选择——现实主义与新现实主义的评析》，秦亚青：《权力·制度·文化：国际关系理论与方法研究文集》，北京大学出版社，2008年版，第40页。

⑤ Michael Barnet and Ramond Duvall, “Power in International Politics”, *International Organization*, 59: 1 (2005, Summer), p. 42。

元主义观点[①]，使得人们开始逐渐认识到，"打开（权力）概念缝隙的起点，乃是确认导致产生对权力进行不同概念化的关键（权力）维度"。

对权力概念的进一步探索表明，在国际体系中行为体不仅通过拥有物质资源而拥有权力，而且通过对国际制度的控制和对主流观念（价值）的塑造而拥有权力。因此除物质性实力之外，权力基础——即权力来源——还应包括对非物质性国际制度的支配，以及对非物质性观念（价值）的塑造。过去半个多世纪里，国际关系学界对有关权力的维度进行了深入的思考和探索，分别提出了各种不同的权力类型观点：权力存在两个不同维度——即决策权力（power of decision-making）维度和不决策权力（power of nondecision-making）维度；[②] 权力存在三个不同维度；[③] 应从知识维度来理

① 波尔斯比认为，在社区决策过程中可使用的资源包括金钱和信用；控制工作岗位；控制他人的信息；社会地位；知识和专长；受欢迎度、受人尊重和魅力；合法性、合宪性和合乎职权；种族团结；以及投票权利。请参见 Nelson W. Polsby, "How to Study Community Power: the Pluralist Alternative", *The Journal of Politics*, 22: 3, 1960, p. 483。

② 就决策的权力——指使事情发生的权力，以及不决策的权力——指阻止事情发生"以维持现状为目的的人或群体对共同体价值和政治制度施加影响，以便使实际决策的范围限制在那些'安全'议题上"。巴克拉克和巴拉兹在他们的文章中指出，"当 A 参与影响 B 的决策时，就是在运用权力。但是，当 A 投入精力创造出社会政治价值和制度惯例并使之强化时，也是在运用权力，因为这会将政治过程的范围限制到公众只考虑那些对 A 来说相对无关痛痒的议题。A 的成功达到如此程度，以至于实际上阻止了 B 对任何有损 A 所偏爱选项的那些议题决议发挥作用。" Peter Bachrach, Morton S. Baratz, "Tow Faces of Power", *American Political Science Review*, 156: 4, 1962, p. 948, p. 952.

③ 具体而言，从第一个维度看，真正重要的是对有组织的利益之间就具体政治议题所产生的可观察的冲突进行分析。从第二个维度看，"至关重要的是认清那些由不决策所导致的阻止其成为现实议题的潜在议题"。从第三个维度看，对权力阴险至极的运用，是通过塑造其观点、认知和偏好——无论达到何种程度——来阻止人们的怨气。其方式是让人们接受自己在现存事物秩序中的角色，因为他们要么是认为或想不到有别的选择，要么是因为认为这是自然的和不可改变的，要么是因为他们认为这是上天安排的和有利可图的。请参见 Dr. Béland Lukes, "Power: A Radical View (second edition)", *Canadian Journal of Sociology* Online July-August 2006, p. 1。

解权力;[①] 在权力世界存在硬权力（hard power）、软权力（soft power）和巧权力三种不同权力形式；权力存在另一种类型的三个不同维度;[②] 基于欧盟作为民事权力（civilian power）或军事权力（military power）的争论[③]而提出的规范性权力（normative power）概念;[④] 以及主张从四个不同维度来划分国际政治的权力类型。[⑤]

---

① 福柯认为，“与权力相连的知识，不仅承担着‘真相’的职权，并且拥有使知识本身成为真相的权力。一旦应用于真实世界，所有知识就会有影响，而且至少在那种意义上‘成为真相’。一旦用来控制他人的行为，知识就包含对实践的约束、管理和惩罚。因此，‘既不存在与相关知识领域构成无关的权力关系，也不存在任何没有权力关系进行预先假定并同时构成的知识’。”转引自 Moya K. Mason，“Foucault and His Panopticon”，http：//www.moyak.com/papers/michel-foucault-power.html。相关的详细论述，可参见 Michel Foucalt，*Power/Knowledge Selected Interviews and Other Writings* 1972－1977，Pantheon Books，1980。

② 即权力作为关系概念（power as relational concept）——间接的制度性权力（indirect institutional power）、权力作为性向概念（power as dispositional concept）——非有意的权力（non-intentional power）、以及权力作为结构/主体间性的概念（power as structural/intersubjective concept）——客观赋予的权力（impersonal empowering）。参见 Stefano Guzzini，“Structural Power：the Limits of Neorealist Power Analysis”，*International Organization*，47：3，(1993，Summer)，p. 450.

③ 有关此次争论的详情，请参见洪邮生：《“规范性力量”欧洲与欧盟对华外交》，《世界经济与政治》，2010 年第 1 期，第 53—55 页。

④ Ian Manners，“Normative Power Europe：A Contradiction in Terms?”，*Journal of Common Market Studies*，40：2，2002，pp. 235－258. 曼纳斯有关规范性权力的论述，还可参见 Ian Manners，“Normative Power Europe Reconsidered：Beyond the Crossroads”，*Journal of European Public Policy*，13：2（2006：March），pp. 182－199；以及 Ian Manners，*The Concept of Normative Power in World Politics*，Danish Institute for International Studies，2009。

⑤ 即强制性权力（compulsory power）——“作为一个行为体直接控制另一行为体互动关系的权力”、制度性权力（institutional power）——“行为体通过互动的扩散（diffuse）关系对其他行为体进行间接控制”、结构性权力（structural power）——“主体在相互之间直接的结构关系中的实力构成（constitution）”、以及生产性权力（productive power）——“主体性在含义（meaning）和意义（signification）系统中的社会性扩散生产”。参见 Michael Barnet and Ramond Duvall，“Power in International Politics”，*International Organization*，59：1，(2005：Summer)，pp. 42－43。

综上所述，国际体系中的权力分析基本上可以从以下三个不同维度来进行：实力结构（capacity structure）维度、制度结构（institutional structure）维度和观念结构（ideational structure）维度。[①] 在国际体系中，实力源于物质性资源，包括人口规模、国土面积、经济、军事和科技等，因此实力结构的形成有赖于这些变量在主导国家之间的构成情况，其结果是反映了占主导地位国家的利益；国际制度是指国际组织、国际机制或（通常是）这两者的结合，[②] 因此制度结构的形成有赖于主导国家的推动，从而反映了主导国家的利益；观念包括世界观、原则化的信念、因果信念，[③] 观念结构的形成是主导国家努力的结果，因而"主导观念总是更多地反应出强者的利益"[④]。

实力结构维度是物质性的，制度结构维度和观念结构维度则是非物质性的。这使得我们超越了现实主义传统的物质性权力分配结构即实力结构观，从而将非物质性权力结构，即制度结构和观念结

① 徐秀军从国外学者关于国际结构转型解释的视角，归纳出三种结构类型——器物层面的结构、制度层面的结构和观念层面的结构，可谓与本文作者的想法不谋而合。参见徐秀军：《新兴经济体与全球经济治理结构的转型》，《新兴经济体与国际关系》，第三届国际政治经济学论坛论文集，2012 年 11 月，第 21 页。

② Robert Jackson and Georg Sørensen, *Introduction to International Relations: Theories and Approaches*, Oxford University Press, 2007, p. 108.

③ 世界观在最根本的层面上规定着行动可能性的领域；原则化信念包括了区分是非、正义与非正义标准的规范性观念；而因果信念则涉及原因与结果之间的关系，蕴涵着达到目标的战略。观念对政策结果有着相当程度的影响。观念为行为者提供了路线图，使其对目标或目标—手段之间的关系更加清晰；观念影响着战略形势的结果；观念还能嵌入到政治制度当中。朱迪斯·戈尔茨坦、罗伯特·O. 基欧汉：《观念与外交政策：分析框架》，［美］朱迪斯·戈尔茨坦、罗伯特·O. 基欧汉编：《观念与外交政策：信念、制度与政治变迁》，刘东国、于军译，北京大学出版社，2005 年，第 3、8—10 页。转引自孙伊然：《全球经济治理的观念变迁：重建内嵌的自由主义?》，《外交评论（外交学院学报）》，2011 年第 3 期，第 16 页。

④ 孙伊然：《全球经济治理的观念变迁：重建内嵌的自由主义?》，《外交评论（外交学院学报）》，2011 年第 3 期，第 16 页。

构，纳入到国际关系的研究之中。之所以如此，是因为对国际政治中权力的讨论既要考虑“某些行为体如何、为何以及何时对其他行为体‘拥有权力’（power-over）”[①]，也要考虑“那些使行为体不/能够塑造自己命运和未来的持久的全球生活结构和过程”[②]。这三个不同维度之间存在着辩证的关系（见图一），具体表现为：一方面，物质性实力结构是根本性的基础结构，是非物质性制度结构和观念结构的支撑；另一方面，非物质性制度结构和观念结构是更加深层次的结构，它们对物质性实力结构形成制约。而作为非物质性权力结构，制度结构与观念结构二者之间的关系，类似于上述非/物质性权力结构之间的关系。在对权力（变化）的分析中，这三个维度缺一不可，因为相互交织在一起的这三者之间的关系是辩证的。作为物质性权力结构的实力结构，它决定具体的非物质性制度结构的形成过程和最终状态，而非物质性观念结构则具体体现在制度结构之中；制度结构虽然是由实力结构决定的，但其合法性乃建立在观念结构的基础上；观念结构则决定实力结构的有效程度和制度结构的正当性。在国际体系变迁中，一方面，实力结构最易发生变化，其次是制度结构变化，最后是观念结构变化；另一方面，观念结构持续时间最长、制度结构次之、实力结构最短。

例如，在第二次世界大战期间和之后，作为新世界秩序的反映，布雷顿森林体系、联合国等全球性国际制度和北约等区域性国际制度之所以能够建立起来，是因为美国“说服许多国家领导人参加到新自由世界秩序中来的能力，有赖于那些领导人对美国以及美国有意愿保证其安全的信任”[③]。实力结构、制度结构和观念结构三者相

---

① Michael Barnet and Ramond Duvall, “Power in International Politics”, *International Organization*, 59: 1, (2005: Summer), p. 41.

② Ibid.

③ Thomas D. Lairson, David Skidmore, *International Political Economy: the Struggle for Power and Wealth*, Peking University Press, 2004, p. 78.

图一 物质性实力结构与非物质性制度结构和观念结构之间的关系

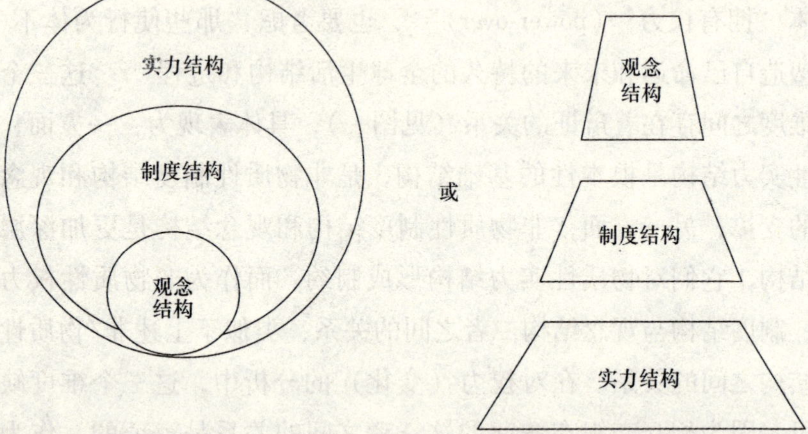

互之间这种辩证的关系，再明显不过地在这个案例中得到了体现：首先，无论是美国有说服他国参加到新世界秩序中来的能力，还是有意愿保证他国安全的能力，都是以美国实力为基础的，它决定了新世界秩序的过程和结果；其次，新世界秩序——其载体是第二次世界大战期间和之后一系列国际制度安排——从根本上来说，乃是以美国为主的当代西方主流观念（价值）即自由主义的体现；最后，自由主义观念规定了战后建立在西方（美国）实力基础上的全球性或区域性制度安排的合法性。

三、权力结构变化与美国国家安全战略调整

以上国际体系中权力结构展现在三个不同维度上表明，（参与或未参与）塑造现存国际体系权力结构的各个大国，必须随着现存国际体系权力结构的变化而对各自的国家安全战略进行调整。就美国的国家安全战略而言，虽然存在诸多影响其调整的主客观因素，但国际体系权力结构的变化，无疑是其中最为重要的客观战略环境因

素之一。

国家安全战略调整存在幅度上的差异，因为“战略调整既包括战略周期最后阶段的调整，也包括战略周期过程中所伴随的调整”[①]。具体而言，战略调整的内容包括战略充实[②]、战略完善[③]和战略转换[④]三种不同的形式。但第二次世界大战结束以来美国无论是哪种形式的战略调整，都与（认为）国际体系权力结构发生变化密切相关。正确把握国际体系权力结构变化——即实力结构、制度结构或观念结构之中的何种权力结构变化，可以对国家安全战略的调整与否产生积极的、正面的影响，从而有利于国家利益的实现；反之，其影响则是消极的、负面的，从而有损于国家利益的实现。

如果从战略调整幅度中的战略转换、而非战略充实或战略完善的角度来观察，[⑤] 则第二次世界大战后美国国家安全战略基本上可划分为冷战前后两个不同阶段。冷战结束之前，美国的战略目标是对另一个超级大国苏联进行遏制，因而采取的是一以贯之的对苏“遏制战略”；[⑥] 而从冷战结束之后，美国的战略目标都是要“确保其世界唯一超级大国地位及谋求世界霸权。各届政府战略调整的都是策

① 杨毅主编：《国家安全战略理论》，第227页。

② 指在原有战略要素没有发生根本变化的基础上，对既有战略的目标、能力原则或途径进行补充，从而实现战略制约因素与战略构成要素之间、战略构成要素之间的协调。见杨毅主编：《国家安全战略理论》，第238页。

③ 指在原有战略要素没有发生根本变化的情况下，对既有战略目标、原则、能力或途径中那些不合理的部分进行纠正，实现战略的决定因素与战略的构成要素之间以及战略的构成要素之间的协调，进而有效地维护国家安全。见杨毅主编：《国家安全战略理论》，第243页。

④ 在战略转换中，关键的是战略目标的根本性变化，这是战略转换的主要标志。见杨毅主编：《国家安全战略理论》，第248页。

⑤ 战略充实、战略完善和战略转换三者之中，战略转换的幅度最大。

⑥ 事实上，即便美国总统乔治·H. W. 布什1989年5月12日在得克萨斯农工大学提出的对苏“超越遏制”战略，实际上也还是“遏制战略的继续”。见刘金质：《从遏制战略到超越遏制战略》，《国际政治研究》，1998年第4期，第27页。

略、方法、手段和风格而非战略目标"[①]。那么，第二次世界大战结束以来美国国家安全战略调整与国际体系权力结构（可能）变化之间存在着怎样的关联性呢？以下将对此进行集中讨论。

冷战时期，随着1947年3月12日杜鲁门主义的提出，标志着美国对苏遏制战略的正式出笼。这是对第二次世界大战结束前美国国家安全战略的全面调整——是一种战略转换。随后的历届美国政府，除了20世纪60年代末70年代初尼克松政府曾推行过短暂的对苏缓和外，"无论两党中哪个政党执政，美国政府对苏联的政策始终是以遏制其扩张主义为目标"[②]。而更为重要的是，"美国遏制战略的制定者一开始就强调，通过遏制促使苏联内部发生有利于西方的变化"[③]。对照第二次世界大战时期的美国国家安全战略的首要目标——与苏联结盟共同抗击德意日等法西斯国家，这种战略调整可谓是质的转变和飞跃。第二次世界大战结束后，欧洲长期居于世界政治中心的格局被打破，取而代之的是美苏在全球范围内的争夺。换言之，为塑造战后国际体系的权力格局，美苏两个超级大国进行了全面的国家安全战略调整。因此，美国此次战略调整既是基于对国际体系实力结构变化的认识，也是基于对制度结构以及（尤其是）观念结构变化的认识所致。反观整个冷战时期，在塑造国际体系实力结构、制度结构和观念结构上，美苏两国都进行了不遗余力的殊死斗争。在实力结构方面，由于在20世纪50—70年代战略能力"侧重于国家执行军事战略、尤其是核战略的能力"[④]，因此当时的战略核武器基本为美苏两国所拥有这一事实，最能够体现战前与战

① 钟龙彪：《奥巴马政府的国家安全战略调整及其对中美关系的影响》，《国际问题研究》，2010年第4期，第35页。

② 转引自刘金质：《从遏制战略到超越遏制战略》，《国际政治研究》，1998年第4期，第27页。

③ 同上书，第28页。

④ 杨毅：《浅析美国国家安全战略报告》，《国际展望》2010年第4期，第83页。

后国际体系实力结构的变化；在制度结构和观念结构方面，如果说第二次世界大战前像德国这样的法西斯力量、苏联这样的社会主义力量、以及美国这样的西方新贵崛起导致了第一次世界大战后以国联——其建立的指导观念是西方的自由民主思想——为代表的国际体系制度性安排分崩离析，那么第二次世界大战结束之后的斗争焦点，则是对战时美国总统罗斯福主导的有关战后世界秩序———系列的制度性安排——设计的支持与否或另起炉灶。毋庸置疑，罗斯福有关战后国际体系制度性安排的指导观念，是基于美国所信奉的西方自由民主思想，而这与苏联的主流观念——共产主义意识形态是其集中体现——格格不入。基于此，战后国际体系权力（实力、制度和观念）结构形成过程中美苏之间全面性竞争关系的现实，势必导致战后美国国家安全战略“发生质的转变和飞跃”。

冷战的结束意味着国际体系权力结构的全面变化。在此背景下，美国国家安全战略又一次经历了“质的转变和飞跃”。相对于冷战时期对苏联遏制战略，冷战后美国国家安全战略目标是要“确保其世界唯一超级大国地位及谋求世界霸权”，因而属于战略调整中的战略转换，而非战略充实或战略完善。从权力结构变化与美国国家安全战略调整之间的关系来说，以苏联的解体和东欧剧变为标志的冷战的结束似乎意味着冷战后的国际体系权力结构塑造再一次完全掌握在美国手中了。例如，时任美国总统乔治·H. W. 布什即认为，美国有“极佳机遇”来将“冷战时期美国领导的‘自由世界’扩大为美国要领导‘整个世界’”；弗兰西斯·福山（Francis Fukuyama）则于1989年在美国保守派刊物《国家利益》上提出了风靡一时的“历史终结论”——历史的发展只有市场经济和西方民主政治一条途径。回望冷战结束后的两个十年，今天人们已经有充足的理由来对冷战后的国际体系权力结构塑造进行更充分、更客观的讨论。从实力结构看，由于21世纪的战略能力在横向上已经“不再局限于相对比较狭窄的军事领域”，在纵向上已经延伸为“更为立体、多元的国家安全以及国家整体发展层次”[1]，因此冷战后国际体系实力结构的塑造，已经远远不是美国一家能够完成的。例如，冷战结束后各大国在世界GDP份额中的变化（见表一和表二），就很好地说明了这一点。当然，实力结构的变化还反映在最重要的经济数据之外的那些指标中。例如，早在2004年，美国弗吉尼亚大学政治学系教授布兰特利·沃马克（Brantly Womack）指出，美国在政治、安全、军事、经济和媒体等方面都存在诸多局限。[2] 也有中国学者在2005年指出，“美国越是倾向于依靠其军事优势来构建和维持它的新世界秩序，就越是暴露出其在全球政治经济主导地位和影响力不断下降的客观事实”[3]。

表一　　世界名义 GDP 份额变化

国家 \ 年份		1990	2000	2006	2008（估计）	2013（估计）	2000—2013期间的变化
美国	以美元现价计算	26	31	28	23	21	-32%
	以2000年美元值计算	31	31		27	24	-22%
	以购买力平价计算	23	24		21	19	-19%
中国	以美元现价计算	2	4	6	7	9	144%
	以2000年美元值计算	2	4		6	8	100%
	以购买力平价计算	4	7		11	15	104%
日本（以美元现价计算）		14	15	9	8	7	-55%
德国（以美元现价计算）		7	6	6	6	5	-11%
英国（以美元现价计算）		5	5	5	5	4	-9%
法国（以美元现价计算）		6	4	5	5	4	6%
俄国（以美元现价计算）		2	1	2	3	5	455%

资料来源：以IMF World Economic Outlook Database（2008年10月）的数据计算的结果。

---

① 杨毅：《浅析美国国家安全战略报告》，《国际展望》，2010年第4期，第85页。

② 布兰特利·沃马克：《美国实力的现实与局限》，《吉林大学社会科学学报》，2004年第1期，第26—30页。

③ 孙建杭：《重新认识美国的优势地位——写在伊拉克战争结束两周年之际》，《理论前沿》，2005年第11期，第28页。

表二　2010—2011 年主要经济体（国家/地区）的世界名义 GDP 份额

年份＼国家/地区	欧盟	美国	中国	日本	德国	法国	英国/巴西
2010		23	9	8.7	5.2	4.1	3.6（英国）
2011	25.2	21.6	10.4	8.4	5.1	4	3.6（巴西）

说明：以上 2010 年和 2011 年的数据分别根据联合国和国际货币基金组织公布的数据计算得出。见 http：//en. wikipedia. org/wiki/List_ of_ countries_ by_ GDP_ （nominal）。

从制度结构看，第二次世界大战后建立的制度结构并没有实质性的变化，冷战结束后的制度结构变化，更多地表现为对现存制度结构的调适①而非另起炉灶——尤其是在 2008 年金融危机发生之后。因此，总体上维持现存国际体系制度结构是符合美国的国家安全战略利益的。从观念结构看，冷战结束以来的观念建构/冲突表现为："自由世界"扩大论、历史终结论、以美国为首的西方世界与伊斯兰世界的观念冲突、"北京共识"对以自由主义为理念基础的"华盛

① 例如，万国华在 1999 年指出："从法律机制上看，（IMF）主要存在宗旨范围过窄和条款过软、IMF 行动干预权与成员国金融主权有待协调、IMF 与区域或全球性货币合作有待加强、决策机制存在缺陷以及透明度不高和缺乏对对冲基金监管等五大问题。"万国华：《从亚洲金融危机看 IMF 法律机制亟待改革的几个重要问题》，《南开学报（哲社版）》，1999 年第 2 期，第 9 页。李本在 2010 年指出："全球性的金融危机折射国际货币基金组织的危机，不公平的份额制和投票权制是其陷入困境的肇端。只有 IMF 真正实质性改革其份额制和投票权制，IMF 才堪承负稳定国际金融秩序的重任。"李本：《国际货币基金组织份额制改革与中国的进路分析》，《法学论坛》，2010 年第 2 期，第 86 页。

顿共识”的挑战、[①] 基于人权理念的人道主义干预与基于主权原则的不干涉内政之争等。

综上所述，冷战结束后的大约20年里，由于国际体系中实力结构、制度结构和观念结构发生了全面且有利于美国的变化，因此美国国家安全战略随之发生调整，即由冷战时期两个超级大国竞争中战胜苏联的国家安全战略，转换为冷战后维持美国唯一超级大国地位的国家安全战略。

四、权力结构变化视角下的美国反恐战略调整分析

美国反恐战略从属于美国国家安全战略，因此，观察和分析美国反恐战略的调整，应在美国国家安全战略调整这一总体框架中来进行。

就冷战后的各届美国政府而言，美国国家安全战略的调整实际上“都是策略、方法、手段和风格而非战略目标”的调整，因而属于战略调整中的战略充实或战略完善，而非战略转换。小布什政府

① 例如，熊玠在2009年指出：2008年在美国引发的金融海啸，其诸多启示可以帮助我们更深层地了解国际关系（特别是金融市场治理）的运作与理论。譬如，为何尽管有国际货币基金组织与《巴塞尔协议》之设立，却并未能防止另一次世界经济危机的重演。作者在探讨金融海啸爆发的原因时，除了分析常规未能预见的变量以外，还论及西方经济学家与政府领导人过分信赖自由经济有其自我调节之本事，因而忽视了监管之重要性。如果自由经济没有适当监管，那么它就会沦为放任经济，以至最后失控。相反，中国的改革开放模式在中国经济发展的进程中却能取得惊人成效，其原因就在于利用市场的同时也发挥了生产与潜在的积极性，并兼顾监管与宏观调控之作用。因此，西方（包括美国与欧洲）已有人号召西方今后应学习政府干预经济的“中国模式”。熊玠：《金融海啸对国际关系理论的启示——兼论对中美关系的新认识》，《世界经济与政治》，2009年第10期，第59页。

的美国国家安全战略是一种以单边主义为核心的新帝国战略[1]，这可见诸于2002年《美国国家安全战略》报告中的基本内容——"可概括为24个字：反恐打恐、先发制人；大国关系，全面优势；美国民主、市场经济"。[2] 相对而言，奥巴马政府的美国国家安全战略，其明确的战略目标是要"重整美国的全球领导地位，恢复美国的实力和国际影响力"[3]，除延续性之外，还出现了明显的调整。[4] 这种延续性和调整在2010年《美国国家安全战略》报告的导言中得到了充分体现：尽管奥巴马总统一如既往地强调"没有一个国家能比美国更胜任在全球化时期处于领导地位"，但同时也颇带有紧迫感地说，21世纪"这个年轻世纪的所有重担不能只压在美国人肩上"。因此，如果要"重塑美国力量和影响"，就"必须将美国的变革看成是美国力量的基石"。

在美国，反恐作为一种战略提出来是在"9·11"事件发生之后的事情。而从布什政府到奥巴马政府的过去10年间，随着上述美国国家安全战略的调整，美国反恐战略也发生了显著的变化。在小布什政府时期，"9·11"事件的发生使得反恐在美国国家安全战略中占据着首要的突出地位，小布什政府因而"把国际恐怖主义定为美国所面临的头号威胁，把反恐作为美国国家安全战略的中心目标和当务之急"[5]。在2002年和2006年的《美国国家安全战略》报告导

---

① G. John Ikenberry, "America's Imperial Ambition", *Foreign Affairs*, September/October, 2002, pp. 44 - 60.

② 杨洁勉：《〈美国国家安全战略〉报告和大国关系》，《美国研究》，2002年第4期，第7页。

③ 杨毅：《浅析美国国家安全战略报告》，《国际展望》，2010年第4期，第18页。

④ 有关奥巴马国家安全战略调整的具体论述，请参见钟龙彪：《奥巴马政府的国家安全战略调整及其对中美关系的影响》，《国际问题研究》，2010年第4期，第35—37页。

⑤ 钟龙彪：《奥巴马政府的国家安全战略调整及其对中美关系的影响》，《国际问题研究》，2010年第4期，第35—36页。

言部分中，反恐都是其重点强调的内容。[①] 而奥巴马政府则更加重视全球化条件下的“新威胁”，即对美国的安全不限于恐怖主义；并放弃“全球反恐战争”的提法，以缓和美国与伊斯兰国家的紧张关系。[②]

小布什政府的反恐战略是美国国家安全战略的重中之重。这种重大的国家安全战略调整，“9·11”恐怖袭击是其诱因。但究其根本，对国际体系权力结构变化的错误认识，才是决定性的因素。在美国国力巅峰造极之时，源于对美国主导的国际体系观念结构受到威胁的担心，使得美国当政者在国际体系实力结构和制度结构并未受到挑战的情况下，粗暴地将伊斯兰意识形态的威胁视为美国国家安全面临的最紧迫、最危险的挑战。凭借其在实力结构和制度结构中的绝对主导地位，信奉“新帝国论”的美国当政者因而容不得这种观念结构上哪怕有丝毫挑战可能性的存在。由此，他们冒失地将实力结构、制度结构和观念结构三者之间的关系——即孰为基础孰为指导思想——进行了不计后果的混淆颠倒，从而导致了采取目空一切的单边主义来应对恐怖主义所带来的挑战，并进而大肆地挥霍美国在实力结构和制度结构中的优势资源。随着美国粗暴反恐战略的推进越来越难以为继，其调整最终不可避免。

其实在小布什政府的单边主义战略推出之初，美国精英阶层就对此存在尖锐对立的观点。鉴于实力结构的基础性作用，美国在反恐战争中对其实力的挥霍，最终将削弱美国在实力结构中的主导地

---

① 2002 年报告导言中写道：“为了挫败这种（恐怖主义）威胁，我们必须利用拥有的一切手段，包括军事力量、加强本土防御、执法、情报以及各种切断恐怖资金来源的强制措施。这场打击遍及全球的恐怖分子的斗争，是一项长期的全球性任务。”2006 年报告导言中写道：“推动自由以取代暴政和绝望 4 年多来已经主导着美国的政策，我们将继续对恐怖分子网络进行打击，我们的敌人因此变得虚弱，但是还没有被打败。”

② 钟龙彪：《奥巴马政府的国家安全战略调整及其对中美关系的影响》，《国际问题研究》，2010 年第 4 期，第 35—36 页。

位；而一旦其在实力结构中的主导地位受到削弱，则美国以及更广泛意义上的西方，在制度结构中的主导地位也必将受到削弱；其最后的逻辑结果是对美国（以及西方）在观念结构中的主导地位构成挑战，例如华盛顿共识与北京共识之争。鉴于此，在小布什政府的第二个任期，已经开始着力完善美国的反恐战略，其中包括对先发制人的单边主义军事反恐政策进行反思、避免反恐目标出现泛伊斯兰化等。[①]

伴随着小布什政府八年反恐战争的，是美国（以及西方）在实力结构中主导地位的不断削弱（参见表一中美国在世界 GDP 中所占份额的变化）。而波及全球的 2008 年美国金融危机，则成为要求对美国主导的金融制度结构——IMF 和世界银行——进行改革的契机；更有甚者，新兴国家开始对现存国际货币体系中美元的霸权地位开始提出质疑和进行挑战，大胆提出各种货币互换协议。在观念结构层面，人们开始对统治战后思想界的新自由主义提出强烈的质疑，其中就包括对华尔街所笃信的最大程度去规范化的质疑。

奥巴马政府显然认识到美国国家安全战略关注此前存在的主次颠倒给美国国家安全带来的危险性。2009 年 7 月，经过全面谨慎评估之后，美国国务卿希拉里·克林顿在泰国普吉举行的第十六届东盟地区论坛外长会议上，高调宣布了美国的“重返亚洲”战略。此后发生的一系列事件，无论是美国全面提升与东盟国家的政治和安全关系、“天安号”事件、南海争端和中日钓鱼岛之争的激化，还是美国积极推动 TPP 的进一步发展，都与奥巴马政府的这一基本认知密不可分，即未来世界政治的重心在太平洋地区、在东亚。

这一认识的基础是国际体系中的权力结构正在发生明显的变化。其中首当其冲的体现在东亚地区。当然，东亚地区实力结构的变化

---

① 有关美国反恐战略调整和完善的相关论述，请参见李希若：《“9·11”事件后美国反恐战略的演变》，《国际资料信息》，2008 年第 1 期，第 2 页。

也可能对制度结构产生冲击，如被美国视为东亚安全基础的制度性安排——美日同盟，就在鸠山政权时期出现了一定程度的危机。进而，美国主导的东亚地区观念结构——西方的即是通行的观念——也在受到侵蚀。如美国韩裔学者康灿雄就提出，在历史上，在东亚地区的稳定与中国主导东亚地区之间，存在着相互的关联性；以中国为中心的世界秩序的出现，是一种正面、稳定性的演进。他指出，过去2000年里的大多数时间，亚洲人把中国的主导地位视为一种基本事实。

面对这种情形，奥巴马政府上任伊始就认识到，需要对走入歧途的美国国家安全战略——反恐战略一度成为其中最重要的组成部分——进行调整，以便应对美国所认为的对其国家安全构成的全新挑战。在2010年《美国国家安全战略》报告导言中，奥巴马因此强调说："在应对当前战争（即反恐战争）的同时……我们必须实行'重振美国和领导世界'战略，即一个能够重建国家力量和影响力基础的战略。"由此观之，奥巴马政府认为反恐战略应从属于美国国家安全战略，而不是相反。

五、结论

美国国家安全战略的制定或者调整，深刻地受到国际体系权力结构变化的影响。在小布什政府上任之初，由于国际体系权力结构呈现完全失衡的状态，因此在美国作为"新帝国论"认知背景下，"9·11"恐怖袭击所带来的美国对国际体系权力结构变化的错误认知，即误将国际体系观念结构变化当作国际体系权力结构变化的开始，成为小布什政府国家安全战略调整（以反恐战略为其核心）的基本动力。随着国际体系权力结构中实力结构发生明显的变化，并进而有可能导致制度结构和观念结构的变化，奥巴马政府开始调整其国家安全战略，使美国反恐战略从属于美国国家安全战略。

以上分析表明，基于国际体系权力结构变化错误认知背景下的美国国家安全战略调整，会对中国国家安全及其国家安全战略产生巨大影响。与此同时，面对美国国家安全战略的调整，中国国家安全战略的制定/调整，也必须建立在对国际体系权力结构变化（其中尤其是实力结构变化）的正确认知基础之上。唯如此，才可以避免像小布什政府（尤其是第一任期内）那样鲁莽的国家安全战略。

美国战略重心东移及其对中国战略环境的影响

韦宗友

（上海外国语大学国际关系与外交事务研究院
副院长、副教授）

自2011年以来，奥巴马政府利用多个重要场合高调宣布美国将“转向亚洲”和进行“亚洲再平衡”，正式向外界宣布了自2009年底以来美国着手实施的亚洲新战略和战略重心转移。这一新战略涉及政治、经济及军事等诸多层面，具有明显的制衡中国的战略意图。尽管这一战略的实施还处于初期阶段，其未来也面临很多不确定性，但却已给中国的战略环境造成了较显著的不利影响，中国对此必须高度重视。

一、美国战略重心东移：国际国内背景

中国的快速崛起和东亚地区（如无特别说明，本文的东亚在经济地理上主要包括中国、日本和韩国三个东北亚国家，东盟10国以及澳大利亚、新西兰）正在涌动的权力转移与秩序重组，是美国战略重心东移，特别是奥巴马政府宣称的“转向亚洲”和“亚洲再平衡”战略最重要的国际背景。在过去30余年时间里，中国经济保持

两位数的高速增长，创造了世界经济增长中的中国奇迹。考虑到中国庞大的人口规模和广袤的国土面积，中国的崛起使得历史上一些大国的崛起显得相形见绌。2010 年，中国超过日本成为世界第二大经济体，超过德国成为世界第一大出口国和世界第二大贸易国。中国拥有高达 3.2 万亿美元的巨额外汇储备，握有美国 1 万亿的外债，成为美国最大的债权国。自 2008 年世界经济危机以来，中国不仅成为东亚、也成为世界经济增长的火车头。据估计，2012 年中国对世界经济增长的贡献率将可能超过 40%，远超过美国。[①] 据乐观估计，中国经济规模最早在 2020 年或 2027 年有可能赶上美国，并取而代之成为世界第一大经济体。与中国经济高速增长形成强烈反差的是，美国经济依然处于 2008 年经济危机的后遗症之下，政府债台高筑，失业率高居不下，经济增长乏力，国内消费低迷。欧洲则陷入冷战结束以来最严重的欧债危机之中，曙光难现。而曾经作为东亚经济领头羊和“雁形经济发展模式”的日本，其经济已经“失去了 20 年”，2011 年的海啸和核泄漏事故令日本经济雪上加霜，正滑向第三个失去的 10 年。在全球、特别是东亚地区出现了明显的有利于中国的权力转移。

中国在自身经济高速增长的同时，还在积极推动地区经济一体化进程。1991 年中国开启了与东盟的对话进程，此后中国与东盟关系，特别是经贸关系发展迅速。特别是 1997 年东南亚金融危机爆发后，美国对东南亚国家金融危机的不闻不问和日本的无所作为，与中国积极救助东南亚国家的果敢政策形成了鲜明对比，中国在东亚的经济影响力迅速上升。2002 年 11 月，中国与东盟签署了《中国与东盟全面经济合作框架协议》，正式启动建立中国—东盟自由贸易区进程（即“10 + 1”进程）。2004 年 11 月，中国与东盟又签署了

① “India, China Still Contribute Half of World Economic Growth”, *The Economic Times*, Jan. 11, 2012, http://articles.economictimes.indiatimes.com/2012-01-11/news/30616053_1_global-growth-economic-growth-china-and-india.

自由贸易区《货物贸易协议》和《争端解决机制协议》，为中国与东盟之间的贸易提供了更加公平、透明、便利的法律保障。2010 年 1 月 1 日，中国—东盟自由贸易区正式建成，中国对东盟的平均关税从此前的 9.8% 大幅下降至 0.1%，而东盟 6 个老成员国文莱、印尼、马来西亚、菲律宾、新加坡和泰国，对中国的平均关税从 12.8% 下降到 0.6%，4 个新成员国越南、老挝、柬埔寨和泰国，将于 2015 年实现 90% 商品“零关税”的目标。自贸区的建设，极大推进了中国与东盟的贸易关系。中国与东盟之间的贸易额，从 1991 年的 79.6 亿美元快速增长至 2011 年的 3629 亿美元，年均增长率超过 20%。我国连续第三年成为东盟的第一大贸易伙伴。中国还取代美国成为日本、韩国、东盟、澳大利亚等诸多亚太国家最大的贸易伙伴国。[①] 在对外投资方面，中国对东盟的投资从无到有，2008 至 2010 年间，中国对东盟的直接投资额近 90 亿美元，占同期东盟外来直接投资的 5.5%，是东盟第四大外来投资来源国。[②]

中国与东盟自贸区的建设，有力推进了东亚地区的自贸区建设。目前，东亚地区已经建成的自贸区包括：东盟十国的自贸区；东盟与日本、东盟与韩国、东盟与澳大利亚及新西兰的自贸区；东盟成员国单独与日本、韩国及中国建立的自贸区；东盟与南亚大国印度建立的自贸区以及美国、欧盟与东盟一些成员国建立的自贸区。此外，中国、日本与韩国的自贸区建设也在酝酿和谈判之中。据亚洲开发银行公布的一份研究报告，截至 2010 年 8 月，东亚（加上印度）地区的自由贸易协定已经由 90 年代初的 3 个猛升到目前的 61 个，这还不包括一些正在酝酿和进行的自由贸易谈判，东亚已成为

① 《中国—东盟全面经济合作十年间：推进贸易便利化》，中国网，2012 年 9 月 22 日，http://www.china.com.cn/news/txt/2012-09/22/content_26602625.htm。

② 资料来源：东盟外国直接投资数据库，http://www.aseansec.org/18144.htm。

全球自由贸易协定的领跑者。[①] 总之，自20世纪90年代以来，特别是21世纪以来，以自贸区建设为主要内容的东亚经济一体化建设方兴未艾，有力推动了东亚的经济发展和一体化进程，而中国是这一进程的主要推动者，它提升了中国在东亚事务中的影响力。[②]

中国经济实力的快速增加和在东亚地区影响力的提升，东亚地区蓬勃兴起的自贸区建设和与之相伴随的经济一体化加速推进，令美国忧心忡忡。在美国看来，一个权力快速上升的中国和一个美国可能被排除在外的地区经济集团的出现，无疑会对二战结束以来美国主导的东亚秩序构成挑战，也对美国在亚洲的霸权构成挑战。[③] 美国的担忧还因中国军事力量的快速增加和近年来所谓的中国“咄咄逼人”的外交态势而加剧。[④] 美国对中国军费的持续增长和军事力量的上升，特别是海军力量的现代化十分敏感。美国认为，中国海军现代化涉及军事学说、军事训练、人员素质、武器系统等各个方面。这一军事现代化的近期目标是建立反介入和区域拒阻（anti-access/area-denial，A2/AD）能力，防止台湾独立和美国可能的军事干预，或至少延迟美国海空军的介入或降低美军干预的有效性。然而，中国军事现代化特别是海军现代化的努力，越来越针对南海和东海的

---

① Masahiro Kawai and Ganeshan Wignaraja, *Asian FTAs: Trends, Prospects, and Challenges*, no. 226, Oct. 2010, Asian Development Bank, pp. 1 – 4.

② Shintaro Hamanaka, “Is Trade in Asia Really Integrating?”, *ADB Working Papers Series on Regional Economic Integration*, no. 91, January 2012, pp. 1 – 24; C. Fred Bergsten, “China and Economic Integration in East Asia: Implications for the United States,” *Policy Briefs in International Economics*, no. pp. B07 – 3, Peter G. Peterson Institute for International Economics, March 2007, pp. 1 – 10.

③ Mark E. Manyin, et al., “Pivot to the Pacific? The Obama Administration's ‘Rebalancing’ Toward Asia”, *Congressional Research Services Report for Congress*, Washington D. C., March 28, 2012, pp. 1 – 9.

④ Suisheng Zhao, “China's New Foreign Policy ‘Assertiveness’: Motivations and Implications”, ISPI Analysis, no. 54 (2011), http://www.ispionline.it/it/documents/Analysis_54_2011.pdf.

领海争端和包括海上交通线、200 海里专属经济区等海上权利的维护，其最终目标是要取代美国在太平洋的影响和宣示中国的世界大国地位。[①] 美国认为，美国在亚洲不受挑战的军事能力目前正在受到中国日益增长的军力的威胁和挑战，美国在亚洲不再享有不受挑战的对海空的控制。中国对华盛顿的传统安全战略构成了严重挑战。中国无论是寻求地区霸权，还是成功地成为地区支配性玩家，都将破坏地区稳定，而且会形成排除美国的经济和军事势力范围，导致该地区安全竞争的加剧。[②]

如果说中国实力的全面上升和东亚经济一体化的加速是奥巴马政府进行“亚洲再平衡”战略的外部因素，那么2008 年爆发的金融危机则是其调整战略中心的内部驱动力。这场始于次债危机并在美国国内乃至全球蔓延的经济危机，对美国经济造成重创，导致美国失业率高居不下，国内消费乏力，经济增长陷入困境，财政赤字节节攀升。对于新入主白宫的奥巴马总统来说，摆脱国内经济困境，特别是增加出口、刺激国内经济增长和降低失业率是当务之急。奥巴马在 2010 年 1 月的国情咨文中提出，要在未来五年里将美国的对外出口提高一倍，为美国创造 200 万个就业岗位，实施国家出口倡

① Ronald O'Rourke, “China's Naval Modernization: Implications for U. S. Navy Capabilities-Background and Issues for Congress”, *Congressional Research Services Report for Congress*, Washington D. C., April 2012, pp. 1 – 50; Office of the Secretary of Defense, *Annual Report to Congress: Military and Security Developments Involving the People's Republic of China* 2012, Washington D. C., May 2012, pp. 1 – 21.

② Dan Blumenthal, “Sino-U. S. Competition and U. S. Security: How Do We Assess the Military Balance?”, *NBR Analysis*, Dec. 2010, p. 18; Ashley J. Tellis, “Uphill Challenges: China's Military Modernization and Asian Security”, in Ashley J. Tellis and Travis Tanner eds., *Strategic Asia* 2012 – 2013: *China's Military Challenge*, Washington D. C.: National Bureau of Asian Research, 2012, pp. 1 – 24.

议（National Export Initiative）。[①] 同年3月，奥巴马签署了国家出口倡议第13534号行政命令，正式启动五年出口倍增计划。鉴于欧洲经济同样陷入危机，繁荣的亚洲市场对于奥巴马的出口倍增计划至关重要。在一份提交给奥巴马的贸易促进报告中，美国贸易促进协调委员会特别强调中国、印度、巴西等新兴大国以及整个亚太地区对于美国出口增长的重要性，指出“亚太地区经济增长迅速，在2009年已占世界经济的23%”，“亚太地区作为一个整体在美国出口和增加就业方面的重要性与日俱增”。[②] 奥巴马政府希望通过进一步密切与亚洲国家的经济联系，搭上亚洲地区经济增长的顺风车，特别是借力充满活力的中国和印度等新兴经济体市场，大幅提升对亚洲国家的出口，为振兴美国经济服务。另一方面，奥巴马上台后迅速结束了给美国带来沉重财政负担和负面国际影响的伊拉克战争，并制定从阿富汗分批撤军的时间表，结束困扰美国长达10年的中东“反恐”战争，为美国将目光瞄向其他地区提供了可能性。所有这些，构成了奥巴马政府宣布战略重心东移和进行亚洲再平衡的国际、国内背景。

二、美国战略重心东移：酝酿与举措

维持美国在东亚的霸权地位，防止东亚地区出现一个美国霸权的挑战者，是冷战结束以来美国在东亚的主要战略目标之一。中国

① Barack Obama, “Remarks by the President in State of the Union Address”, January 27, 2010, http://www.whitehouse.gov/the-press-office/remarks-president-state-union-address.

② *Report to the President on the National Export Initiative: The Export Promotion Cabinet's Plan for Doubling U.S. Exports in Five Years*, Washington D.C., September 2010, pp. 6–17.

权力的崛起和东亚地区可能出现一个排他性的经济集团，在美国看来，无疑会对美国的东亚战略目标构成威胁。自2009年末开始，奥巴马政府开始紧锣密鼓，酝酿和部署其“转向亚洲”或“亚洲再平衡”战略。

2010年1月，国务卿克林顿在夏威夷东西方研究中心发表演说时，高调宣布“我们回来了，我们将留下”，正式吹响了美国战略重心东移和重返亚太的号角。在此次演说中，虽然她没有采用后来广为流传的“重心转向亚洲”（pivot to Asia）或“亚洲再平衡”（rebalancing toward Asia）措辞，但这一战略重心转移的主要内容和轮廓已经清晰可见。她指出，她出任国务卿后的首次国外访问就是亚洲，奥巴马总统接待的首位外国政要也是亚洲大国——印度总理辛格。美国积极参与亚太地区的多边机制，参加了在新加坡举办的APEC峰会，出访了中日韩三个亚洲国家；签署了《东盟友好合作条约》并举行了首届美国—东盟峰会；签署了关岛国际协定，维持美国在亚太地区强大的军事存在。易言之，美国在政治、经济和安全上三管齐下，全面介入亚太地区。她强调，“美国的未来与亚太地区的未来紧密相连，而该地区的未来也取决于美国。继续维护美国在该地区的经济和战略领导地位符合美国的利益，而美国作为一个充满活力的经济伙伴和在（亚太地区）军事上发挥稳定的作用也符合亚洲的利益。”①

2011年11月，克林顿国务卿在美国《外交政策》杂志上撰文，全面阐述了美国战略重心转向亚太的主要内容，提出21世纪将是“美国的太平洋世纪”。她在文章的开篇即指出，在美国结束伊拉克战争并开始从阿富汗撤军时，美国处于一个战略转折点。未来岁月里，美国在投入时间和精力方面，需要智慧和战略眼光，只有这样

① Hillary R. Clinton, “Remarks on Regional Architecture in Asia: Principles and Priorities”, January 12, 2010, http://www.state.gov/secretary/rm/2010/01/135090.htm.

美国才能更好地维护自身的领导地位、确保美国的利益和促进美国的价值观推广。“在下一个十年里，美国国务的最重要任务之一就是将外交、经济、战略等方面的投入锁定在亚太地区，并持续加强。”她指出，借力亚洲的增长和经济活力是维护美国的经济和战略利益的核心所在。经济上，美国的经济复苏依赖出口，依赖于巨大的亚洲市场和消费。战略上，维护亚太地区的和平与安全对于全球发展至关重要，无论是捍卫南海地区的航行自由，应对朝鲜的武器扩散还是保持该地区关键国家军事活动的透明度，都是如此。美国战略重心转向亚洲与确保和维护美国的全球领导的全球努力完全契合。这一战略重心转移主要包括六个方面：加强美国在亚洲的双边安全同盟，深化与中国等新兴大国的合作伙伴关系，介入地区性多边制度，拓展贸易和投资，拓展美国的军事存在以及促进民主与人权。她在文章的最后提出，在美国面临资源紧张的情况下，“必须明智地进行投资，在能够获取最大收益的地方进行投资，这就是为什么对我们来说亚太地区真正代表了21世纪的机遇”。她强调，尽管这一转向并不容易，但美国必须全力以赴。①

11月17日，美国总统奥巴马在澳大利亚国会发表演说时，向亚洲听众进一步解释了美国战略重心转移的主要内容。他说，在行将结束给美国造成巨大代价的伊拉克和阿富汗战争之际，美国正在将目光转向具有巨大潜力的亚太地区。作为世界发展最快的地区，亚太对于美国摆脱经济危机、创造就业机会至关重要，它关乎美国的未来。他说，美国从前是，将来也将一直是个太平洋国家；作为一个太平洋国家，美国将在塑造地区秩序及其未来方面起到更大和长期的作用。他详细列出美国在亚太地区秩序构建中将要采取的步骤：第一，美国要确保亚太地区的安全，建立一个权利和责任得到维护、

① Hillary R. Clinton, “America's Pacific Century”, *Foreign Policy*, Nov. 2011, Issue 189, pp. 56 -63.

法治和规范得到贯彻、商业和航行自由不受阻碍、分歧能够和平解决的国际秩序；第二，维持美国在该地区强大的军事存在，加强与既有军事同盟的关系，拓展与印尼、印度、新加坡、越南等国的伙伴关系，使得美国的军事存在范围更广、更灵活、更可持续；第三，重新介入地区性组织，加入东亚峰会；第四，与中国建立合作性关系；第五，以 APEC 为平台，建立跨太平洋伙伴关系（TPP），打造新型贸易模式；第六，拓展民主和人权。一言以蔽之，“在 21 世纪的亚太地区，美国将全身投入”①。

2011 年 11 月 27 日，美国国家安全事务顾问多尼隆在《金融时报》撰文，重申美国将重新平衡其外交政策优先顺序，“回归亚太，维护规则”，最终目标是塑造亚太地区的规范与规则，确保国际法和规范得到遵守，商业和航行自由不受阻碍，新兴大国与邻国建立信任，分歧和平解决而不诉诸强制或威胁。②

2012 年 1 月，美国国防部发布了题为《维护美国全球领导地位：21 世纪国防的优先顺序》的新战略指南，从军事战略维度诠释了奥巴马政府的“亚洲再平衡”政策。文件指出，鉴于美国的经济和安全利益已经与从西太平洋和东亚到印度洋及南亚的广大地区紧密相连，美国的军事力量必须向亚太地区再平衡。“我们与亚洲盟国及关键伙伴的关系对于该地区未来的稳定与增长至关重要。我们将重视既有军事同盟，它提供了亚太安全的重要基石。同时将拓展我们与亚太地区新兴伙伴的合作网络，以确保维护共同利益的集体能力。美国还将致力于投资与印度的长期战略伙伴关系，支持其作为

---

① Barack Obama, “Remarks By President Obama to the Australian Parliament”, Nov. 17, 2011, http://www.whitehouse.gov/the-press-office/2011/11/17/remarks-president-obama-australian-parliament.

② Tom Donilon, “America is Back in the Pacific and Will Uphold the Rules,” *Financial Times*, Nov. 27, 2011, http://www.ft.com/intl/cms/s/4f3febac-1761-11e1-b00e-00144feabdc0, Authorised = false.html? _ i_ location = http%3A%2F%2Fwww.ft.com%2Fcms%2Fs%2F0%2F4f3febac-1761-11e1-b00e-00144feabdc0.html&_ i_ referer =.

地区经济支柱和印度洋地区安全的提供者。”文件提出，维护亚太地区的和平、稳定、商业的自由流动以及美国在该地区的影响力，部分取决于美国的军事优势和军事存在。从长远来看，中国崛起为一个区域性大国将有可能以多种方式对美国的经济与安全造成影响。美国必须继续进行必要的投资，以确保美国能够维持地区进入和不受约束地履行条约义务和国际法。美国将与联盟和伙伴网络紧密合作，继续推进一个确保稳定、鼓励新兴大国和平崛起、促进经济活力和建设性防务合作的基于规则的国际秩序。针对中国军力日益增长的反介入能力和区域拒阻能力，该战略提出美军的“空海一体化”概念，并要加强美国的海上力量以应对“反介入和区域拒阻”的能力。①

在一系列高调宣布的同时，美国也在采取切切实实的步骤为其战略重心转向服务，这些举措涉及政治、经济及军事等多个维度。

政治上，奥巴马政府高官展开了对东亚地区的密集访问，大幅提升美国在东亚地区的政治存在。奥巴马自称是美国“首位太平洋总统”，他在白宫接见的首位外国政要是来自印度的总理辛格。截至2012年9月，奥巴马总共访问了11个亚洲国家，包括中国、日本、韩国、印度、印尼、澳大利亚等主要东亚、南亚和大洋洲国家（这些国家正是奥巴马政府亚太战略涵盖的主要地理范畴）。而同期国务卿克林顿的行程更为密集。为贯彻她提出的“前沿部署外交”，她身体力行，任职以来，出访国家总共高达110个，访问里程897951英里，访问天数总计376天。其中2009年访问了包括中国、印度、印尼、日本在内的17个亚洲国家；2010年出访了包括澳大利亚、新西兰、中国、韩国、日本、印度、越南、马来西亚等在内的20个亚洲国家；2011年出访了包括缅甸、中国、日本、韩国、印度、菲律宾

① U. S. Department of Defense, *Sustaining U. S. Global Leadership: Priorities for 21st Century Defense*, Washington D. C., January 2012, pp. 1 – 3.

在内的19个亚洲国家；2012截至9月9日出访了包括柬埔寨、老挝、库克群岛、蒙古、中国、日本、印度、印尼在内的16个亚洲国家。可以说，她的足迹几乎遍及东亚地区的每一个角落。① 此外，两任国防部长盖茨和帕内塔多次造访亚洲，出席在新加坡举行的一年一度的亚洲安全对话，并访问中国、印度、日本、韩国、澳大利亚等亚洲国家。

除了领导人的频繁访问外，美国还一改先前对东亚多边制度的冷淡和漠视态度，转而积极加入东亚地区的多边机制。2009年美国以总统行政命令的方式加入了《东南亚友好合作条约》，与东盟举行了首届美国—东盟峰会，并于2010年正式加入东亚峰会，成为这一多边机制的重要一员。

在经济方面，面对东亚日益勃兴的经济一体化进程，奥巴马政府采取的最主要步骤是在APEC框架下，加入TPP谈判，以亚太经济一体化冲淡东亚经济一体化，构筑以美国为主导的亚太经济秩序。据一份研究报告宣称，美国加入TPP具有三个方面的目的：第一，达成一个全面和高标准的地区自由贸易协定，消除和降低贸易壁垒，增加美国在亚太的贸易和投资；第二，让美国在建立更广泛的贸易自由化、特别是亚太贸易自由化平台方面发挥作用；第三，在新兴贸易议题领域为美国提供制定规则的机会。② 显然，通过打造一个美国主导的亚太自由贸易区，不仅可以增加美国对亚太地区的出口和投资，也可以防止在东亚地区出现一个排他性的区域贸易集团。2009年11月，奥巴马在访问日本时正式宣布美国将加入TPP谈判，要“打造一个成员广泛、高标准的21世纪区域贸易协定”。截至目

---

① 具体数据根据美国国务院网站整理获得：http：//www.state.gov/secretary/trvl/index.htm。

② Brock R. Williams, "Tans-Pacific Partnership (TPP) Countries: Comparative Trade and Economic Analysis", *Congressional Research Services Report for Congress*, Washington D. C., May 30, 2012, p. 1.

前，TPP已经进行了14轮会谈，成员国包括澳大利亚、文莱、智利、新西兰、新加坡、马来西亚、秘鲁、越南和美国等9个国家，墨西哥和加拿大已被邀请参加谈判，日本也在考虑加入谈判。

在军事方面，美国除了继续重视与东北亚国家日本、韩国的传统军事同盟关系外，还加强了与澳大利亚、菲律宾等东南亚、大洋洲国家的军事同盟关系，并积极发展与新加坡、越南及印度的伙伴关系，构筑从东北亚、东南亚延伸至印度洋的军事同盟及伙伴关系网络。2011年11月，奥巴马在访问澳大利亚时与澳大利亚签署了一项军事协定，宣布美国将在澳大利亚的北方军事港口达尔文港派驻2500名美国海军陆战队队伍。这是自第二次世界大战结束以来，美国首次宣布在澳大利亚驻扎军事人员，虽然人数不多，首批进驻人员只有250人，但鉴于宣布的时机正值南海问题闹得沸沸扬扬之际，此举依然具有十分明显的指向性。2012年6月美国国防部长帕内塔在参加香格里拉军事对话时，宣布美国将“重新平衡在亚洲的军事部署”，对美国的亚太新军事战略进行了权威解读。他说，美国尽管遭遇严峻的财政问题，军费开支也会受到削减，但这不会影响到美国在亚洲的军事战略。美国会增加在亚洲的军事存在，到2020年，将美国在亚洲军力部署的比重由此前的50%上升到60%，其中航母战斗群由目前的5个上升到6个，同时增加在亚洲的驱逐舰、巡洋舰、登陆舰和潜艇。帕内塔还提到美国将在这一地区部署新的武器系统，如第五代联合攻击机、改进型弗吉尼亚级快速攻击潜艇、新型电子战和通讯能力以及改进型精确打击武器。此外，美国还将加强在亚太地区进行军事演习的规模和频率，增加美国海军对亚洲海港的访问次数。帕内塔表示，除了增加武器系统，美国还将加强与亚洲国家的军事联盟和伙伴关系，继续保持与日本、韩国、泰国、菲律宾及澳大利亚等传统盟国的军事联系，积极发展与印度、新加坡、印尼等国的伙伴关系，和后者建立类似于在澳大利亚的部队轮流部署的合作性军事安排。[①]

三、美国战略重心东移对中国战略环境的影响

美国政府官员一再解释美国的亚洲再平衡战略不是针对中国，更不是要遏制中国，相反，与中国保持接触是这一新战略的重要内容之一，美国欢迎一个繁荣、稳定、强大的中国。尽管如此，舆论普遍认为这一新战略制衡中国的意图十分明显。实际上，无论是美国国防部2012年初公布的新战略指南，还是美国国会的相关研究报告和听证会，都将中国视为这一战略转移的首要目标。[②] 更不用说自2009年以来，奥巴马政府在东亚、南亚展开的一系列令人眼花缭乱的、针对中国的高密度政治、外交、经济和军事动作了。如果说这一战略还够不上遏制中国的严重程度，那么其制衡中国的意味则一目了然。美国战略重心的东移及其采取的举措和今后可能采取的进一步行动无疑对中国的战略环境产生消极影响，也是当前中国外交面临较严重困境的深层次外部因素。具体而言，美国战略重心东移给中国战略环境产生了如下三个方面的不利影响：

第一，对中国地缘政治环境的不利影响。20世纪90年代中期以后，由于中国着手推行睦邻友好政策并大力发展与东盟等邻国的经贸关系，中国与周边国家的关系大为改善。不仅如此，中国还一改先前对多边制度的怀疑态度，主动参与东亚地区的各类多边论坛和

---

① Jim Garamone, "Panetta Describes U. S. Shift in Asia-Pacific", *American Forces Press Services*, June 1, 2012, http://www.defense.gov/news/newsarticle.aspx? id = 116591.

② Mark E. Manyin, et al., "Pivot to the Pacific? The Obama Administration's 'Rebalancing' Toward Asia", *Congressional Research Services Report for Congress*, Washington D. C., March 28, 2012, pp. 1 - 20.

机制，积极推动东亚地区的一体化进程，特别是经济一体化进程，进一步密切了与东盟国家间的关系。然而，尽管中国与东盟等邻国关系大为改善，双边经贸关系发展迅猛，但由于历史、政治以及领土或领海争议，中国与部分邻国的关系也隐藏着暗礁，一遇风吹草动，这些暗礁就可能会浮出水面，给彼此关系造成冲击。所以，虽然东盟等周边邻国希望借助于中国庞大的市场发展经贸关系，给本国带来实实在在的经济利益，但在政治和安全问题上仍倚重美国，即一些学者所说的经济上靠中国，政治与安全问题上靠美国。[①] 另一方面，中国与东盟等邻国关系在90年代中后期以来的迅速发展，固然得益于中国积极有为的睦邻友好政策等"魅力攻势"，也因为美国对该地区有意无意的忽视，或至少在东盟国家看来被美国怠慢。[②] 因而，在某种意义上甚至可以说，与中国发展紧密关系是这些邻国受到美国"怠慢"后退而求其次的"次优选择"。在此情况下，一旦美国"回心转意"或向东亚国家示好，这些国家显然愿意与美国走得更近。奥巴马政府高调宣布"我们回来了"，宣称美国是一个"太平洋国家"，是向这些国家吹响了发展与美国紧密关系的"集结号"。尽管中国政府明确表示，太平洋足够宽广，可以容得下中美两个大国，但美国咄咄逼人的亚洲再平衡战略无疑会让部分东亚国家面临在中美之间"选边站"的尴尬局面，这不仅可能离间中国与东亚邻国的关系，挤压中国在东亚的政治空间，也会恶化东亚的政治环境。

第二，对中国经济安全的负面影响。中国经济自改革开放以来虽然取得了举世瞩目的巨大成就，但中国经济发展也存在十分明显的短板和脆弱性，即中国经济增长的主要驱动力在于对外贸易。在

① 吴心伯：《论奥巴马政府的亚太战略》，《国际问题研究》，2012年第2期，第76页。

② Alice D. Ba，"China and ASEAN：Renavigating Relations for a 21th Century Asia"，*Asia Survey*，43：4（2003：July/August），pp. 628－636.

世界主要贸易大国中，中国的对外贸易依存度长期高居榜首，尽管近年来中国外贸依存度有所下降，但2011年我国的外贸依存度依然超过50%[①]。一旦外贸受到干扰或外贸环境发生大的变化，就可能对中国经济增长造成冲击。而且，由于中国巨大的能源和矿产资源的进口以及商品进出口主要依赖海上通道，特别是从印度洋到太平洋的漫长而狭窄的海上交通线，这意味着一旦这些通道被封锁，就等于切断了中国对外贸易和经济发展的咽喉。美国加强在西太平洋的军力存在，提升所谓的“反介入和区域拒阻”能力，加强和拓展与菲律宾、澳大利亚以及新加坡和印度等军事盟国的伙伴关系和军事联系，控制这些至关重要的海上交通线，无疑对中国的经济安全构成潜在威胁。

如果说美国加强在西太平洋的军事存在和对海上交通线的控制，只是在中美之间发生大的武力冲突甚至局部战争时才会对中国经济安全构成严重威胁，是战时威胁，那么，奥巴马政府抛出的跨太平洋经济伙伴关系（TPP，以下简称TPP），则是在和平时期对中国的经济安全特别是外贸战略构成的挑战。TPP原本是新加坡、新西兰、智利和文莱四个跨太平洋小国于2006年缔结的自由贸易协定，2008年小布什政府宣布加入谈判，2009年奥巴马政府上台后经过仔细研究，于11月宣布继续加入并将准备将其打造成一个“成员广泛、高标准的21世纪自由贸易协定”。美国政府看中这样一个本来默默无闻的贸易协定，根本原因在于：第一，这是一个涵盖东盟与美洲，即具有跨太平洋性质的自由贸易协定，与美国一直提倡的建立在APEC框架下的自由贸易区主张不谋而合；第二，这一贸易协定的内容走在了东亚地区蓬勃发展的自由贸易协定的前面，涉及范围不仅包括商品贸易自由化，还涉及服务贸易、投资、农产品贸易、劳工

① “2011年外贸依存度回落至50.1%，未来将继续降低”，中国商务部网站，2012年2月17日，http://wmsp.mofcom.gov.cn/Html/2012_2/15697.html。

标准和环境标准等美国极为感兴趣的内容；第三，通过建立一个成员广泛、高标准的新自由贸易协定不仅可以防止东亚地区出现一个将美国排除在外的排他性自贸区，还可以有效制衡中国在该地区日益增长的经济影响力，打乱中国积极参与构建的东亚自贸区进程，将东亚地区经贸秩序建设的主导权和规则制订权重新夺回。目前参与 TPP 谈判的国家已经增加到 9 个，成员不仅包括四个东盟自贸区成员国，还包括新西兰、澳大利亚这两个东盟 10 + 6 成员国，特别是加拿大和墨西哥两个北美贸易大国的加入，极大壮大了 TPP 成员国的经济规模和贸易影响力，也进一步拓展了其跨太平洋性质。日本也表达了对 TPP 的浓厚兴趣。如果日本在未来加入，那么可以想见另一个东亚贸易大国韩国也会随之加入，届时将真正形成一个跨太平洋的涵盖所有（除中国外）重要贸易大国的成员广泛的自由贸易协定。在目前的 TPP 谈判中，内容涉及到诸多现有自贸区协定还未曾涉及或有所保留的敏感领域，如服务和农产品贸易、政府采购、知识产权、原产地规则、对外投资、劳工、环保、国有企业、产品供给链、中小企业等。特别是劳工、环保、知识产权、国有企业、政府采购等内容[①]，都具有明显针对中国的意味，或者说有些干脆是针对中国的“量身定制”，其目的是要建立一个将中国影响排除在外的排他性贸易区，或者至少是建立一个与中国占据主导地位的东亚自贸区相抗衡的跨太平洋自贸区。一旦最终建成，将不仅仅是东亚地区两种贸易模式竞争的问题，而是直接威胁到中国的自贸区战略，挤压中国的外贸空间。而且，如果中国未来迫于竞争压力决定申请加入，它会以既成事实给中国设置较高的门槛，增加中国的经济和

---

① Ian F. Fergusson, et al., “The Trans-Pacific Partnership Negotiations and Issues for Congress”, *Congressional Research Services Report for Congress*, Washington D.C., September 5, 2012, pp. 1 – 42.

贸易成本。[①] 目前，TPP 谈判已经对中日韩三国间正在进行的自由贸易协定谈判产生了消极影响。可以料想，它对于拟议中的东盟和中日韩自贸区建设也将造成冲击。

第三，对中国安全环境的消极影响。构建一个和平、稳定、友好的周边环境是中国和平发展战略的重要组成部分。20 世纪 90 年代以来中国积极调整周边外交战略，提出针对东南亚国家的“新安全观”，加入东盟友好合作条约，深化与俄罗斯的战略协作伙伴关系，发展与印度的伙伴关系和友好关系，积极斡旋调停朝核危机并主办多轮六方会谈，成立上海合作组织等等，其目的都是为中国的和平发展提供一个和平、有利的周边环境。中国积极、建设性的周边战略不仅改善了中国与周边国家的关系，为中国的和平发展提供了有利的周边环境，也为外交赢得了战略空间。但不可否认的是，中国与包括韩国、日本、越南、菲律宾、文莱和马来西亚等周边国家还存在一些领海划界和海岛主权争议，这些争议因近年来的油气资源和渔业资源争端而加剧。为解决这些领海和海岛争议，中国在 20 世纪曾提出“搁置争议，共同开发”的立场，并于 2002 年与东盟签署了《南海各方行为宣言》，致力于和平解决分歧与争端。但近年来，相关争议方不顾中国的原则立场，一再单方面扩大资源开发范围，公然在争议地区联合外国公司勘探，开采油气资源，并对中国的渔民和捕鱼作业进行骚扰，试图单方面改变现状。美国在高调宣布重返东亚和进行亚洲再平衡后，面对南海争议和中日钓鱼岛纠纷，虽然口头上表示对主权问题不持立场，但在实际行动上却明显偏袒与中国有争议的一方。在南海问题上，美国非但不谴责越南、菲律宾的主动挑衅和改变现状做法，反而表示美国在南海拥有“国家利益”，并鼓励东南亚与中国有争议的国家以东盟多边机制为平台，以

① Peter A. Petri and Michael G. Plummer, “The Trans-Pacific Partnership and Asia-Pacific Integration: Policy Implications”, *Policy Brief*, June 2012, Peterson Institute for International Economics, pp. 1 – 10.

集体声音对中国说话，防止被中国各个击破。[①] 同时，美国还加强了与菲律宾、越南等国的军事和外交联系，国防部长帕内塔甚至破天荒地参观了越南的金兰湾海军基地，并拜访印度，鼓励印加强与东盟的海上联系，确保印度洋与南海航线自由。在钓鱼岛问题上，虽然美国宣布对主权不持立场，但却又矛盾地表示钓鱼岛适用于《日美安保条约》，并在中日因钓鱼岛纠纷关系紧张之际与日本联合举行夺岛军事演习。美国的这些做法，在事实上支持和鼓励了这些国家的立场和行为，加剧了南海、东海紧张局势，也加大了和平解决分歧的难度。实际上，自从美国2009年开始转向亚洲以来，中国与周边国家围绕领海划界和海岛主权的争端非但没有减弱，反而愈演愈烈，甚至处于冲突的边缘。中国与相关国家的外交政治关系也降到了冷战以来的最低点。

美国在这些问题上的“拉偏架”不仅造成地区局势的紧张，恶化了中国的周边安全环境，也给中美关系造成不利影响，侵蚀了中美两国之间脆弱的互信，加深了彼此间的猜忌。作为既有霸权国的美国和国力快速上升的崛起国中国，两者能否走出历史上霸权国和崛起国之间的战争悲剧，将不仅仅取决于中国的政策与行为，也取决于既有霸权国美国的政策与行为。美国能否摆脱霸权的傲慢和霸主心态，能否以较为和平的心态接受自身实力和影响力在东亚地区的相对衰落，能否以历史眼光看待中国实力和影响力的逐步上升并以和平心态接受中国的崛起，对于摆脱大国霸权战争的历史宿命至关重要。美国加强在东亚军事存在，强化并拓展以中国为对手的军事联盟和伙伴关系网络，提升针对中国的“反介入和区域拒阻能力”，无疑是朝着背道而驰的目标前进。这不仅会增加中美之间的“安全困境”，加剧彼此的不信任和战略猜忌，还可能引发中美之间

① Patrick Ventrell, “South China Sea”, Washington D. C., August 3, 2012, http: //www. state. gov/r/pa/prs/ps/2012/08/196022. htm.

乃至整个东亚地区的恶性军备竞赛，增加了战略误判甚至是战争的风险。

四、思考与结论

美国战略重心东移和亚洲再平衡战略，是在中国国力蒸蒸日上，东亚经济一体化加速推进，美国国力相对衰落，中美之间出现自新中国成立以来最显著的权力转移的背景下发生发展的。美国“重返亚洲”既是要借力蓬勃发展的亚洲经济为其国内经济困境输血，也是要向东亚国家表明美国对亚洲的重视和美国在东亚的主导权，更是要制衡中国在东亚日益增长的政治、经济和军事影响力。通过这一亚洲新战略，美国希望重振美国国力，恢复在亚洲的全面领导地位，削弱中国的影响力并将中国再次“融入”美国塑造、主导的东亚秩序之中。[①] 这一新战略带有明显的制衡中国的意味。

但需要指出的是，美国的这一亚洲新战略并非要全面遏制中国。实际上，与中国继续接触，将中国融入一个“基于规则”的国际秩序是这一战略的一个重要维度。美国在宣布这一新战略时，也是不厌其烦地强调其与中国接触的一面，并多次表示美国欢迎一个强大、繁荣、稳定的中国。[②] 基于此，也基于中美之间经济上的高度相互依存以及中国作为一个陆海复合型国家在崛起过程中面临的高度复杂甚至是脆弱的周边环境，中国尤其要特别注重处理好与既有霸权国

① Mark E. Manyin, et al., “Pivot to the Pacific? The Obama Administration's ‘Rebalancing’ Toward Asia”, *Congressional Research Services Report for Congress*, Washington D. C., March 28, 2012, pp. 1 – 20.

② Hillary Rodham Clinton, “Remarks with Chinese Foreign Minister Yang Jiechi”, Beijing China, September 5, 2012, http://www.state.gov/secretary/rm/2012/09/197343.htm

美国的关系，也要处理好与周边国家的关系，特别是与中国存在领土或领海争议的国家间关系。中国决策者应具有广阔的战略视野、冷静的战略思维和高超的外交技巧，最大限度地为中国的和平发展服务，从而最终实现中华民族的复兴大业。

要认识到美国这次战略调整，不是因自身的强大而采取的攻势，而是它意识到自身的虚弱和所谓中国“咄咄逼人的外交攻势”而采取的守势。[①] 换言之，它是带有战略主动性的防守战略。而且，这一战略的实施还受到美国严重的财政赤字和军费预算削减的掣肘，从某种意义上来说，它是一次美国“巧实力”的具体应用。

然而，同样不可忽视的事实是，这一新战略的初步实施已经在政治、经济乃至军事安全领域给中国带来了不利影响，给中国造成被动局面，特别是给中国的周边环境带来消极影响。因而中国必须在确保中美关系大局的前提下，采取措施，降低这一战略带来的消极影响甚至是破坏。以笔者之见，中国可以在以下三个方面采取措施，缓解当下中国外交面临的困境：

第一，加强与美国的战略沟通。解铃还须系铃人。既然美国是中国当前面临的外交困境的深层次外部因素，那么要缓解当下的不利局面，必须直面美国。如何直面？就是要找出美国制定这一新战略的背景、动机和目的。从前面的分析中不难看出，奥巴马政府的亚洲新战略夹杂着美国多重复杂心态：对美国霸权衰落的担忧和失落，对中国影响力上升的猜忌和嫉妒，对中国咄咄逼人外交的不解和困惑。尽管中国不可能消除美国因自身实力衰落而导致的敏感心态和恐慌心理，但中国可以通过“谨言慎行”，不说过头话、不做出格事来尽可能降低前者的担忧和疑虑。一个处于衰落中的大国或被认为处于衰落中的大国，显然对于冉冉升起的崛起国的动机和意图

① Mark Landler, “Obama’s Journey to Tougher Tack on a Rising China”, *The New York Times*, September 20, 2012.

更为敏感和担忧。另一方面，中美两国保持高层领导人之间的经常性接触和有效沟通，特别是加强军事交流与沟通，也有助于缓解双方的不信任和相互猜忌。

第二，制定一个较为全面的解决领海冲突的战略。鉴于中国当下的外交困境很大程度上与中国的领土、特别是领海纠纷密不可分，它也是美国这一新战略的主要借力点，中国必须审慎处理好领海纠纷问题。虽然近年来的南海、东海纷争并不是中国挑起的，中国多半都是被动应对，但无论从战略还是从策略角度来看，同时与诸多争端国关系紧张或维持多个冲突点，显然不是一种好的应对办法。这需要中国对所有可能发生纠纷或争端的领海问题作通盘考虑，制定一个合理的应对战略，而且将这一战略与中国和平发展的大战略协调起来。必须对从东海到南海的潜在争议和冲突点按照爆发冲突的可能性做一排序，并由此制定相应的应对策略，同时还要考虑多点同时爆发的可能性，并据此制定应对策略。要尽量避免多个热点同时爆发，并在一旦同时爆发时集中处理最重要的争议或冲突。在应对危机时，政治与军事要相互配合，尽可能用非军事手段解决问题，一旦非军事手段不能奏效，而对手咄咄逼人，可考虑适当展示肌肉，进行一定程度的军事威慑。在执行后者时，必须将其与中国和平崛起的大战略协调起来，不能顾此失彼。

第三，加强周边外交。中国的和平发展离不开稳定、友好的周边环境，中国要想成为举足轻重的全球性大国，就必须首先成为具有影响力的地区性大国。如果中国无法处理好与周边大国的关系，那么中国崛起的力量将会被内耗在地区性的种种纷争中，无力放眼全球，也根本不可能成为一个举足轻重的全球性大国。在中国的重要周边邻国中，目前俄罗斯与中国的关系相对良好，日本与中国关系陷入低谷，东盟与中国的关系发展迅速但也面临挑战，印度与中国的关系不冷不热。鉴于与俄罗斯关系相对良好，而与日本的关系最主要取决于与美国的关系，因而着重发展与东盟及印度的关系尤为重要。在与东盟发展关系时，经贸关系是重要方面，但如何处理好南海问题是关键，要谨防出现东盟在南海问题上以一个声音说话，但也要做好一旦东盟在南海问题上统一口径时中国应采取的对策。发展与印度的关系对改善中国周边环境十分重要。鉴于中印边界谈判一段时间内难以取得突破，中国应着重加强与印度的政治交往和领导人互动，借助于金砖国家峰会、二十国集团峰会等多边机制加强在全球治理领域的合作与协调，培育政治互信，同时加强中印在反恐和阿富汗重建等问题上的合作，并深化两国的经贸关系，从而逐渐建立起中印两个新兴大国的友好合作关系。

第二部分

美国反恐战略及其调整

试析现代世界恐怖主义浪潮掀起的国际背景

余建华 王 震

（上海社科院非传统安全中心主任、教授；
上海社科院国际关系研究所助理研究员、博士）

1968 年 7 月一架以色列客机被巴勒斯坦“人阵”极端分子所劫持，随后发生了一系列巴勒斯坦阿拉伯民族极端势力制造的劫机案，中东恐怖主义进入恶性膨胀的时期。几乎同时，在西方国家，一批极左暴力组织也开始实施绑架、暗杀、爆炸等恐怖活动。有关统计显示，国际恐怖主义进入一个快速崛起的阶段。1968—1975 年共发生 913 起“国际性和跨国性恐怖主义事件”，其中包含 123 起绑架、31 起劫持人质、375 起爆炸、95 起武装袭击、137 起劫持飞机及其他交通工具、59 起纵火、48 起暗杀以及 45 起其他形式暴力事件，这期间发生的国际恐怖主义事件导致大约 800 人丧生、1700 人受伤。而从世界恐怖主义事件发生频次来看，1965—1968 年每年平均不超过 50 起，1969—1970 年就跃升至年均 100 起以上，1973 年更是超过 200 起，而后直到 1975 年年底又略微下降，但年均也有 175 起左右。[①] 此外，这个时期世界恐怖主义活动范围的跨国性、种类的广泛

① Chalmers Johnson，“Perspective on Terrorism”，in Walter Laquer ed.，*The Terrorism Reader：A History Anthology*，New York，London and Scarborough，Ontario，1978，p. 270.

性、动机的复杂性以及方式手段的多样性和社会影响的危害性均远超以往，尤其是这些恐怖活动表现出的为达到政治目的而滥施暴力、残杀无辜的非人道性和反人类性，使之越来越多地成为国家和国际组织所谴责和打击的严重犯罪行为。正是由于国际恐怖活动在1968年前后发生的一系列明显变化，国际学术界通常把1968年当作现代世界恐怖主义浪潮掀起的历史关节点。囿于篇幅，本文仅就现代世界恐怖主义浪潮掀起的国际背景作一考察。

一、制约战后世界格局发展的美苏冷战作用

20世纪60年代末到80年代末，美苏冷战虽然间有缓和，在此时彼地或攻或守，但从世界全局看，美苏两国都还力图维持两极格局，并在中间地带进行争夺，促使国际舞台上各种政治、经济力量的斗争和多种矛盾趋于尖锐和复杂。当时国际社会中所存在的东西矛盾，基本上是美国和苏联为首的两大阵营之间的矛盾，这一时期越来越集中地表现为美国和苏联两个超级大国之间的矛盾，具有美苏两霸争夺或明或暗的国际大背景。这种东西矛盾的畸形化和极端化，或是成为引发国际恐怖主义的直接诱因，或是成为滋生国际恐怖主义的重要根源。

冷战时期美国为推行霸权主义，在全球范围内遏制社会主义运动，暗中支持或直接策划反苏、反共的国际恐怖主义活动。为此美国甚至接管了世界反共产主义同盟。这个组织中有美国在第二次世界大战刚结束之后招募的纳粹分子、狂热的反犹主义者、暗杀组织的刺客以及刑讯专家和杀人能手。美国及其盟友则为之提供各种支持，其行动范围“从莫桑比克一直延伸到尼加拉瓜”。美国甚至通过以色列向伊朗出售军火的收益用以资助尼加拉瓜的反政府武装。美国左翼学者诺姆·乔姆斯基揭露，正是通过上述种种手段，“里根政

府建立起一个国际恐怖主义网络，其庞大复杂的程度据我所知是史无前例的。里根政府利用这个网络实现了很多里根主义要达到的目的"[1]。苏联也以世界共产主义运动的中心和领导自居，以苏联式的"社会主义"意识形态为指导，向外输出"革命"，在全球范围内与美国争霸，并为此支持拉美、中东、西欧和南部非洲等地区的反美、反西方的恐怖主义活动。1985 年美国中央情报局局长威廉·凯西公开指责，苏联和东欧国家不但允许恐怖组织在东欧设立办事机构，而且为恐怖分子提供便利条件，帮助训练恐怖分子。[2]

诚然，该时期美苏争霸世界是全方位的，波及到世界各角落，但重点还是在世界政治的中间地带——第三世界，尤其是中东和拉美。这是中东和拉美成为这一时期国际恐怖活动的频发区和重灾区的主要根源之一。

以中东而言，第二次世界大战后这一地区一系列国家虽然摆脱了英法殖民枷锁取得民族独立，但独立后国家的政治发展方向并不明确。着眼于该地区关键性的地缘战略位置和富庶的石油资源，美苏两强竞相填补苏伊士战争后英法退出的战略真空。美国通过《巴格达条约》和经援以及购买石油等手段，把沙特、伊朗等一些海湾石油富国拉入自己阵营；与此同时，苏联则利用阿拉伯国家同以色列和美国的矛盾，通过意识形态渗透、支持"非资本主义道路"和"民族民主革命"、供应武器军火和经济技术援助等手段，迅速扩展对埃及、叙利亚和伊拉克等国的影响和控制。由此，在 1967 年"六日战争"前后，日益尖锐的阿以争端实际上已经演化为美苏两霸在中东争夺的延伸。这样，围绕争夺中东，美苏各自帮一派压一派，加剧中东地区内部的动荡不安和国家民族间的仇恨对立。在美苏争

① ［美］诺姆·乔姆斯基：《恐怖主义文化》，上海译文出版社，2006 年版，第 34—35 页。

② ［美］约翰·兰尼拉格：《中央情报局》，中国社会科学出版社，1992 年版，第 847 页。

霸中东的年代，美苏双方分别对一些恐怖组织和势力提供经济资助、技术培训和情报支持。不仅阿以之间的战争和冲突，还有库尔德工人党武装的恐怖行动，其背后均有美苏争霸的背景。而阿拉伯—伊斯兰世界的民众在饱受战乱后逐渐认识到，美苏均非自己的可靠盟友，而是灾难的根源。出于对美国旗帜下的资本主义和苏联旗帜下的社会主义的失信与反感，他们只能在《古兰经》中寻求慰藉和出路，从而为伊斯兰复兴运动乃至伊斯兰极端主义的滋生与蔓延提供了基础。

拉美也是美苏两超争夺较量、刺激和催生恐怖主义的一个重点地区。

冷战时期为拦阻苏联势力南下印度洋，美国在苏联邻近的中东建立众多军事基地；而苏联则有意识地利用左翼政权控制下的古巴这个美国后院的堡垒作为困扰美国的军事基地，赫鲁晓夫当政时期甚至在此部署核导弹。两个超级大国在军事对峙的同时，也采用恐怖主义手段来打击对方。为了打击苏联盟友、拔掉古巴这颗眼皮底下的“钉子”，美国中央情报局支持、策划和实施一系列反古巴的恐怖主义活动。早在 1961 年 11 月美国就成立专门的秘密特别小组，由美国中央情报局在迈阿密的一个情报站负责指挥与协调，长期从事针对古巴卡斯特罗政权的各种恐怖活动，包括爆炸宾馆与工业设施，破坏渔船使之沉没，在庄稼、作物、水果中投毒，毒杀牲畜，可谓无所不用其极。几十年来，古巴最高领导人菲德尔·卡斯特罗一直被列在它的“黑名单”上。据美国参议院报告透露，仅 1960—1965 年，美国中央情报局卷入的暗杀卡斯特罗行动至少有 8 次。[①]而据古巴方面揭露，1958 年古巴革命以来，美国中央情报局组织、指使或支持恐怖分子谋害卡斯特罗事件竟达 637 次之多。1962 年古

① 转引自徐世澄：《冲撞：卡斯特罗与美国总统》，东方出版社，1999 年版，第 57—59 页。

巴导弹危机期间，美国组织古巴流亡者炸毁一家古巴工厂，造成400多名工人丧生。此后美国利用恐怖手段袭击古巴更趋频繁。仅在1969—1979年间，中央情报局就策划和组织89次暴徒袭击古巴事件。1976年10月，美国中央情报局训练资助的恐怖分子波萨达·卡利斯策划、制造古巴民航班机爆炸事件，导致机上73人全部罹难。

美苏两个超级大国在拉美的攻防战并不限于古巴，在拉美其他国家也有突出表现，如尼加拉瓜和萨尔瓦多等。

1979年7月桑地诺解放阵线推翻统治长达43年的亲美的索摩查军事独裁政权。苏联视之为向拉美扩展影响的重要机遇，立刻派遣军事顾问，提供数亿美元的军事援助和1亿美元的经济援助。美国则以遏制共产主义为名，通过中央情报局和国防部，采取一切手段支持尼加拉瓜反政府力量进行颠覆与恐怖活动。“美国在尼加拉瓜的最终目标是推翻桑地诺政府，用一个与美国为该地区制定的标准更为合拍的政府取而代之。”[①] 1981年11月，里根政府拨款1900万美元建立一支由前索摩查政府的追随者组成的雇佣军，指使这支武装展开反政府的各种恐怖进攻行动，使尼加拉瓜陷于长期的恐怖主义动荡之中。这支反政府军不仅通过美国中央情报局附属机构和“私人”组织构成的地下网络得到武器供应，还从美国那里获得情报支持、人员培训、物资援助、营地休整，其主要是针对无辜平民、医院、学校等“小而脆弱”的“软目标”开展恐怖攻击，为的是制造社会恐怖气氛，削弱尼政权的治国理政能力。[②] 1994年美国最终把自己支持的反对派人选推上尼加拉瓜政坛，但尼境内的恐怖主义活动并未根除。在尼加拉瓜的邻国萨尔瓦多，当地的恐怖主义活动同样具有美苏争夺的背景。虽然奥斯卡·罗梅罗大主教致力于萨尔瓦多人权事业，曾获1979年诺贝尔和平奖提名，但因其公开的反美立

---

① ［美］诺姆·乔姆斯基：《恐怖主义文化》，第23页。

② Alexander George（ed.），*Western State Terrorism*，Combridge：Political Press，1991，pp. 15 – 22，p. 42.

场，1980 年他被美国支持的萨尔瓦多安全部队暗杀。

除中东、拉美外，世界其他地区的恐怖活动也或多或少地与冷战和两霸争夺有关，特别是美国中央情报局涉嫌参与的案件相当多。据德刊报道，1961 年刚果总理卢蒙巴被杀案、1973 年智利总统阿连德被杀案、1985 年谋杀黎巴嫩真主党精神领袖法德拉拉的汽车爆炸案等等，均与中央情报局有牵连。[①]

事实上，美国以支持自由民主为名，苏联以支持人民革命为由，均以各种方式进行“革命”输出，支持、策划和培训世界各地的恐怖人员和组织，实现自己的战略意图。冷战时期，西方宣传苏联—东欧集团根据成本—效益比的实用战略和意识形态倾向支持恐怖主义组织，根据苏联叛逃人员的言辞指责苏联开办恐怖主义训练营地、支持国际恐怖主义组织集会和联合、支持恐怖分子进行国际恐怖主义袭击。[②] 但事实是，美国为首的西方阵营也根据自己的政治和战略需要支持恐怖活动。七八十年代欧洲那些极左恐怖主义和极右恐怖主义在相当程度上也是与其相关。这两种恐怖主义组织虽然政治倾向不同，主要袭击对象相异，但均采用恐怖主义作为实现其政治主张、目标理念的主要手段。虽然美苏在表面上对这两类恐怖主义组织及其活动都采取反对或不支持的公开立场，但实际态度却有很大差别。对于极右恐怖主义组织及其活动，因反共反苏的政治倾向，美国等西方国家的一些当权者实际上并未采取有力的取缔和打击措施，某些人还明里暗地地予以支持和庇护；而对于极左恐怖主义组织及其活动，由于其是针对西方资本主义国家的当权者和现行体制，苏联往往认为他们行动具有革命性，即使口头不支持，在实际上至少也是赞赏、怂恿和鼓励。苏联甚至通过其东欧盟国为这些西方国

① “可能由中央情报局策划的谋杀”，〔德国〕《星期日世界报》，2001 年 10 月 21 日。

② 张金平：《中东恐怖主义的历史演进》，云南大学出版社，2008 年版，第 24 页。

家的反叛组织提供武器、训练和顾问。两德统一后，人们发现东德情报机构曾秘密资助许多西德的左翼恐怖组织。而在全球范围，“跨国恐怖活动在20世纪70年代达到顶峰，许多国家的小型恐怖组织紧密合作，利比亚人、阿尔及利亚人、叙利亚人、北朝鲜人、古巴人成了买主、武器和装备供应商、协调人……苏联支持许多恐怖组织，诸如一些巴勒斯坦和非洲组织以及流亡的克罗地亚人。这些援助大都通过中间人实施，这样援助的源头就很难查明，任何图谋指控都可被怒不可遏地加以否认”[①]。由此，这种以恐怖主义和反叛为形式的“代理战争”，为铁幕后的双方主宰提供实际优势。“事实是，当不用无法弥补的损失挑起一场全球冲突就很难动员大量群众的时候，恐怖主义就越来越成为战争的替代物。”因此，当时世界诸多恐怖主义团伙即使不是两个超级大国所直接指使和操纵，在相当程度上也是东西方冷战和美苏争霸世界这一国际大环境的产物。正是从这个意义上，国际恐怖主义研究权威沃尔特·拉克认为，“冷战使得恐怖主义在世界范围内达到了顶峰”[②]。

二、国际霸权主义和民族争端的刺激

冷战时期，美苏争霸白热化并由此导致日后国际恐怖主义大泛滥的一大明显例证，当首推20世纪80年代苏联入侵阿富汗引起的美苏争霸博弈。

1979年12月苏联侵占阿富汗后，增派大量专家顾问，坐镇阿富汗党、政、军各部门，全面控制了从中央到地方的各级行政机构，

① Walter Laqueur, *The Age of Terrorism*, Boston: Little, Brown and Company, 1987, p. 268.

② 亨德森·哈里：《全球恐怖主义：完全参考指南》，中国社会科学出版社，2003年版，第13—14页。

强化政治控制、军事占领和经济掠夺。阿富汗各族、各阶层人民掀起维护民族独立、反对苏联侵略的武装斗争，直到1989年2月苏军全部撤出阿富汗。而这十年里除阿富汗伊斯兰民众英勇抵抗外，在包括美国在内的国际社会策动和支持下，几乎所有的伊斯兰国家均以不同方式间接或直接地投入这场旷日持久的反对和抵抗苏联霸权侵略的运动。1989年苏阿战争虽然结束，阿富汗这颗美苏争霸的棋子却留下迄今连绵不断的动荡纷争和恐怖主义肆虐的祸根。出于冷战对抗和与苏联争霸中东的考虑，在这十年间，一方面，美国在资金、武器、物资等方面大量支持和资助阿富汗穆斯林抵抗武装进行各种形式的反苏反政府的军事斗争和恐怖活动。如美国中央情报局不仅花费30亿美元用于支持阿富汗穆斯林抗苏斗争，还曾专门拨款10亿美元，帮助阿富汗穆斯林反苏武装在阿富汗南部与巴基斯坦北部山区大面积种植鸦片，赚取巨额活动经费。另一方面，美国等西方国家以巴基斯坦为基地，从全球伊斯兰世界招募穆斯林前往阿富汗开展抗苏武装运动。时任美国国务卿、总统国家安全事务助理的亨利·基辛格就谈道，为了遏制共产主义、实现美国的国家利益，里根政府除援助东欧的“民主人士”、“中美洲的右派人士”之外，“也援助阿富汗境内的伊斯兰原教旨主义”。[①] 值得一提的是，美国总统国家安全事务顾问布热津斯基曾透露：1979年苏联入侵阿富汗，实际上是苏联跌入了美国预先设下的“阿富汗陷阱”。据布热津斯基回忆，1979年7月3日，即苏联入侵的5个月之前，他在写给卡特总统的一份报告中预言，如果美国出面援助阿富汗反政府武装，“必将导致苏联人武装干涉”。卡特总统当日签发了第一个秘密援助阿富汗反政府武装的指示。[②]

据统计，苏军侵阿十年间，沙特和美国一道先后花费了约500

① 亨利·基辛格：《大外交》，海南出版社，1997年版，第717页。

② 法国《新观察家》杂志，1997年1月15日。

亿美元，从西亚、北非、东非、中亚以及东南亚43个伊斯兰国家招募约3.5万名穆斯林前来参加圣战。[①] 他们在阿富汗与巴基斯坦接壤的边境地区帮助建立训练营和伊斯兰经文学校，向10多万穆斯林激进分子灌输“圣战”思想，进行军事训练。美国哥伦比亚大学副教授鲁宾在研究报告中揭示：“美国与阿拉伯恐怖分子建立密切联系，始于苏联入侵阿富汗。”当时美国为了对抗苏联，利用巴基斯坦设立的训练营地，培训来自阿拉伯国家的青年，教授他们从制作汽车炸弹到使用美制毒刺导弹的一切恐怖技术。“阿拉伯恐怖分子，大部分都受过美国中央情报局的军事训练（包括爆破和从事恐怖活动的技巧），并且有人拿中央情报局的津贴。”当时美国中央情报局花在中东恐怖组织和势力的经费高达几十亿美元。[②] 即使在阿富汗抗苏战争后期，仍有大量的阿拉伯圣战者涌入阿富汗。根据巴基斯坦政府统计，1987—1993年有6000多名阿拉伯人来参加圣战，人数是此前参与抗击苏联占领军的两倍。[③] 一位曾受命在阿富汗执行任务的英军特种兵回忆说，“阿富汗的圣战——杰哈德，吸引了世界各地的志愿者，他们全都受到了军事训练和原教旨主义的教化。”最为可怕的是这些阿富汗抵抗运动中的“毕业生”最终演变成为当今最令人头痛的恐怖势力，因为“像奥萨马·本·拉登这样的恐怖人物，都是由于有了美国中情局的训练计划而练就了一身的本领”[④]。

冷战时期，不仅美苏全球霸权主义的博弈催生了世界恐怖主义，而且美国庇护、支持下的以色列地区霸权主义也促使由来已久的阿以之间的民族矛盾和对抗冲突愈演愈烈，以巴勒斯坦问题为核心的

---

① 许利平主编：《亚洲极端势力》，社会科学文献出版社，2007年版，第262页。

② 中国国际关系史学会主编：《国际关系史》第11卷，世界知识出版社，2004年版，第312页

③ ［美］劳伦斯·赖特：《巨塔杀机：基地组织与911之路》，上海译文出版社，2009年版，第154页。

④ ［英］汤姆·卡鲁：《杰哈德——圣战：特种兵与基地训练营传奇》，世界知识出版社，2005年版，第226页。

阿以民族争端或称中东问题长期悬而未决，是中东恐怖主义的主要根源之一。

1956年苏伊士运河战争结束后，中东进入美苏角逐时期，加剧了中东地区的阿以争端和军事对抗。60年代以来，美国为遏制纳赛尔领导的阿拉伯民族主义、削弱中东亲苏力量，开始执行全面偏袒和支持以色列的政策，以色列的扩张主义和地区霸权主义明显抬头，以巴勒斯坦争端为核心的阿以冲突日益升级。1966年11月，以色列军队以清剿巴勒斯坦武装基地为名，越境袭击约旦河西岸希伯伦地区的萨木村，造成约旦方面的士兵和平民死伤150余名。[①] 而在1967年6月5—10日，以色列更是通过先发制人的“六日战争”，侵占埃及西奈半岛、叙利亚戈兰高地以及巴勒斯坦的加沙地带、约旦河西岸和耶路撒冷旧城共计81600平方公里的阿拉伯土地，还导致41万巴勒斯坦人成为新难民。

这场战争后，一些犹太极右翼民族主义政党，特别是宗教党派势力极端狭隘的大民族主义大为激发，其把被占领土的获得视为犹太人得到上帝弥赛亚救赎的转机。战争刚过，塞法迪犹太人首席拉比就宣称：“这是我们的祖先和先知们生活过的、上帝允诺给我们的土地，一个犹太人哪怕头脑中有一丝放弃它的念头，也是渎神的。”[②] 以色列右翼党派中不少人主张吞并占领的全部阿拉伯领土，实现建立大以色列的梦想，他们把西岸称为“解放的土地”，并恢复其古代的名称——“犹地亚”和“撒马利亚”。陶醉在战争胜利之中的以色列地区霸权主义甚嚣尘上。以军将领阿里尔·沙龙就狂妄宣称：“以色列现在已是一个军事超级大国，欧洲哪一个国家的军队都不如我们。我们能在一个星期之内征服从喀土穆到巴格达和阿尔及利亚

① 潘光、余建华、王健：《犹太民族复兴之路》，上海社会科学院出版社，1998年版，第207页。

② 杨曼苏主编：《以色列——谜一般的国家》，世界知识出版社，1992年版，第115页。

这一广袤地区。”[1] 即使在击破以色列“不可战胜”神话的1973年“十月战争”后，在国际社会积极推动埃以和解以及巴勒斯坦解放组织逐步改变对以斗争策略的情势下，犹太右翼强硬势力依然在以色列政治中占据上风。当年伊尔贡成员、“斯特恩邦”组建者之一的伊扎克·沙米尔在1980年出任以色列外长后，明确宣布以色列决不撤至六日战争以前的位置，决不允许建立巴勒斯坦国，决不放弃耶路撒冷旧城的“三不立场”。同年7月以色列议会以“基本法”形式宣布统一的耶路撒冷是以色列“永恒与不可分割的首都”，实施单方面吞并耶路撒冷的步骤。12月以色列议会又通过在其所侵占的叙利亚戈兰高地实施以色列法律的法案，在事实上兼并戈兰高地，而且顺从犹太右翼宗教民族主义势力，在西岸和加沙地带建立了100多个定居点。而当时及以后相当长时期内，构成以色列政坛中“鹰派中的极端”的犹太恐怖主义的意识形态基础，来源于以色列政治中的这种反对向阿拉伯人作任何让步、反对“以土地换和平”的“拒绝主义”派别。他们仇视所有巴勒斯坦人，抵制政府与巴解组织达成的协议和妥协。这种“毫不妥协”的意识形态不仅在以色列国民宗教党和世俗组织“大以色列运动”中得以体现，更在“地下犹太人”等秘密恐怖组织的暴力活动中付诸实践。[2]“地下犹太人”主要是由定居点犹太人组成的一个松散恐怖组织，从1980年开始发动一系列针对巴勒斯坦著名人士的“温和”恐怖活动。该组织使纳布鲁斯市长巴萨姆·沙失去了一条腿，把拉巴拉市长卡瑞姆·卡拉夫的脚炸飞，而另一个城市的市长易卜拉罕·塔维尔仅因幸运而免于被炸。[3] 这些恐怖行动激起巴以间更激烈的民族冲突。在1982年对黎

---

① 左文华、肖宪主编：《当代中东国际关系》，世界知识出版社，1999年版，第179页。

② 张家栋：《浅析犹太恐怖主义》，《太平洋学报》2004年第2期。

③ *International Encyclopedia of Terrorism*，Chicago & London：Fitzroy Dearborn Publishers，1997. p. 339.

巴嫩的侵略战争中，以色列军队又支持和配合黎巴嫩基督教马龙派极右民兵，于当年9月对贝鲁特南郊的夏蒂拉和萨布拉两个巴勒斯坦难民营内的1000多名无辜平民进行血腥屠杀。这一恐怖暴行遭到包括以色列国内民众在内的世界各方舆论强烈谴责。

需要指出的是，以色列地区扩张主义和霸权政策嚣张的根源，在很大程度上就是有美国这个头号超级大国在其背后做后盾。美国把以色列作为嵌入中东地区的战略桥头堡，钳制阿拉伯—伊斯兰世界。如此，美国一方面支持以色列对阿拉伯国家的战争与对抗，另一方面又充当阿以纷争的调停人。在包括阿拉伯世界在内的国际社会看清美国这种双簧把戏本质的同时，一些阿拉伯国家的当权者出于各种考虑和压力，仍然不得不求助于美国为仲裁者。这就使得一些阿拉伯国家的激进民族主义抵抗力量与政府主张和政策差距越来越大，最后抛开政府，铤而走险，自发地与以色列、美国进行抗争。在缺乏与以、美正面较量对抗实力的情况下，常常采用包括自杀性袭击等形式在内的各种极端恐怖暴力的攻击手段。

根据美国兰德公司1968—2008年的数据统计，恐怖主义袭击最高发的地区是中东/波斯湾。这一地区的恐怖主义袭击事件的数量占全球的43%，尤其是从60年代末到整个80年代，中东成为世界恐怖主义活动的第一多发区。[①] 围绕巴勒斯坦争端的阿以矛盾是一个极其重要的国际根源，不仅导致中东地区的恐怖主义活动泛滥成灾，而且也是全球范围内反以色列和反美国等西方国家的国际恐怖主义的重要缘由。民族问题和极端民族主义引发的恐怖活动是现代世界恐怖主义浪潮的一个主要类型，不但表现在中东地区的阿以矛盾，而且在世界上反映为由包括北爱尔兰问题等在内的一系列民族争端引发的诸多疯狂惨烈的恐怖主义热点。由于列强侵略、殖民统治和

---

① 王伟光：《恐怖主义·恐怖主义·国家安全与反恐战略》，时事出版社，2011年版，第216、395—397页。

霸权干预留下的民族、领土争端，各独立国家在处理国内政治、经济、文化尤其是民族问题上的政策失误和偏颇，以及相关错误民族主义思潮和舆论的影响，许多民族矛盾尖锐激化，一些非主体民族或少数民族掀起要求自治、分离的民族分裂主义（又称民族分离主义）运动，乃至其中激进极端势力试图通过恐怖暴力手段实现其政治诉求，从而策划和实施此起彼伏、接连不断的恐怖主义暴力活动。

三、相关社会运动和社会思潮的影响

在20世纪的世界历史上，60年代是国际关系发展进程中的一个转折时期。这不仅是指第三次科技革命对世界经济与政治影响的日益呈现，世界各国的相互依存达到一个新的高度；也是指伴随东西方各自阵营内部的逐渐解体分化，战后国际社会主要矛盾开始由两大阵营的对抗转化为美苏两个超级大国争夺世界霸权；意味着在帝国主义殖民体系崩溃之后，第三世界崛起所导致的国际关系结构的变化及其同发达国家之间的矛盾；同样也包含西方世界对资本主义现代文明深刻的社会反思和批判运动。现代国际恐怖主义浪潮自60年代末的掀起自然也与其存在相当的关联度。

“60年代”（The Sixties）在西方语境中是一个特定的词汇。历史意义上的年代并不完全严格按照时间的纪年来划分。西方社会史中的“60年代”其实始于20世纪50年代末的新左派运动的兴起，止于70年代初资本主义世界“黄金时代”的终结和各种社会运动的暂告段落，所以西方有“漫长的60年代”之说。在这十多年的时段内，西方国家出现了一系列表面色彩缤纷、五光十色，但在内在逻辑上却是相通连贯的社会景象：新左派运动、反越战运动、黑人民权运动、反主流文化运动、青年学生运动、女权运动、环境保护运动、性观念革命、社会价值观改变、后现代思潮崛起等等，给这个时代留下超越时间界限、并随历史发展其影响不断扩展延伸的精神遗产。[①] 无疑这是一个社会矛盾和社会问题在孕育多年后集中爆发、寻求化解的年代。尤其是1968年，爆发了与世界各地风起云涌学生运动遥相呼应的法国“五月风暴”，被称为“革命的一年”、“反叛的一年”，“是创造新世界的尝试，是政治、文化和个人关系的新起点”的一年。[②] 1968年巴黎“五月风暴”波澜壮阔之时，时任法国总理的乔治·蓬皮杜就谈到，现在“受到冲击的不是政府，也不是制度，甚至也不是法国，受冲击的是我们自己的文明”。的确，这是一场对西方资本主义现代工业文明重新反思、提出质疑、要求变革的社会运动。

第二次世界大战后西方各国凭借新科技革命的有力推动，很快度过了战后的经济恢复期，进入“资本主义的大跃进”的繁荣岁月。这是一个经济增长速度超过历史上任何时期的“黄金时代”。[③] 从20世纪60年代起，西方各资本主义发达国家开始步入一个由工业社会向发达的“后工业社会”过渡的转折期。一方面，由发达工业文明带来前所未有的丰盈物产，一个不同以往的大众消费社会呈现于人们面前，让人们享受着经济发展的成果。西方国家进入了福利社会的巅峰年代。政府巨额增长的开支源源不断地投入到保险、退休金、医疗、教育和住房，更多的人买得起许多工业制成品。由于国家提供了从摇篮到坟墓的一揽子社会保障体系，人们免除了省吃俭用、顾及不测的需要，有更多的钱用于消费，以前只有富贵人家方能享受的生活奢侈品（如私家轿车、电视机等），现在也为从教师、职员

① 许平、朱晓罕：《一场改变了一切的虚假革命：20世纪60年代西方学生运动》，上海人民出版社，2004年版，序言第3页。

② ［英］塔里克·阿里、［意］苏珊·沃特金斯：《1968年：反叛的年代》，山东人民出版社，2003年版，引言。

③ ［法］米歇尔·博德：《资本主义史（1500—1980）》，东方出版社，1986年版，第245—253页。

到工人的普通家庭所拥有。每周工作时间缩短、假日延长。许多人往往是全家一起外出野营，驱车来到海边，在收音机轻音乐的陪伴下悠闲度假。然而，另一方面，这种物质极大丰富、生活水平明显提高的福利社会并未带来社会真正意义上的全面进步，它在提供丰富的物产商品与技术一体化模式的同时，也控制着人们的智力和精神，人们成为整个工业社会的复制品，旧的社会规范、社会权威和官僚体制、科层制度、教育体制等还在束缚和禁锢着人们。人们一边享受着经济发展的成果、国家包揽生老病死的福利社会待遇，一边感受到物化于人的人性异化，深为这种压抑束缚而感到焦虑和痛苦，渴望调整与变化。特别是那些思想活跃、叛逆精神显著的青年一代，明显不满于这种物质富足而精神贫乏的社会现状，要把人性从现代理性社会的压抑禁锢中解放出来。而到1960年代中晚期，西方发达国家经济增长速度开始放缓，失业人数逐渐上升，就业者的实际收入也因通货膨胀而下降。于是，1965—1969年在美国、法国、联邦德国、英国、意大利、爱尔兰、澳大利亚和加拿大等西方各国，一场场以青年大学生为主体的大规模社会抗议运动相继兴起。

而在文化思想界，也出现对西方资本主义现代工业文明的审视和批判，明显表现为该时期法兰克福学派等“新左派”思潮的兴盛。法兰克福学派是现代西方哲学与社会学著名的左翼流派，西方马克思主义学派之一，因其主要代表人物霍克海默尔、阿多诺、马尔库塞和弗洛姆均曾在在德国法兰克福社会研究所工作而得名。该学派早期批判过法西斯主义和资本主义，认为纳粹主义产生于现代资本主义的工业化或技术异己化，以技术为主体的社会要求每个社会成员按照同一种方式生活，从而为纳粹统治提供了土壤。五六十年代法兰克福学派的思想主张在西欧、北美社会产生广泛影响。该派思想家以马克思及黑格尔、卢卡奇、葛兰西等人的理论为基础，并借助韦伯的现代化理论和弗洛伊德的精神分析理论，对20世纪的资本主义及其社会文明进行意涵深远的反省与批判。他们认为由于工业和技术的发展，资本主义社会已逐渐过渡为“丰裕社会”、“发达的工业社会”。在这高度发达的消费社会中，资本家为追求超额利润千方百计地强化生产，同时引诱人们大量消费，每个人不知不觉地被物异化，身不由己地成为这个消费社会的一个机械部件，整个社会淹没在单纯的物的生产和消费之中而异化、沉沦。在现代工业社会中，科学和技术作为一种“统治”和“意识形态”，通过支配自然界而实现对人的支配。因此，要在工业社会和有组织的资本主义制度框架内拯救人的精神价值是毫无希望的。现在的革命已不是社会革命，而是心理的或本能结构的革命，人的本能因受到各种社会文化抑制，不能自由发展，处于“异化”状态。马克思主义的工人阶级贫困化理论不再适用，富裕起来的工人阶级已不再是革命的动力，现在的革命力量是所谓的“新左派”，包括怀有激进情绪的学生、青年知识分子以及某些受到排挤和被遗弃的社会阶层。

而法兰克福学派的代表人物马尔库塞，更是以其对后工业社会全面而深刻批判的“单向度理论”以及包括“爱欲解放论”、“大拒绝策略”、“制度内的长征”等在内的“总体革命理论”，成为60年代欧美学生运动的“灯塔”。在其代表作《单向度的人：发达工业社会意识形态研究》中，他揭示，在发达工业社会，由于物质需求的满足，人们逐渐成为沉溺于舒乐享受的物化奴隶，变成一个失去自主精神和独立意志的“单向度的人”，从而使人们最为可贵的第二个向度即否定的、批判的思想趋于消失。由此要唤醒人们的否定的、批判的思想即社会生活中的创造性，通过包括经济、政治、文化、意识革命和人的本能结构的革命在内的“总体革命”来拯救人类。他主张由少数杰出人物来加速革命反抗的可能性，由他们来唤醒“社会的革命力量”通过激进的行动实现社会变革。而那些尚未被“单向度”社会完全同化、还具有批判和否定意识的青年知识分子和学生，就成为马尔库塞特别钟情的“革命力量”。马尔库塞的理论反映了现代后工业社会中小资产阶级知识分子阶层的焦虑、彷徨和寻找“突围”的思想状况，其对单向度社会、消费社会的批判和超越，以及把青年学生作为解放单向度社会的重要力量，得到不满社会现状、渴望有所作为的“叛逆的一代”——青年大学生的强烈共鸣与认同，成为60年代从纽约到巴黎、从柏林到东京的学生运动大潮的“精神领袖”、“青年造反之父”。

由此在60年代晚期西方工业发达国家，声势浩大的学生、工人与民众的社会抗议示威运动此起彼伏，同时一些激进极端组织和成员越来越多地将其政治诉求诉诸于恐怖暴力活动，如联邦德国的“红军派”、法国的“直接行动”、意大利的“红军旅”、日本的“赤军”和美国的“气象预报员”等等，企图以此摧毁或改变资本主义制度。由美国激进派学生创立的“气象预报员”，一些成员在1969年夏天访问了古巴和越南之后，就认为要改变现状，进行暴力革命是唯一的途径。他们坚信，美国将陷入世界性“人民战争”的汪洋大海，他们决意以自己的行动“把战争引入国内”。

此外，伊斯兰复兴运动的掀起和宗教原教旨主义极端思潮的衍生，也是导致七八十年代中东乃至全球伊斯兰世界宗教极端恐怖活动上升的重要因素。

1967年阿拉伯国家在第三次中东战争中的惨败和伊斯兰第三圣地耶路撒冷的被占，对阿拉伯—伊斯兰社会民众造成极大的震憾。“对于大多数巴勒斯坦人而言，“六日战争”标志着失望和挫折的低点。”[①] 在他们看来，“该是尝试其他手段的时候了”。失地、丧权、辱国使以纳赛尔为代表的世俗的阿拉伯民族主义和阿拉伯社会主义遭受沉重打击。在战败后笼罩阿拉伯世界的沮丧气氛中，价值取向开始发生明显的变化，社会民众对传统的宗教价值体系发生浓厚的兴趣，报刊直言不讳地将埃及战败的原因归纳为“离经叛道”。《祖

① Robert Kumamoto, *International Terrorism and American Foreign Relations*: 1945 - 1976, Northeastern University Press, 1999, p. 118.

国》杂志刊登题为《战败是转折点》一文，提出“以色列人忠于自己的宗教因而获胜，我们之所以战败是因为我们的信仰还不够强烈”。[①] 鉴于伊斯兰原教旨主义思潮在民众意识形态领域里的回归趋势，纳赛尔自己也深感政权合法性出现危机，而对社会回归宗教传统的倾向予以宽容和鼓励。纳赛尔在战争结束后第二天发表的电视讲话中指出，是“真主之手”让阿拉伯国家战败，他号召埃及人民和阿拉伯人民以“圣战”来消灭以色列“恶魔”。激进的宗教情绪和思想在阿拉伯—伊斯兰世界开始上升，与此同时巴解抵抗组织中的宗教极端思想也明显升温，成为巴勒斯坦反以、反西方恐怖暴力行动的一大精神支柱。

1969 年 7 月，古老神圣的耶路撒冷阿克萨清真寺遭焚毁，再次对阿拉伯民族主义势力下降和伊斯兰势力的上升产生直接影响。伴随着 1969 年 9 月伊斯兰世界各国建立以沙特为盟主的伊斯兰会议组织，60 年代后期以来从中东到南亚、东亚、非洲直至拉美，伊斯兰世界出现令人注目的伊斯兰宗教思想勃兴浪潮。进入 70 年代后，在国际性泛伊斯兰思潮的影响下，许多国家的伊斯兰势力明显上升，宗教氛围日益浓厚，以政治伊斯兰化或伊斯兰政治化为表现的宗教政治化成为这场全面兴起的伊斯兰复兴运动的归宿，诸多伊斯兰国家出现自上而下的“伊斯兰化”运动。一些穆斯林宗教领袖宣讲的宗教教义从原先的消极无为主义转向起而抗争、展开“圣战”的殉教行动主义。尤其是在那些集中居住在资源匮乏、条件贫困的巴勒斯坦被占领土加沙河西岸和黎巴嫩的南部地区、贝鲁特贫民区、贝卡谷地的社会底层穆斯林，很自然地接受了这种殉教行动主义，以“被剥夺者运动”等名义展开要求维护自身正当民族权益、反抗以色列及其西方盟国的“伊斯兰圣战”。及至 1979 年 2 月，伊朗数百万

① 吴云贵、周燮藩：《近现代伊斯兰教思潮与运动》，社会科学文献出版社，2000 年版，第 346 页。

穆斯林在宗教领袖霍梅尼的领导下，掀起一场震撼世界的“伊斯兰革命”，成功建立政教合一的伊斯兰共和国，标志着当代伊斯兰原教旨主义高潮的到来。此后，1979 年 11 月逊尼派极端分子对沙特麦加清真寺的占领、苏联占领下的阿富汗穆斯林抵抗运动、1981 年埃及总统萨达特的被刺、1982 年 2 月叙利亚穆斯林兄弟会在哈马与政府军的激战、1983 年黎巴嫩什叶派穆斯林激进分子在贝鲁特对美法“维和部队”的自杀性爆炸袭击……一系列震撼全球的暴力事件接踵而至。这场席卷西亚北非并扩展到全球各地的狂飙，被认为是一场含有“原教旨主义”因素的、以“民众伊斯兰”面貌出现的激进宗教运动。它以信仰复兴精神为社会准则，力图重建伊斯兰社会的政治和文化秩序，显然是以宗教政治化为宗旨的伊斯兰复兴运动的蓬勃兴起。詹姆斯·比尔在其《波斯湾伊斯兰教的复兴》一文中明确指出，伊斯兰复兴运动参与者具有如下四方面重要思想：1. 以原教旨主义态度信仰《古兰经》、先知穆罕默德和圣训；2. 坚决反对腐败和压迫人民的政府；3. 同意有关人类平等和社会正义的原则；4. 反对外部势力和帝国主义对中东地区的干涉。[①] 相应地，一些宗教极端势力也乘机发展壮大，伊斯兰世界出现了一大批新的宗教极端组织，比如伊拉克的“伊拉克圣战者组织”和“伊斯兰行动组织”等，打着“圣战”旗帜，展开一系列暴力恐怖活动。

在上述三个主要方面的国际动因作用下，以 1968 年为历史关节点，自 20 世纪 60 年代末到 80 年代末，现代世界恐怖主义浪潮在中东和欧美掀起，形形色色的意识形态（极左和极右）型和民族宗教极端型恐怖主义组织纷涌作恶，恐怖主义残害人类的反社会、反人道和反文明罪恶本质充分暴露。世界恐怖活动之所以会在此时高潮迭起并非偶然，是与整个世界的国际大环境变化、全球国际关系演

① James A. Bill, “The Persian Gulf: Resurgent Islam”, *Foreign Affairs*, Fall, 1984.

变密切关联。据统计，1968—1979 年，全球共发生 5954 起恐怖活动，导致伤亡 9422 人；而在整个 80 年代（1980—1989 年），世界上发生的恐怖主义事件又上升到 7132 起，造成伤亡更是增加到 16715 人。[①] 鉴于这 20 多年全球各地发生的恐怖活动数量之多、种类之杂、手段之卑劣、行为之血腥、危害之严重、政治影响之巨，这一时期可称为现代世界恐怖主义浪潮掀起的岁月。

① 美国国务院的国际恐怖主义数据（patterns of global terrorism），http：//www.state.gov/s/ct/rls/crt，http：//www.mipt.org/resources.aspx.

国际反恐新变局与美国反恐战略调整

傅小强

（中国现代国际关系研究院反恐怖研究中心主任，研究员）

拉登之死和中东北非动乱，成为影响国际恐怖主义走向的重要因素，“后拉登时代”的国际恐怖新生态逐渐成型。美国顺势全面调整反恐战略，在坚持境外重点打击“基地”组织的同时，更加注重本土反恐和网络反恐，并推出国际反恐新机制“全球反恐论坛”。可以说，以反恐为国际安全主旋律的时代基本上已经告一段落，国际反恐开始进入“后反恐战争时代”。

一、国际恐怖势力新面孔

拉登之死重创“基地”核心网络，藏匿在巴阿地区的骨干力量纷纷折戟，“基地”组织实力受损暂时步入休整期。巴阿适宜“基地”生存的土壤仍然肥沃，部落地区仍将成为“基地”核心藏匿和发展的重要根据地，这一地区的贫困落后状况和众多极端组织将为“基地”提供广阔活动空间。“基地”在渡过暂时权力真空后，扎瓦希里等新领导层已浮出水面，并应对时局制订与美国和西方对抗的新策略。一方面，“基地”从中东北非乱局看到机会，将加紧乘乱重返，开辟新的财源招募渠道和袭击西方的新途径；另一方面，“基地”将加强与中南亚极端和恐怖势力的联系，策动“乌伊运”等势力回流中亚，缓解美国的军事打击压力，争取图存壮大。

综观“基地”组织网络，一年来继续出现核心疲弱而分支壮大的发展态势。以扎瓦希里为首的新核心掌权后，在美国的军事压力下，已很难在巴阿地区生存和遥控制造大型恐怖案件。“基地”虽仍是国际恐怖势力的符号和精神代表，但反美反西方的意愿与恐怖能力之间，呈现心有余而力不足的尴尬困境。美国西点军校反恐研究中心认为，拉登之死将对“基地”组织实力构成长期打击，已很难对美国本土构成实质性威胁。[①] 在这种情况下，美国加速从阿富汗撤军，并以美阿签署战略合作伙伴关系协议来确保美国已经获取的战略利益。

中东北非动乱的后遗症，对国际恐怖势力产生的影响开始逐步显现。一方面，政治上伊斯兰势力的上升已使该地区国家出现新一轮伊斯兰化浪潮，萨拉菲派势力对中东政治的影响力增大，客观上为极端势力发展提供了空间。另一方面，“基地”各地分支也抓紧时机扩大影响，有可能在中东重获立足点。2012 年 6 月，英国军情五处负责人埃文斯就警告说，中东北非的不稳定政局，为“基地”恐怖组织制造了宽容的环境，提供了重整旗鼓的新场所，也提高了英国遭受土生土长恐怖分子袭击的危险性，基地组织的影响力已逐渐从阿富汗和巴基斯坦，转移至也门、索马里和萨赫勒地区。[②]

“基地”组织在中东北非的各地分支蓬勃发展，甚至出现开辟恐怖新阵地的可能性。盘踞在也门的阿拉伯半岛分支，利用也门政要更替出现的安全真空，在南部部落地区积极招兵买马扩大武装，不

① Lieutenant General David W. Barno, USA (Ret.), Testimony before the House Foreign Affairs Committee Subcommittee on the Middle East and South Asia, *CTC Sentinel*, 5: 1 (2012: January).

② “英情报机构：中东北非成基地恐怖组织新场所”，参见新浪网 http://news.xinhuanet.com/world/2012-06/27/c_123334677.htm。

仅站稳脚跟获得根据地，同时还出现建立地方伊斯兰教法政权之势。这股势力一方面与部落勾勾搭搭，用金钱、感情和关系结成同盟，同时还建立下属部落武装，攻城夺地公开与也门政权对抗。2012 年 5 月 22 日，“半岛分支”在萨那制造自杀式爆炸袭击，造成 400 余人死伤，这是自哈迪任总统以来也门境内发生的最严重的自杀式爆炸袭击案。半岛分支已成为最有可能在当地建立“塔利班式”政权的极端武装。美国已将半岛分支列为美国本土安全面临的最大恐怖威胁，对该组织的重视程度和为此部署的特种反恐力量已超过巴阿。

“基地”组织北非分支，也在联手各国地方恐怖势力和部落武装，拓展恐怖新边疆。北非分支乘去年利比亚内战之机，抢夺武器囤积军火，不仅与“利比亚伊斯兰战斗团”重建组织联系，并且还向萨赫勒地区全面拓展。马里北方部落武装公然策动叛乱，更为北非分支在各国交界的三不管地区坐大发展和人员渗透提供契机，部落叛乱背后实际上有“基地”身影。[①] 在北非分支的支持和影响下，尼日利亚博科圣地组织一年来频繁策动恐怖袭击，显示出超强的恐怖实力，已成为西北非的暴恐新军。令人担忧的是，这一地区局势动荡，南北苏丹又重开战火，北非分支、索马里青年党和半岛分支之间，在新发展恐怖势力和部落武装的串联之下，可能形成一条贯通阿拉伯半岛、东非、西非和北非的恐怖新地带。此外，这些恐怖势力与跨国有组织犯罪势力的勾结也越来越紧密，出现协同从事绑架、勒索、走私和贩毒等活动的新动向。

在埃及，与“基地”组织有历史渊源的伊斯兰圣战组织向西奈半岛渗透，与当地贝都因部落结合，新建“西奈半岛基地分支”，一年来不断袭击通往以色列的油气管线和西方游客，大有在埃及开辟恐怖新天地的架势。伊拉克基地分支则在美国撤军后死灰复燃，不

① Johnnie Carson, “The Tuareg Revolt and the Mali Coup”, Testimony Before House Foreign Affairs Committee Subcommittee on African Affairs, June 29, 2012.

仅在伊拉克疯狂制造恐怖血案，并且还乘叙利亚动荡向该国渗透，据称反政府武装中已出现“基地”的身影。

叙利亚内乱中的恐怖主义问题，已引起国际社会担忧。西亚北非动荡持续，特别是随着叙利亚局势恶化，国际恐怖势力呈现乱中发展、卷土重来的势头。叙利亚近期恐怖爆炸连连、恶性案件频发，反对派武装出现“基地”组织身影，叙利亚乃至整个地区的安全局势不确定因素加大，国际反恐形势面临新的挑战。叙利亚局势对恐怖主义的影响早已显现。叙利亚内乱逐渐演变为以逊尼派为主的反对派武装和以阿拉维派为主的军政当局之间的教派战争，周边国家与“基地”组织相关的极端武装纷至沓来。2012 年 2 月，“基地”头目扎瓦希里发布声明，鼓动意在推翻叙政府的“圣战”。美国国家情报总监克拉珀随即警告称，“基地”组织正在向叙利亚扩张。叙利亚沦为国际恐怖势力新战场的风险令美欧国家担忧，一旦局势失控，叙境内的化学武器可能落入恐怖分子之手。然而，出于自身战略私利和盘算，这些国家有意回避叙利亚内乱中的恐怖主义问题，并未将此列入优先解决日程。

也门、索马里和北非等动乱、贫困和部落结构社会，可能成为“基地”分支快速发展的新乱源。这些地方长期经济发展滞后、社会发展失序、人民生活困苦、极端思潮大行其道，而西方国家出于各自利益，或坐观其乱，或插手煽动，致使反美反西方的“圣战”组织和“基地”组织分支发展失控。2012 年以来，“基地”组织“半岛分支”、“北非分支”和索马里青年党等乘乱发展，已成为重要的国际恐怖威胁源。此外，西方社会在债务危机和社会问题冲击下，极右暴力主义和个体极端主义问题突出，挪威、德国和比利时相继发生典型案例，这将成为今后国际反恐面临的新问题。

二、美国反恐战略调整

击毙拉登，是美国十年反恐的阶段性和标志性成果，为奥巴马政府全面调整反恐战略提供了契机。国际反恐开始由过去十年的优先安全议题变为议题之一，在国际安全中的排序下降。事实上，在经济衰退和前景不明的情况下，花费巨资的全球反恐战争模式已难以继续。近几年来，虽然没有境外恐怖分子渗透到美国开展恐怖活动的案例，但美国本土滋生的极端和恐怖分子却屡见不鲜，并先后策动了20余起恐怖案件。美国也逐渐认识到，高成本的反恐战争并不能增进本土安全，恐怖威胁虽能给美国造成切肤之痛，但如何恢复经济和应对新兴大国崛起，才是更为紧迫的心腹大患。

在经济复兴乏力的情况下，美国难以继续支撑在阿富汗大规模的军事投入。恐怖主义已非美国在阿富汗面临的主要问题，美国更看重以较小投入维护过去十年通过反恐获得的战略利益。2011年6月，奥巴马正式宣布在2014年底撤出全部战斗性部队，将安全责任移交给阿富汗方面。美国收缩反恐战线从阿富汗退出是大势所迫，阿富汗战争已成为一场赢不了又拖不起的战争，退出是必由之路。下一步美国的着眼点在于减少在阿富汗的军事投入，建立促进阿富汗转型的国际和地区新机制，分担风险，将耗资巨大的平乱战略转向有限反恐，最大限度维护美国在阿富汗的既得利益。2012年4月22日，美国政府与阿富汗政府代表在喀布尔草签战略伙伴关系协议。据美国媒体报道，美方在该协议中“承诺在2014年作战部队撤离后十年内继续支持阿富汗”，协议“重新定义”美阿关系并涉及方方面面，包括安全合作、社会与经济发展、机构建设、地区合作等方面。不过，该协议没有明确规定2014年后美国在阿富汗军事存在的性质、规模等具体内容，也没有明确说明美方提供的援助金额及项目。[①] 这一协议基本确立了美国在阿富汗继续存在和维护既得利益所需的制度保障。

美国在阿富汗主战场事实上在实行一种新的纠偏策略。军事上，美国宣布撤减驻阿兵力，降低反恐花费，打谈结合推动与塔利班的接触，由摊子较大的平叛战略转向精力集中的有限反恐战略，争取少树敌多交友，迫使塔利班进一步与“基地”组织划清界限。拉登被击毙后，阿富汗在美国全球反恐战略中的重要性和紧迫性下降。阿富汗战争已从必要的战争演变为可选择的战争，因而美国决定加快从阿富汗的撤军步伐，把对阿富汗战略的重点从国家重建变为有限反恐，重点打击以“基地”为首的恐怖残余势力。为此，美国继续加紧与塔利班的和谈，在联合国安理会将原来制裁塔利班和“基地”组织的名单一分为二，为其实施和谈策略及促使塔利班与“基地”组织剥离提供可能。同时，美国对巴基斯坦局势的担忧上升，非常害怕核武器落入恐怖极端势力之手，不断施压让巴加大反恐力度，2012 年还把“哈卡尼网络”列入恐怖组织名单。外交上，美国一方面与卡尔扎伊政府谈判建立“全面战略伙伴关系协定”，以争取将在阿富汗的利益合法化，另一方面还于 2011 年末推动波恩会议召开，期望国际社会分担阿富汗重建责任，以减轻美国在阿负担。会议承诺在 2014 年完成防务移交后，继续向阿富汗提供长期安全和经济支持。但相比第一次波恩会议，此次会议决议大多流于口头承诺。并且，由于塔利班拒绝与会和巴基斯坦的抵制，美国要国际社会帮扶阿富汗的效果十分有限。

地区安排上，美国努力挽救美巴反恐联盟，推动“新丝绸之路”计划，争取促进中亚和南亚的互联互通，扩大美国在该地区通过反恐战争获得的战略成果和地区影响力。2011 年 9 月，美国国务卿希

① “美阿就建立长期战略伙伴关系达成一致”，参见人民网，http://world.people.com.cn/GB/17722994.html。

拉里正式提出“新丝绸之路”计划，其主要目标是利用阿富汗优越的地理位置，将阿打造为地区的交通贸易枢纽，通过推动南亚、中亚的经济一体化和跨地区贸易，实现阿富汗经济的可持续发展。她在演讲中这样描述“新丝绸之路”计划的前景：“土库曼斯坦的气田将能满足巴基斯坦和印度不断增长的能源需求，并为阿富汗和巴基斯坦提供可观的过境收入。塔吉克斯坦的棉花将运往印度制成棉布。阿富汗的家具和水果将出现在阿斯塔纳、孟买甚至更远的地方的市场。”[①] 2011 年 10 月，希拉里访问阿富汗、巴基斯坦、塔吉克斯坦和乌兹别克斯坦四国，极力推行“新丝路”倡议。“新丝绸之路”构想不仅仅是经济战略，也是政治战略，背后隐藏着深厚的地缘政治逻辑。其主要目的就是巩固美国在阿反恐战争的成果，谋求在中亚地区的长期存在，并在欧亚核心区建立起新的政治、经济、安全秩序。

2011 年下半年以来，奥巴马政府出台了一系列战略文件，反恐重心逐渐从境外反恐转变为境内反恐。6 月，美国出台新的《国家反恐战略》，强调收缩反恐战线，缩小打击防范，军事上重点打击对美威胁较大的“基地”组织及其分支，将摊子铺得很大的全球反恐战争重新定义为局部特种反恐，强调运用情报战、特种作战和无人机打击，以实现低成本高效反恐。8 月，美国政府又颁布《授权地方伙伴以防止在美国的暴力极端主义》战略，将防范极端思想渗透和铲除境内暴力恐怖分子滋生土壤为优先任务，打造政府组织和社区参与的国民防恐体系，意在广泛动员基层民间力量成为反极端主义的主要参与者。[②] 12 月，美国政府再推出“反恐战略执行计划”，

---

① “The New Silk Road?” *The Diplomat*, http: //thediplomat. com/2011/11/11/the-new-silk-road/.

② “Empowering Local Partners to Prevent Violent Extremism in the United States”, August. 3. 2011, http: //www. whitehouse. gov/sites/default/files/empowering_ local_ partners. pdf.

要求联邦政府各部门加强与社区紧密合作，密切监控和分析互联网与社交网站的影响，防止“基地”分子在美国本土招募人员。美国已在国内实施新的两级恐怖警戒体系，取代“9·11”事件后一直使用的五色警戒体系。新体系包含两个警戒级别，即“升级威胁”和“迫切威胁”，分别代表存在“可靠的恐怖威胁”和存在“可靠、明确、紧迫的恐怖威胁”。新体系下，情报部门在获悉存在“明确、可靠的”恐怖威胁时，将按威胁程度不同发布警示。警示内容包括恐怖警戒级别、对潜在威胁的扼要概括、相关部门为确保公众安全所采取的应对措施以及针对个人和社区的防范建议等。

从这些动向可以看出，美国在击毙拉登后，已着手重点加强本土反恐举措，将本土安全作为反恐战略的第一要务，加紧在美国内构筑高墙壁垒，全力编织本土防范网，今后还将从口岸管控、交通运输和出入境等环节强化反恐。毫无疑问，美国反恐战略的重心已转至境内，重点防范本土极端和恐怖分子滋生作案。

美国境外反恐模式也正在发生重大转变，击毙拉登使美国看到了低成本高效反恐的可能性，国际反恐将更大程度上依靠国际合作。一方面，前沿军事部署和关键的军事基地对美反恐不可或缺，美国需要继续强化在阿富汗的军事部署和特种作战能力，击毙拉登后又相继猎杀“基地”组织和塔利班的几名重要头目。另一方面，可靠的地区盟友和反恐伙伴也不可或缺，过去几年美国之所以能屡次破获恐怖袭击图谋，主要得益于巴基斯坦、沙特阿拉伯和也门等国的帮助。在对恐怖分子继续坚持特种打击的同时，国际反恐合作的重要性和必要性上升。中东北非动乱以来，美国在该地区的反恐部署备受冲击，“基地”组织半岛分支、北非分支和索马里青年党对美威胁增大，美国需要投棋布子预作防范。为此，美国加大了在也门和索马里的打击力度，先后定点清除对美国威胁甚大的美国籍恐怖大亨奥拉基等人，同时向也门和索马里周边国家增派特种作战人员，并建立新的无人机基地。

近年来，美国显著加强了中情局和特种部队的反恐秘密战，逐步形成以无人机、特种部队攻击为主要手段的反恐秘密战。由于恐怖势力的分散化和地区化，大规模战争代价太高，犹如“大炮打蚊子”，而无人机“定点清除”更具针对性，且花费较低。以情报为先导、通过特种部队、无人机攻击等多种手段打击恐怖势力已日益成为美国反恐作战的主流战术。在无人机打击下，“基地”组织领导层已十去其七。美国白宫国土安全和反恐事务顾问布伦南表示，反恐新战略主张以“外科手术式”行动打击恐怖组织，而不是类似在阿富汗和伊拉克的大规模地面军事行动。“如果我们国家受到威胁，最好的进攻不总是在国外部署大量部队，而是对威胁我们的组织施加定向和外科手术式压力。”[①] 美国用于反恐作战的特种部队部署在70多个国家，人数超过13000人。2011年初，美国就成立联合特种作战司令部，其下属的“军事寻靶中心”负责监督和指挥特种部队在海外的秘密反恐行动。

2012年初，美国国务院又成立专门的反恐局，以加强对国际反恐合作的协调，以谋求继续主导国际反恐话语权。未来美国将突出软性反恐手段，军方虽继续在反恐中扮演重要角色，但国务院和国际开发署等机构在反恐中的地位将逐步上升，美国将日益强调通过“3D战略”即“外交、发展和防务”三方面预防和打击恐怖主义。[②]

在国际合作方面，美国2011年建立以美为首的“全球反恐论坛”，以打造适应“后反恐战争时代”的国际合作机制。过去十年，由于美国在反恐战争上的扩大化，与盟国和主要地区国家的分歧加大，国际反恐联盟事实上已名存实亡。美国搭建的“全球反恐论

---

① “美反恐将主打‘特种作战’”，http：//news. sohu. com/20110701/n312159525. shtml。

② John O. Brennan，“Strengthening our Security by Adhering to our Values and Laws”，September. 16， 2011， http：//www. whitehouse. gov/the-press-office/2011/09/16/remarks-john-o-brennan-strengthening-our-security-adhering-our-values-an.

坛”，被誉为国际反恐领域的20国集团，旨在充分调动相关国家的反恐积极性，继续掌握美国在国际反恐领域的话语权，以适应“后反恐战争时代”的利益需要。

美国击毙拉登后的反恐战略轮廓已比较清晰，随着恢复经济和应对新兴大国的战略迫切性上升，反恐在美国安全和外交全局中的地位将趋于下降，美国反恐将主要着眼于自扫门前雪，增进本国的国土安全和维护本国的海外利益，美国倡导的国际反恐合作新机制，将逐渐成为美国巩固既得利益和扩大国际话语权的战术工具。

三、影响

在美国全面调整反恐战略和推动“亚太再平衡”的背景下，国际反恐战争时代终结。反恐虽然仍然是国际安全的一个重要议题，但其重要性和紧迫性已开始让位于经济复苏和地缘安全等方面的议题，国际反恐对新型大国关系的推动力和塑造力也大幅削弱。国际恐怖形势变化和美国反恐战略调整，将给中国国家安全产生深远影响。反恐对美国的精力牵扯和资源投入都将变小，从而使美国有更大精力和资源用于制衡中国。今后中国崛起面临的外部环境将更为复杂严峻，受美国因素和周边问题牵扯的压力更大。

国际恐怖主义是社会急剧变革中的极端产物，是某些社会团伙及个人对这种变革不适应、不理解、不能正确应对的极端表现。从历史上看，现代国际恐怖主义的三次活跃期均发生在全球社会剧变之时。而以“9·11”为标志性事件的第三次国际恐怖主义高潮则是出现在全球化进程高飞猛进但诸多社会问题全面凸显的21世纪初。任何一场全球意义上的社会转型都不是短期可以轻易实现的，其中的极端现象也不是经历安全战略调整后就可在短期消失的。反恐需要安全上的应对与投入，但更需要在社会层面的综合应对。打击国际恐怖主义的斗争主体是国家及其附属的强力部门，但面对日益扁平化、分散化及单元化的恐怖网络，全社会的多元参与不可或缺。“9·11”后，国际社会关注的反恐斗争战线主要在军事和司法等领域。但传统的垂直型指挥策动的恐怖组织正在向各自为战、互相呼应、多层多线联系的网络转变。仅以“基地”组织为例，除了阿富汗巴基斯坦地区的老巢，马格里布和阿拉伯半岛等地的地区性恐怖组织也扛起“基地”旗帜，独立作战。而欧美各地出现的诸多恐怖组织虽与“基地”有千丝万缕的关联，但却并不直接受“基地”垂直领导，而是变成为恶一方的独立单元。在这种情况下，以垂直体系为标志的强力部门在应对社会化扁平网络上确有难以全面覆盖、灵活应对的难处。单靠强力部门应对恐怖主义网络的误区还在于对恐怖主义根源与活动空间社会化的认识不足。要想从根本上削弱恐怖主义的活动势头还必须多管齐下，在社会层面广做工作，动员多种部门与力量的广泛参与，将反恐纳入社会管理体系中。

后反恐战争时代，阿富汗安全形势更为复杂，有进一步恶化之虞，对中南亚地区和中国西北边疆的稳定与安全构成严重威胁：自阿富汗过境中亚和流入中国的毒品贩运有增无减；阿富汗的武器流失和非法武器贩卖出现上升势头；地区三股势力再度活跃，乌伊运等恐怖极端组织回流中亚，并产生新的恐怖组织。在阿富汗北部恐怖分子培训营地不断涌现，这些人分别来自北高加索、中亚和中国新疆地区。在阿富汗的一些地方省区，从几十人到数百人的新的武装人员培训中心接连出现。2011 年，集结在阿富汗北部的伊扎布特、乌伊运等恐怖组织的活动明显增多。在美国宣布 2014 年之前从阿富汗大规模撤军的背景下，邻近阿富汗的中南亚地区面临的安全挑战空前严峻。

可以确信，未来无论哪位政治家控制阿富汗，无论是文官还是军人在巴基斯坦掌权，他们都会奉行与中国和上合组织友好的政策。因此，对中国和上合组织来说最坏的情况是出现这样一种局面：阿富汗没有一位强有力的领袖及其领导下的强有力的中央政府，以致局势失控，极端势力和恐怖团伙趁乱夺权，就像1996年在阿富汗发生的那样。如果再有包藏祸心的大国介入，在阿富汗长期驻军，近邻国家面临的安全问题恐怕比塔利班执政时期更为严峻。阿富汗动乱对中国和上海合作组织成员国的直接威胁主要体现在以下三方面：

首先，直接威胁中亚地区和中国西部的稳定和发展，特别是新疆的安全。阿富汗动荡和巴基斯坦不稳，将使两国的某些部落地区进一步塔利班化，使“乌兹别克斯坦伊斯兰运动”、“东突厥斯坦伊斯兰运动”等恐怖组织能重建、发展其在那里的基地，另一极端组织“伊扎布特”则可获得扩展势力的有利时机。这样，它们就会进一步煽动中亚的民族、宗教极端主义，挑动民族、宗教冲突，并对中国和上海合作组织成员国实施恐怖袭击。

其次，直接威胁中国和上合的能源安全。有关各方都在为使中东和里海地区的油气通过阿巴输往中国、印度，并到达其它东亚和南亚国家而努力，这将大大缩短欧亚大陆腹地的油气资源通向中国和亚太地区的运输距离，但阿巴动乱愈演愈烈使这方面的努力和希望日趋渺茫。更严重的是，阿巴动乱的蔓延还将对中亚通向中国的油气管道，包括中哈输油管道和刚刚开通的土乌哈中输气管道形成严重威胁。当然，美国推出的“新丝绸之路”计划，准备建设经土库曼、阿富汗、巴基斯坦到印度的天然气管线，则使这一问题更加复杂。

再次，直接威胁中国和上合成员国在该地区的人员和企业安全。长期以来，中国与巴基斯坦之间存在着紧密的政治、经济、军事合作。近年来，中国也已成为阿富汗的最大投资国，成千上万的中国工人和技术人员正在阿富汗修桥筑路。阿巴如动乱，必然严重威胁中国在那里的投资和人员的安全。近年来，中国利益在巴、阿受到袭击的情况屡见不鲜。同样，上合组织其他成员国和观察员国也不同程度地面临在阿巴的人员和企业的安全问题，如印度驻阿富汗大使馆就多次遭到炸弹袭击。

有鉴于此，阿富汗稳定直接关系到上海合作组织中亚成员国的切身利益，关系到上海合作组织的发展，也关系到中国西部、俄罗斯南部的安全，关系到地区战略安全格局。因此，解决阿富汗问题、维护地区安全，已成为中俄地区战略协作和上合组织面临的迫切任务，应该加强中俄沟通，注重发挥上合组织在解决阿富汗问题上的作用，深化上合组织框架内的安全合作和经济合作，共同应对美国撤军后可能出现的失控局面。

美国反恐战略的调整：进程、原因与影响*

杜幼康

（复旦大学巴基斯坦研究中心主任、研究员）

“9·11”后，美国小布什政府将打击恐怖主义列为国家安全、外交、军事战略的核心，因而其反恐战略的推进在很大程度上决定了美国全球战略的走向。但随着这些年来国际和美国国内形势的发展变化，上述状况已难以为继。2009年初奥巴马政府上台执政后，重新审察和评估了小布什政府时期的美国反恐战略，先后对其作出多次重要调整。奥巴马政府不断调整美国的反恐战略，既是为了应对国际和地区形势发展变化带来的诸多挑战，也有缓解国内政治和经济压力的考量。在奥巴马政府的反恐战略中，就地域而言，南亚是重中之重。目前看，奥巴马政府对美国反恐战略的调整对南亚地区产生了重要影响。

* 本文是复旦大学巴基斯坦研究中心研究项目“美国反恐战略与当前美巴关系”的阶段性成果。

一、奥巴马政府对美国反恐战略的调整

奥巴马在大选获胜、尚未入主白宫之前，即委派当选副总统拜登以参议院外委会主席身份率国会代表团访问伊拉克、巴基斯坦和阿富汗，至反恐第一线全面、系统了解和掌握反恐真实情况，对美国的反恐战略进行反思和综合评估。由此可见，奥巴马及其国家安全和外交班子对执政后如何调整和推进美国反恐战略高度重视并有紧迫感。目前来看，奥巴马政府上台以来，根据美国对外战略和国内政治的需要以及反恐形势的发展变化，迄今已对美国的反恐战略进行了三次较大的重要调整。

第一次调整是针对奥巴马政府所认定的反恐重点地区——南亚。2009 年 3 月，奥巴马总统执政刚满两月，即正式宣布了美国的“阿富汗—巴基斯坦新战略”（以下简称“阿—巴新战略”），明确指出这一战略的总目标是“挫败、瓦解并战胜‘基地’组织及其极端主义同伙”，以确保美国和国际社会的安全。[①] 与此前相比，“阿—巴新战略”之“新”主要体现在以下几个方面：其一，视南亚为反恐战争的“中心战场”，表示美国将逐步从伊拉克撤军，向南亚反恐投入更多兵力和其他资源，实现反恐战略重心东移；其二，明确将巴基斯坦纳入新战略框架，强调美国将在南亚反恐问题上统筹处理所谓阿富汗和巴基斯坦问题；其三，重视运用综合手段，在加强军事行动的同时，扩大对阿富汗和巴基斯坦的政治、经济、安全等领域的支持和援助；其四，积极寻求国际合作，“致力于加强国际组织和集体行动”，与联合国共同筹建一个“阿富汗和巴基斯坦联络小

① “Remarks by the President on a New Strategy for Afghanistan and Pakistan”, Office of the Press Secretary, the White House, Washinton D. C., March 27, 2009.

组”，其成员除美国的北约盟国及其他合作伙伴外，还将包括俄罗斯、中国、印度、伊朗以及中亚和海湾国家。①

为了顺利推进“阿—巴新战略”，奥巴马总统除留任国防部长盖茨外，还任命了外交调解经验丰富的霍尔布鲁克为阿富汗和巴基斯坦事务特使，征调了曾担任美军特种作战司令部司令的麦克里斯特尔将军出任驻阿美军和北约联军最高指挥官，并决定向阿富汗增派美军，同时敦促其北约盟国等相应增加驻阿兵力。此后，尽管美国调兵遣将，不断强化反恐军事行动，并对阿富汗和巴基斯坦大幅加大投入，但“阿—巴新战略”一直成效不彰。面对这一困境，奥巴马政府在最近3年里不得不数次对“阿—巴新战略”进行修改和补充。

奥巴马政府对美国反恐战略第二次的调整具有全面、系统的特点。2009年8月，即奥巴马就任总统职位后首次迎来“9·11”周年纪念日之前，美国总统国土安全与反恐高级顾问布伦南在美国战略与国际问题研究中心发表讲话，全面阐述了奥巴马总统“保护美国人民免遭暴力极端主义和恐怖主义袭击的新思维和新方法”。作为美国总统的主要反恐顾问，布伦南的讲话标志着奥巴马政府的反恐战略基本成型，其主要内容包括以下几个方面：

（一）重新定位

“9·11”后，小布什政府实施以反恐为核心的安全、外交和军事战略，其国家安全战略等报告中，有关反恐的内容无不占据主要篇幅。实际上，当时美国反恐战略的推进在很大程度上决定了美国全球战略的走向。为了扭转这一态势并给反恐一个恰如其分的定位，

---

① 参见杜幼康：《美国“阿富汗—巴基斯坦战略”的调整与未来走向》，《国际展望》2011年第3期，第12页；“Remarks by the President on a New Strategy for Afghanistan and Pakistan”，Office of the Press Secretary，the White House，Washinton D.C.，March 27，2009.

布伦南明确指出，打击恐怖分子和暴力极端分子的斗争必须“回归正确和恰当的位置”：“不再以反恐扭曲美国整个国家安全和外交政策”，不再通过是否反恐这个“狭窄的视角”看待盟国和其他国家，不再把外交事务，如对外援助、发展、促进民主等，都简单地作为反恐斗争的延伸，而是将反恐作为美国全球战略和外交的“重要组成部分”。[①]

（二）澄清概念

一是放弃“全球反恐战争”的提法。布伦南表示，美国政府必须从根本上重新定义其反恐策略，不再提“全球反恐战争”，因为“恐怖主义只是一种策略，即一种达到目的的手段”，混淆目的和手段，会有本末倒置的风险；而“全球战争”会误导人们认为美国以某种方式在与世界其他地区进行冲突，反而提升了“基地”组织所谋求的全球性地位和形象。二是明确反恐不是针对“圣战者”的斗争。布伦南认为，“圣战”意指净化自己，或为道德目标而进行神圣斗争，因而不能认同恐怖分子自称为“圣战者”。否则，无异“给予这些杀人犯以其拼命谋求但绝不应得的宗教合法性。更糟糕的是，这可能会更加让人们认为，美国在以某种方式与伊斯兰教本身进行战争”，而“美国决不、也永远不会与伊斯兰教进行战争”。[②]

（三）明确对象

布伦南认为，“恐怖主义”是指那些对美国安全和利益直接造成威胁的组织、活动和事件等，而不应将所有反美的言论、情绪、政治主张等，都称作“恐怖主义”，以免反恐盲目扩大化，直接产生负

---

① John O. Brennan, “A New Approach to Safeguarding Americans”, Remarks at Center for Strategic and International Studies, Released by Office of the Press Secretary, the White House, Washington, DC, August 6, 2009.

② Ibid.

面影响。经过美国和国际社会多年打击，“基地”组织虽遭重创，也越来越难筹集资金和策划恐怖袭击，但攻击美国及其在世界各地利益的意图犹在。再度袭击美国本土，仍是“基地”组织领导人的要务。因此，“基地”组织仍然是美国面临的最严重的恐怖主义威胁，美国将重点打击该组织及其同伙。[①]

（四）铲除源头

布伦南提出，要“更广泛、更准确地了解在巴基斯坦、阿富汗、索马里和也门等国助长暴力极端主义的原因和条件”，以及将那么多人推上暴力之路的政治、经济和社会因素。他认为，“当儿童没有接受教育的希望，当青年人没有工作的希望并感到与现代世界相脱离，当政府不能满足本国人民基本需要，那么人们会变得越来越容易受到主张暴力和毁灭的意识形态影响”。他强调，要“认识到解决这些源头因素，最终不是靠军事行动，而是要靠发起一个政治、经济和社会运动，以满足普通百姓的基本需要，解决其合理诉求”。[②]

（五）丰富手段

布伦南表示，在反恐斗争中，除动用军事、情报机构力量外，还要善加利用美国的经济实力和道义力量等，给有关地区和国家民众提供机会和希望。例如，在阿富汗，与阿政府合作，消除腐败，改善基本服务，建立并非由毒品主导的经济；在巴基斯坦，每年向巴人民提供15亿美元，用于教育、卫生保健和基础设施，以及建设边境地区的“机会区”。同时，美国“仍将坚持正义、自由、尊严和法治的价值，使人们希望与美国合作、其他国家政府希望与美国

---

① John O. Brennan，“A New Approach to Safeguarding Americans”，Remarks at Center for Strategic and International Studies，Released by Office of the Press Secretary，the White House，Washington，DC，August 6，2009.

② Ibid.

结为伙伴”。[①]

奥巴马政府对反恐战略的第三次调整是使其进一步完善并有所发展。2011 年 6 月，美国政府公布“国家反恐战略”，阐述了美国面临的恐怖主义威胁、反恐指导原则、主要目标、重点关注地区等，并将反恐重心定位在“保护美国人民、国土和美国利益”、打击“基地”组织及其分支和追随者以及防止本土恐怖分子威胁国土安全上。根据这份由白宫公布的战略，美国反恐的打击目标分为三个层次：一是“基地”组织及其分支和追随者，因其对美国构成了最重大的直接威胁；二是美国土生土长的恐怖分子，这是美国今后反恐的打击重点；三是伊朗、叙利亚、黎巴嫩“真主党”和巴勒斯坦伊斯兰抵抗运动（哈马斯）等“支持恐怖主义的”国家与组织，因其对美国也构成了安全威胁。[②]

这次反恐战略调整的主要特点是美国首次将本土视为反恐斗争的“主要战场”。针对“基地”组织企图在美国招募恐怖分子、美国本土面临的威胁日益增加这一局面，奥巴马政府将把更多资源用于追踪恐怖分子招募者和潜在袭击者。其反恐具体举措和手段是：通过提升和加强防护措施，减少国土安全的薄弱环节；在全球各地打击“基地”组织，其中包括重创其领导层的能力，清除其在各地的“庇护港”，切断其经济来源、后勤支持及网上联络，反击其意识形态宣传，以及确保其不会获得大规模杀伤性武器；同时将更多借助特种部队突袭等“外科手术式”行动打击“基地”组织，尽量避免大规模地面军事行动。[③]

---

① John O. Brennan, “A New Approach to Safeguarding Americans”, Remarks at Center for Strategic and International Studies, Released by Office of the Press Secretary, the White House, Washington, DC, August 6, 2009.

② “National Strategy for Counterterrorism”, the White House, Washington, DC, June 2011.

③ Ibid.

除了上述三次较大的重要调整外，奥巴马政府还在具体实施反恐战略过程中不断予以修改、补充和完善。例如，在推行“阿—巴新战略”中，奥巴马于2009年12月在西点军校发表了题为“阿富汗和巴基斯坦取得进展的途径”的讲话。其核心内容是立即开始向阿富汗增兵3万人，并许诺在18个月之后，即2010年7月起，开始从阿富汗撤军。其增兵的目的是集中力量打击塔利班的气焰，训练阿富汗安全部队以增强其实力，同时保障阿富汗主要人口聚集地的安全；宣布撤军时间表，则是为美国将安全责任转交给阿富汗创造条件，使美军“能够以负责任的方式离开阿富汗”。[①] 此后，美国国务卿克林顿又于2010年1月公布了《阿富汗和巴基斯坦地区稳定战略》，以补充和完善前述“阿—巴新战略”。其重点是对美国在阿富汗和巴基斯坦的民事援助进行纲领性规划，旨在通过加大对阿巴两国长期民事援助力度，支持两国政府应对境内的极端主义威胁。[②] 到了2010年11月，奥巴马在参加北约里斯本峰会期间更明确表示，从2011年7月起，美军和北约联军逐渐将维持阿富汗治安的责任移交给阿政府方面，并在2014年底前完成移交工作。此后，美国将大大减少在阿富汗的存在，并确保美军不再从事作战行动，而是发挥培训和指导阿富汗军警等支持作用。[③] 至此，奥巴马政府的“退场战略”（exit strategy）已具雏形。

---

① Remarks by the President in Address to the Nation on the Way Forward in Afghanistan and Pakistan, Eisenhower Hall Theatre, United States Military Academy at West Point, West Point, New York, December 1, 2009.

② “Afghanistan and Pakistan Regional Stabilization Strategy”, Office of the Special Representative for Afghanistan and Pakistan, Department of State, Washington D. C, January 2010.

③ “Press Conference of the President after NATO Summit at Lisbon”, Portugal, Office of the Press Secretary, the White House, November 20, 2010.

二、奥巴马政府调整反恐战略的原因

奥巴马政府对美国反恐战略的一再调整，既反映了美国在反恐和阿富汗战争中的尴尬处境，也体现了美国全球战略调整的现实需要，还折射出美国国内政治的作用和影响。

（一）扭转反恐战场上的不利态势

奥巴马政府上台时，反恐形势不断恶化，南亚地区甚至“越反越恐”：“基地”组织在加紧策划针对美国本土的恐怖袭击，阿富汗塔利班则卷土重来，南亚地区的恐怖分子成为对美国“最严重的威胁”。奥巴马政府认为，其前任小布什政府错误地发动了伊拉克战争，耗费了过多军事和外交资源，致使美国的主要力量脱离了阿富汗这一反恐主战场，最终酿成了上述局面。在此背景下，奥巴马政府决定结束伊拉克战争，将反恐重心重新转向南亚。但到了2009年8月底，随着阿富汗局势继续恶化，驻阿美军和北约联军最高指挥官麦克里斯特尔和其他高级将领公开要求美国再向阿富汗增派4万兵力。他在向国防部长盖茨提交的报告中发出警告：鉴于当前阿富汗局势，如果没有更多兵力增援，美国将赢不了这场战争；而在未来12个月内，如未能掌握阿富汗战场的主动，扭转叛乱势力的蔓延势头，美国可能面临不再能打败恐怖分子的风险。[①] 面对来自阿富汗战场的压力和美国军方的一再请求，奥巴马显然不愿背上阿富汗战争“失败总统”的罪名，为此曾数次大举增兵，使美军在阿富汗的兵力一度达到10万之上。这些举动也表明，奥巴马政府寄希望以强

① Eric Schmitt and Thom Shanker, “General Calls for More U. S. Troops to Avoid Afghan Failure”, *The New York Times*, September 20, 2009.

大军力，沉重打击“基地”组织和阿富汗塔利班等有生力量，即使不能一击制胜，也要迫使阿富汗塔利班势力坐到谈判桌前，以尽快扭转阿富汗战场上的颓势。

（二）迎合美国全球战略调整的需要

“9·11”事件以来，国际形势发生了复杂而深刻的变化。经过10余年阿富汗战争、8年伊拉克战争的折腾以及国际金融危机的重创，美国软、硬实力明显受损。与此同时，以中国、印度、俄罗斯、巴西、南非等金砖国家为代表的新兴经济体持续快速发展，形成新兴大国竞相崛起的态势。在西方主导的全球化浪潮中，金砖国家主动跻身“弄潮者”，对内改革经济体制，调整经济结构，采取得当应对举措；对外实行开放，积极参与地区经济合作，融入全球生产链，取得惊人发展成就。按购买力平价计算，金砖国家在全球国内生产总值中所占比例已从2001年的17.64%增加到2011年的26.6%。面对新兴大国崛起势头，奥巴马政府为了保住美国“一超独大”的国际地位，在对外干预愿望和能力受到制约的背景下，不得不对美国的安全战略、外交战略、军事战略等都进行不同程度的调整，其全球战略整体上处于相对收缩阶段，其反恐战略的调整当然也不能例外。

（三）缓解国内政治与经济压力

在经过阿富汗战争、伊拉克战争以及国际金融危机后，美国联邦政府入不敷出，财政赤字居高不下，已连续5年超过1万亿美元。为防止出现美元霸权地位动摇的局面，奥巴马政府甚至不得不节省国防资源，其中包括停产F-22战机，并删除2010财年国防授权法案中增购F-22战机的条款。在此背景下，奥巴马政府既需要大量时间、精力和资金处理国内经济问题，也不能不考虑在国际上适当收缩战线，以减轻美国的财经压力。与此同时，阿富汗战争仍在继续消耗美国大量军力、财力、物力。据统计，到2011年底，一场阿富汗战争已耗费美国4600亿美元以上，并造成美军1864人死亡。[①]目前，美国一周仍要花费20亿美元，而平均每向阿富汗增派一名军事人员，每年就要多支付100万美元。[②] 这还不包括美国为推进“阿—巴新战略”，每年向巴阿两国所提供的巨额经济和军事援助。鉴此，越来越多的美国人对阿富汗战争感到厌倦，反战呼声持续高涨。据2011年美国广播公司的一次民意调查，2/3的美国公众认为，这场战争成本太高，不再值得继续进行。奥巴马总统自宣布要竞选连任后，深知如继续强化阿富汗战争，将有违民意，必将大大增加其个人政治风险。而及时提出从阿富汗撤军的时间表，则不仅有助于改善美国财政状况，更有利于安抚美国民心和军心，将为其连任总统奠定良好的基础。

(四) 改善同伊斯兰世界的关系

“9·11”事件后，小布什政府打着“反恐”的旗号，先后发动阿富汗战争和伊拉克战争，并将打击恐怖主义、防止大规模杀伤性武器扩散、惩治“失败国家”的矛头直接对准一些穆斯林国家。这些年来，美国尽管极力避免造成“文明冲突”的印象，但客观上还是造成了以美国所代表的西方与伊斯兰世界处于对立的局面。美国在反恐战争中的单边主义、对一些穆斯林国家的“民主改造”，更加剧了双方的矛盾，以致伊斯兰世界和广大穆斯林对美国都或多或少抱有敌意。奥巴马政府认识到，“基地”组织及其分支和追随者正是利用美国与伊斯兰世界的矛盾，在广大穆斯林中不断煽动仇美、反

---

① 此系与“持久自由行动”相关的美军死亡人数，参见 http://icasualties. org/OEF/Index. aspx。

② Rajiv Chandrasekaran, “Within Obama's war cabinet, a looming battle over pace of Afghanistan drawdown”, *The Washington Post*, March 31, 2011; Ahmed Rashid, “How US intends to end war with Taliban”, *The Financial Times*, April 19, 2011.

美情绪和浪潮，并加以利用，伺机发展自身势力和影响力。[①] 对此，奥巴马政府决定摒弃“全球反恐战争”的提法，厘清“圣战者”与“恐怖分子”的区别，重新将反恐目标聚焦在“基地”组织及其同伙上。其目的就是要在反恐中淡化意识形态因素，收缩打击面，防止反恐的扩大化，同时也有意进一步笼络穆斯林国家中的温和派，修补美国与伊斯兰世界关系，并以此化解双方的对立状态。

（五）谋求反恐的“新思维”和“有效途径”

针对这些年来“越反越恐”的状况，奥巴马政府在调整反恐战略的过程中，对滋生恐怖主义的政治、经济和社会环境予以高度重视，认为要解决这些问题，应整合一切可以利用的资源，综合运用政治、经济、外交和文化等手段，以形成一种“全新且更为有效的办法”。为此，美国在反恐中以军事行动和“软实力”运用并重，但比以往更加重视发挥后者的作用。国务卿克林顿公布的《阿富汗和巴基斯坦地区稳定战略》表明，美国力图通过加大对阿富汗、巴基斯坦两国长期民事援助力度，来破解其境内的恐怖主义和极端主义威胁。此后，美国着手审查对阿富汗的援助，向阿富汗增派民事专家；加强阿富汗政府治理和法治，支持阿富汗“重新融入”计划；打击阿富汗毒品贸易，重建阿富汗的农业部门，为阿富汗未来构建经济基础。与此同时，美国加强与巴基斯坦的伙伴关系，增强巴基斯坦反叛乱能力；终止极端分子的非法资金流动，反击极端势力的舆论。美国还加强国际反恐合作，动员和争取国际支持，以构建一个“尽可能最广泛的”联盟，协助美国在阿富汗和巴基斯坦开展的

① John O. Brennan, “A New Approach to Safeguarding Americans”, Remarks at Center for Strategic and International Studies, Released by Office of the Press Secretary, the White House, Washington, DC, August 6, 2009.

行动，帮助两国实现稳定和繁荣，反击恐怖和极端势力的威胁。[①]

三、美国调整反恐战略对南亚地区的影响

经过奥巴马政府多次调整后，美国的反恐战略比以往务实、灵活，相对较符合相关地区和国家的反恐实际需要。例如在推行“阿—巴新战略”方面，奥巴马总统考虑到其主要地区依靠对象是巴基斯坦和阿富汗两国，因而每次在调整、补充或完善这一战略前，他都亲自与阿富汗总统卡尔扎伊和巴基斯坦总统扎尔达里通电话，或举行视频会议，就相关调整方案交换意见。因此，“阿—巴新战略”在一定程度上赢得了阿富汗和巴基斯坦的肯定与配合。阿富汗政府对其表示欢迎，赞成美国在打击“基地”组织等问题上，将其置于整个地区范畴内加以处理。巴基斯坦总统扎尔达里也表示，欢迎奥巴马帮助推进巴基斯坦民主进程、并在5年内每年向巴提供15亿美元援助；认为通过美国的帮助，在巴基斯坦部落地区设立“重建机会区”，将为当地长期饱受极端势力和恐怖势力之苦的民众创造良好的生存环境。[②] 目前看，奥巴马政府的反恐战略在南亚地区的实施过程中已经取得了一定效果，特别是成功击毙本·拉登一事，具有重要象征意义。

但是，奥巴马政府的反恐战略毕竟基于美国的国家利益，这一战略的推进使南亚地区受到了较大冲击和影响。首先，反恐战略反

---

① “Afghanistan and Pakistan Regional Stabilization Strategy”, Office of the Special Representative for Afghanistan and Pakistan, Department of State, Washington D. C, January 2010.

② Zeeshan Haider, “Pakistani President Asif Ali Zardari on Saturday hailed a U. S. review of its strategy in Afghanistan and Pakistan as a ‘positive change’ because of an emphasis on economic progress as a means to combat militancy”, Reuters, Islamabad, Mar 28, 2009.

复调整，直接影响南亚地区安全与稳定。南亚地区是奥巴马政府推进其反恐战略的重点，自实施“阿—巴新战略”以来，美国增兵换将，不断强化军事行动，但此后又根据自身需要，在并无把握实现原定反恐目标的情况下出台“退场战略”。与此相对应，阿富汗塔利班的反弹力度亦加大，持续制造恐怖袭击事件，控制地盘有增无减，阿富汗国内安全局势继续恶化。与此同时，巴基斯坦在美国的威逼利诱下，增强了在巴基斯坦和阿富汗边界部落区的反恐行动，但也遭致“基地”组织残余和巴基斯坦塔利班等的疯狂反扑：巴基斯坦境内恐怖爆炸袭击此起彼伏，部分地区塔利班化趋势严重。就在2012年12月15日，巴基斯坦塔利班为了报复巴军方近期在开伯尔部落地区的反恐军事行动，公然袭击巴西北部城市白沙瓦的一座国际机场，造成至少9人死亡，另有40多人受伤。[①] 同时，由于美国和北约联军等为减少自身伤亡，尽量避免大规模地面军事行动，频频动用无人机对阿富汗和巴基斯坦境内进行空袭，造成大量平民伤亡，致使巴阿两国民众反美情绪强烈，并进而殃及本国政府，对其与美国合作反恐的政策十分不满。更为重要的是，美国强化军事行动的举措并未达到预期目标。显然，上述状况造成巴基斯坦和阿富汗局势动荡不已，从而危及南亚地区的安全与稳定。

其次，2014年美国撤出战斗部队后，南亚反恐形势可能恶化。目前看，对美国而言，阿富汗战场形势并不乐观。据美国官员透露，进入2011年后，美国实际上已放弃与塔利班对话的先决条件，即在举行面对面会谈前，塔利班必须断绝与“基地”组织的联系，并接受阿富汗宪法，而代之以接受塔利班可在会谈结束并达成协议后满足这些条件。这表明奥巴马总统最终接受了霍尔布鲁克生前的这一

① “Four dead as Taliban attack airport in Peshawar”, *Daily Times*, December 16, 2012.

设想。[①] 据美国驻阿大使艾肯伯里称，美国已承诺提供5000万美元，用于做塔利班的工作，目标“是协助阿富汗政府实现政治和解，帮助结束在阿富汗的冲突，并获得地区大国和国际社会对和平解决的支持”。[②] 上述情况标志着自推翻阿富汗塔利班政权近10年来，美国对塔利班的政策发生了重大变化。但这一谈判进程断断续续，并不顺利。由于历史、地理和社会等原因，巴基斯坦和阿富汗边境地区成为“基地”组织残余和塔利班的藏匿之地，一定程度上也是南亚乃至全球范围内重大恐怖活动的策源地。到2014年底，美国可能仍然无法完成其反恐目标，并将在没有解决南亚恐怖主义问题的背景下撤出其战斗部队。果真如此，“基地”组织、阿富汗塔利班、巴基斯坦塔利班等各种恐怖势力和极端势力将自认为打败了美国，士气必然高涨，同时又缺乏对其重要的制约力量。这将对南亚的稳定和发展构成严峻挑战，并导致南亚恐怖和极端势力向周边地区“外溢”。

第三，阿富汗各派加紧筹划，国内局势前景不明。根据奥巴马政府的安排，自2011年7月起，美国及其北约盟国开始从阿富汗撤军，并将在2014年底前把维持阿富汗治安的责任全部移交给阿政府方面。但美国的一些盟国已急不可耐，如法国已提前从阿富汗撤出其全部作战部队，加拿大表示将于2014年3月底前撤出全部驻阿富汗的军事教官，澳大利亚总理吉拉德也宣布了提前一年的撤军计划。面对这一局面，阿富汗各派政治势力正加紧准备，着眼于未来抢夺政权。卡尔扎伊政府呼吁国际社会，特别是美国长期提供各种大量援助，并一再向塔利班示好，呼吁其回归阿富汗大家庭。阿富汗塔利班除少数派别外，其主流则坚持“外国军队必须撤出阿富汗”，并刻意扩大其政治影响和加强军事准备，企图等美军等撤离后东山再

① Ahmed Rashid, “How US intends to end war with Taliban”, *The Financial Times*, April 19, 2011.

② Joshua Partlow, “US pledges $50m to help lure Afghans from Taliban”, *The Financial Times*, April 6, 2011.

起。同时，原阿富汗“北方联盟”各派势力、希克马蒂亚尔的“伊斯兰党”等也摩拳擦掌，跃跃欲试。由此看来，不能完全排除未来阿富汗重返“军阀混战”局面乃至出现分裂的可能。当然，阿富汗局势是否维持现状、发生内战或实现“南北分治”，在很大程度上要看美国在南亚保持其战略存在的方式和程度，也取决于阿富汗国内各派力量消长变化，并受到南亚地区和国际形势发展变化的影响。

最后，阿富汗周边国家围绕阿未来局势的竞争方兴未艾。近年来，随着2014年美国和北约从阿富汗撤军期限的临近，阿富汗周边国家加紧谋划与布局，旨在影响阿富汗局势朝着有利于自身方向发展。巴基斯坦出于地缘战略利益考虑，在阿富汗与印度展开竞争，正积极推动阿富汗塔利班与阿富汗政府和谈，期待日后能平衡印度在阿富汗不断增强的势力和影响。印度自2002年来向阿富汗政府先后承诺资助近15亿美元。2011年5月印度总理辛格访问阿富汗期间，宣布再增加5亿美元对阿援助，使印度成为仅次于美国、日本、英国的第四大对阿援助国。同时，辛格还促成阿富汗与印度建立“战略伙伴关系”，其范围涵盖印阿关系的所有方面和双方共同关心的所有领域。为此，双方正筹备相关讨论会，以敲定阐述两国战略伙伴关系的正式文件。两国还将建立一个“合作伙伴理事会”，其中包括一些联合工作组（按共同关心的问题而设置）。该理事会由两国外长负责，将每年举行会议，以在政治、经济和安全等领域深化其拟议中的战略伙伴关系。此举将使印度成为阿富汗为数不多的“战略合作伙伴”之一，必将明显增强印度对阿事务的影响。此外，印度还帮助阿富汗培训警察、外交官，修建学校、医院、公路、水利等基础设施，以不断扩大在阿存在，进一步挤压巴基斯坦的战略空间。[①] 伊朗、土耳其等则与巴基斯坦联手，举行了阿富汗问题地区峰

① Rama Lakshmi, “India seeks larger role in stabilizing Afghanistan after NATO drawdown”, *The Washington Post*, June 28, 2012.

会，并通过《伊斯坦布尔声明》，决定通过加强地区合作，以解决阿富汗面临的诸多挑战。目前判断上述国家在解决阿富汗问题上究竟起何作用，尚为时过早，但它们互相之间的竞争毕竟给阿富汗未来局势走向增添了不确定因素。

综上所述，经过将近 4 年的调整、补充和完善，奥巴马政府的反恐战略已经成型。但是受美国全球战略相对收缩和国内经济及政治影响，奥巴马政府继续适度调整其反恐战略的可能性不能完全排除。就美国对南亚和阿富汗的政策而言，即使是 2014 年后驻阿美军的命运，也将依届时美国国内、地区和国际情势，特别是其国力而定，因而给这一地区带来诸多不确定的因素。目前看，到 2014 年，美国并无把握实现其南亚反恐目标。但无论阿富汗安全局势以及南亚反恐形势是否达到预期目标，美军作战部队的撤军期限已定。另一方面，美国认为阿富汗政府不堪重用，奥巴马本人也公开表示，“阿富汗人民虽然推选出了一个合法政府，但这个政府因腐败行为、毒品交易、欠发达的经济和力量不足的安全部队受到削弱”。[①] 同时，由于美军深入巴境内击毙本·拉登以及炸死巴边境哨所 24 名军人，美巴关系严重受损。随着美国从阿富汗撤军以及对南亚投入资源相对减少，奥巴马政府实现“阿—巴新战略”预定目标的前景黯淡。

由于历史、地理、社会、文化等因素，南亚地区形势的发展变化必然会对中国西部地区的安全、稳定和发展产生重要影响。鉴于当前中国西部地区正处于大开发、大开放、大发展的重要阶段，我们应密切跟踪相关事态的发展，继续深入研究奥巴马政府的反恐战略，特别是其对我国西部周边地区的各种影响，并推动有关部门和地区未雨绸缪，早谋万全之策。

① Remarks by the President in Address to the Nation on the Way Forward in Afghanistan and Pakistan, Eisenhower Hall Theatre, United States Military Academy at West Point, West Point, New York, December 1, 2009.

美国反恐战略及其未来发展趋势

汪毓玮

（台湾“中央警察大学”“国境警察学系”教授兼
“国境警察学系”主任、兼恐怖主义研究中心主任）

“作为政府，我们努力工作以预防导致暴力的所有类型极端主义，而不论是由谁激发的。同时，反制“基地”组织（al-Qaida，AQ）的暴力意识形态是击溃该组织全面战略的一部分”。①

一、前言

美国小布什总统因“9·11”事件而推动的全球反恐战争，遭受来自外部之抨击。诸如美国以反恐之名，从地缘推进与能源控制两途径，行扩大国家利益之实，特别彰显于打击阿富汗的塔利班以进入中亚、摧毁伊拉克萨达姆政权而掌控石油。总统大选时，奥巴马亦信誓旦旦一旦当选总统，将立即更改上届政府之不当反恐政策。但观照当前发展，伊拉克并未如评论家所言一分为三，内部亦不致

① Executive Office of the President, “Strategic Implementation Plan for the national Strategy on Empowering Local Partners to Prevent Violent Extremism in the United States”, Dec. 2011. 〈http://www.whitehouse.gov/sites/default/files/sip-final.pdf〉, accessed on Dec. 12, 2011.

于动乱而崩溃，阿富汗境内之“基地”组织也被击溃，不能再全球规划与遥控恐怖攻击，然而奥巴马总统迄今未更改所谓具“争议性”之反恐措施。

本文撰述之目的，不在于分析个别之恐怖主义议题或是相关的争议，而只是透过美国官方公布的数据，希望能够忠实地阐述及全面地铺陈出美国政府对于国际恐怖主义威胁的认知，概述地区之政治、经济及社会情势的发展如何影响恐怖主义之演化，及近两年来美国政府检讨有关执行反恐政策所面临之问题，进而展现出不断更新的反恐战略与思考及接续之改善作为等，而期盼对于两岸反恐努力有所启发。文本首先检视“基地”组织发展与恐怖主义威胁及2010年之阿拉伯世界民主运动影响和地区恐怖主义情势之发展，接着提及美国持续的反恐努力，例如国土安全部等，及“9·11委员会”持续观察仍存而待改善之问题；其次，则论述美国政府与时俱进之作为，其中包括更新反恐战略途径与推出新的全国反恐战略、提供合乎地区国家需求之反恐援助、反制地方激进化发展与打击暴力极端主义意识形态及推动成立“全球反恐论坛”等，而盼有效减缓恐怖主义威胁。

二、不断检讨威胁情势与反恐作为

为了有效因应国际恐怖攻击，美国不断评估国际恐怖主义之可能威胁，并且随时更新有关认知。而目前美国评估最具威胁性之国际恐怖主义威胁，基本上还是以“基地”组织为主之相关恐怖主义组织。且亦欲随时掌握地区可能滋生恐怖主义或强化其发展之情势或因素，并特别锁定中东、南亚与非洲等地区之政治、经济和社会为最关注之焦点。并进而检讨自身之各式各样反恐作为及仍待努力之处。

(一)"基地"组织发展与恐怖主义威胁

美国政府调查，在过去十年全球已有12万恐怖分子被逮捕，其中35000名已认罪。[①] 到2011年，"基地"组织与其分支的最高领导阶层已遭到重创，而本·拉登的死亡已使得"基地"组织走向衰败(a path of decline)，且此趋势很难反转。但是这些国际恐怖组织仍持续展现出其强大的复原能力，"基地"组织的分支也展现出地缘性的分散，且其他依赖"基地"组织相关意识形态之团体在地方上仍占有不同之优势，并持续对于国家安全造成严重的威胁。[②]

美国仍持续面临短期之"基地"组织与其网络之持续攻击压力，与长期由本·拉登所激起之杀伐意识形态且持续激起之全球暴力挑战。[③] 且基于近年来美国司法部门所起诉之本土成长恐怖分子案例，例如纳吉布拉·扎瑞（Najibullah Zazi)、费赛尔·夏扎德（Faisal Shahzad）等之攻击未遂案，美国已更关心国内恐怖主义威胁。另亦警觉由于全球反恐金融的成效，恐怖分子已从正常的金融系统转向经由犯罪活动，特别是经由随机绑架取得之赎金来挹注其攻击行动，[④] 而此等结合犯罪之活动趋势已更明确。

(二)地区之恐怖主义威胁情势

中东已面临转型期。2010年之阿拉伯世界民主运动展现出民众要求改变，颠覆了"基地"组织唯有暴力才能改变的长期观念。但此等政治骚动，却也可能使恐怖组织加以利用而更易执行攻击阴谋，

---

① Hillary Rodham Clinton, "Smart Power Approach to Counterterrorism", Sept. 9, 2011. 〈http://www.state.gov/secretary/rm/2011/09/172034.htm〉, accessed on Sept. 12, 2011.

② Daniel Benjamin, "Al-Qaida After Bin laden", Dec. 8, 2011. 〈http://www.state.gov/s/ct/rls/rm/2011/178499.htm〉, accessed on Dec. 12, 2011.

③ Hillary Rodham Clinton, op. cit.

④ ibid.

例如利比亚军方的“便携式防空系统”（Man-Portable Air Defense Systems，MANPADS）可能已流入恐怖组织手中。[①] 美军撤离伊拉克后，如伊拉克“基地”组织（al-Qa'ida in Iraq，AQI）利用此机会发动更多攻击，也不会令美国诧异。然美国已承诺强化美伊合作加以应对，且伊拉克安全部队的能力已更强化，而能主动应对。[②]

虽然伊拉克战争已经逐渐结束，阿富汗战争亦进入到新的转型期，同时在阿富汗与巴基斯坦两国之“基地”组织的核心领导阶层也被弱化。但是如下所述此等威胁已向各地区伸展，且其全球的分支仍积极从事恐怖攻击。因此，“基地”组织已不再是以往单个之庞大组织（monolith），而成为一个恐怖企业（syndicate of terror）。[③]

南亚之巴基斯坦，特别是其联邦直辖部落地区（Federally Administered Tribal Areas）与开伯尔—普赫图赫瓦（Khyber Pakhtunkhwa）省，仍持续作为恐怖主义组织在巴国与阿富汗活动之基地。此外，“基地”组织、巴基斯坦塔利班（Tehrik-e Taliban Pakistan，TTP）、哈卡尼网络（Haqqani Network）、简格维军（Lashkar-e Jangawi）、虔诚军（Lashkar-e Tayyiba）之威胁仍然严重。

也门之“基地”在阿拉伯半岛（al-Qa'ida in the Arabian Peninsula，AQAP）对于阿拉伯半岛之威胁、伊拉克“基地”组织（al-Qa'ida in Iraq，AQI）持续破坏伊拉克政权稳定、西奈半岛（Sinai Peninsula）的一些军事团体亦受到“基地”组织目标之影响而可能进一步结合；哈马斯（Hamas）与真主党（Hizballah）持续扮演破坏中东和平之角色。加诸伊朗之核武发展趋势，均必须国际共同处理。

---

① Daniel Benjamin，“The State Department's Counterterrorism Office：Budget，Reorganization，Policies”，April 14，2011. 〈http：//www. state. gov/s/ct/rls/rm/2011/160853. htm〉，accessed on Sept. 12，2011.

② Daniel Benjamin，Al-Qaida After Bin laden，Dec. 8，2011. 〈http：//www. state. gov/s/ct/rls/rm/2011/178499. htm〉，accessed on Dec. 12，2011.

③ Hillary Rodham Clinton，op. cit.

非洲之索马里青年党（Al-Shabaab）仍不断进行攻击，且向外扩散及于乌干达。新出现“博科圣地”（西方教育是原罪，Boko Haram）组织之攻击能量亦持续强化；撒哈拉之“‘基地’组织在伊斯兰马格里布分支”（Al-Qa'ida in the Islamic Maghreb，AQIM）也未停止对阿尔及利亚、马里、毛里塔尼亚与尼日利亚之攻击。

因此，为了因应“基地”组织的泛伊斯兰运动，美国仍需要持续在全球针对其分支与盟友进行打击，及协助盟国提升其打击能力和必要之援助。这些国家包括沙特阿拉伯、也门、伊拉克、索马里、巴基斯坦、阿富汗、印度尼西亚与菲律宾、乌兹别克斯坦等，且应将焦点置于争取当地民众的最大支持。①

图一、“基地”组织与其盟友仍能发挥潜在冲击的地区

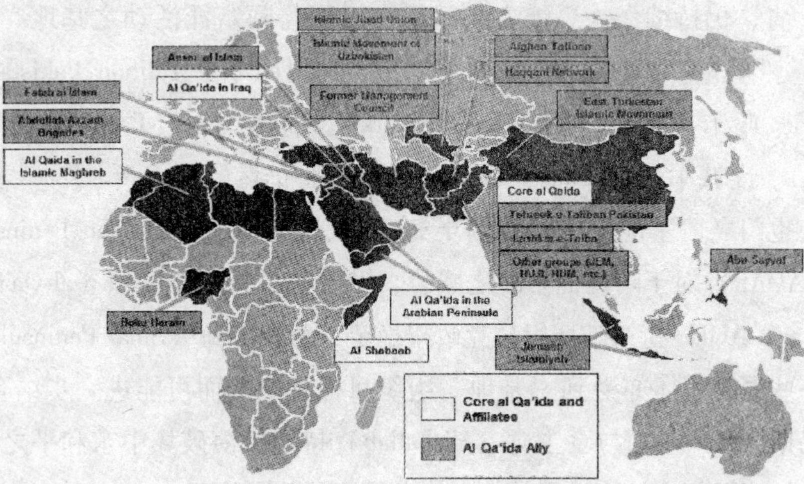

资料来源：参考 The Future of Irregular War 之政策报告内容。

① Seth G. Jones, *The Future of Irregular War*, Rand Corporation, March 27, 2012, p. 3.

（三）美国反恐努力仍待改进

过去10年，美国已从逮捕街道上恐怖分子、摧毁其分支与挫败攻击阴谋之战术反恐（tactical counterterrorism），进展到必须应对一股新的、更强的恐怖主义组织之战略层级。除持续以跨部门力量来遏阻当下与发展中的威胁外，亦要消解极端主义的意识形态。①保护市民及严格的控制与安全措施这两者间，仍欲保持正确平衡。因为自由、民主、人权与法治是反恐的指导原则。②

就美国反恐努力而言，美国已不断强化情报资产、与盟友结成伙伴，逮捕与击杀重要恐怖分子并摧毁其在阿富汗等地之安全天堂；成立新的国土安全部，改善准备与响应能力，且建立航空系统之层级安全防卫；公私营部门采用新的科技与安全措施；教导民众有所警觉与准备。但是恐怖攻击仍不能被完全阻止，因为安全是一个持续性过程，没有结束。仍存的问题，例如情报分享并未落实，第一线响应者可以相互操作的宽带通讯系统仍未能有效传递，没有一个能够确保进入国内的旅客已离境的出境系统，从而无法确知哪些人的签证过期，国土安全部仍存有严重的杂乱（distraction）、重叠与官僚特色，这些进而影响紧急事件的处理与国家安全。③

当前美政府为因应反恐所需的相关部门改革工作已告一段落，除了成立国家情报总监办公室与全国反恐中心及推动国会与民众所期盼之相应工作外，国土安全部亦整并了22个单位，工作人员已达

---

① Seth G. Jones, *The Future of Irregular War*, Rand Corporation, March 27, 2012, p. 3.

② "Commemorating the 10th anniversary of 9/11", Sept. 9, 2011. 〈http://mobile.europol.europa.eu/content/news/commemorating-10th-anniversary-911-1063〉, accessed on Sept. 12, 2011.

③ Tom Ridge, Testimony Before the Homeland And Security Committee, Sept. 8, 2011. 〈http://homeland.house.gov/sites/homeland.house.gov/files/Testimony%20Ridge.pdf〉, accessed on Dec. 12, 2011.

到23万人，年度预算达到500亿美元，且共设立了263个组织或进行重整。[①] 国务院方面，依据2009年7月之《外交与发展四年评估》(Quadrennial Diplomacy and Development Review，QDDR)报告，成立30年以上的反恐协调办公室（Office of the Coordinator for Counterterrorism，S/CT)，将转换成全方位之反恐局（Bureau of Counterterrorism)，且持续领导国务院的反恐战略与行动，及塑造、履行相关之政策与计划，并在双边、区域与多边关系的更广视野中，与其他部门共同促进反恐与国土安全之管理。[②]

2011年9月13日，美国国土安全部长纳波里塔诺（Janet Napolitano）在参院“国土安全与政府事务委员会”作证时指出，依据“9·11委员会”的建议，该部已改善之工作包括：扩大信息分享、发展与履行基于风险的运输安全战略、强化全球供应链安全、强化航前旅客信息查核与锁定恐怖分子履行、强化爆炸物之查核、强化侦测与回报生物放射与核子威胁、保护网络与关键基础设施、增进边境安全与鉴定文件等。但也不讳言仍存之挑战，包括许多州仍无法执行国会授权之“真实身份证”（REAL ID）要求、安全查核仍有漏洞、网络安全不足、第一线响应者之相互操作性不足、仍缺符合成本效益的生物辨识出境解决方案。此外，尚有预算被删减、国会监督欠缺等问题，[③] 均须持续改善，但此等问题亦非国土安全部单方面所能完成，而必须国会更多支持。

国土安全部长之检讨，概符合之前“9·11委员会”成员李·

① Lee Hamilton，Testimony of “The Attacks of September 11th：Where We Are Today”，Sept. 8，2011. 〈http：//www. bipartisanpolicy. org/sites/default/files/Hamilton%20Testimony. pdf〉，accessed on Sept. 12，2011.

② Daniel Benjamin，“The State Department's Counterterrorism Office：Budget，Reorganization，Policies”.

③ Janet Napolitano，Testimony Before the Committee on Homeland Security and Government Affairs，Sept. 13，2011. 〈http：//www. dhs. gov/ynews/testimony/20110913 – napolitano-ten-years-after – 911. shtm〉，accessed on Sept. 13，2011.

汉密尔顿（Lee Hamilton）在9月8日之众院国土安全委员会作证时论点。他指出，当前恐怖主义威胁已与2011年不同，更须关心美国人投靠“基地”组织的全球网络，例如安瓦尔·奥拉基（Anwar al-Awlaki）；且经由网络论坛而被伊斯兰教极端主义分子招募，并在美国本土展开杀戮，例如尼达尔·哈桑（Nidal Hasan）。因此，面对未来必须更警惕变化中的环境，必须定期重新评估优先事项及支出，以决定什么是最需要推动之工作。而依据该委员会在2004年7月所提出之41项改进国家安全的建议，经过20个月的调查，检讨仍有9项未完全达成要求，而必须持续改进，其内容如表一。[①]

表一　“9·11委员会”检讨仍存在须持续改进之反恐工作

建议事项	未达成要求
统一的努力	1. 仍未能充分准备以应对如“9·11”事件与卡特里娜飓风（Katrina）般规模与复杂性之攻击与灾难。 2. 大都会地区多部门合作以因应灾难，但仍未解决谁是主要负责人之重要问题。
无线电的相互操作性	仍无法达到重新配置10兆赫的无线电频谱（D-block）至全国性相互操作网络，而必须通过立法加以解决；且政府间之相互操作鸿沟也必须解决。
国会改革	国会委员会仍未改革监督国土安全与情报事务之重叠的现象，致国土安全部长迄今仍受到100个委员会与次级委员会监督，仅从2009年至2010年间，该部就被要求举行3900次简报且作证达285次。
公民自由权与行政权	由于行政部门已扩大信息搜集与监视之授权，为了避免滥权，因此“隐私与公民自由监督理事会”（Privacy and Civil Liberties Oversight Board）虽已成立，但5位委员中，总统只任命了2位且国会尚未批准。
国家情报总监	迄今仍未看到期盼中之情报圈整合，且在预算与人员配置上之授权仍有模糊空间。
生物辨识人出境系统	目前入境已基本达到查核要求，但出境系统仍有不足，因此既使签证过期，也不知道还有哪些人仍滞留在美国。
身份证明之标准化	2013年之前，联邦政府应设定清楚之出生与来源之如驾照一样之身份证明，但国土安全部表明会延迟。

① Lee Hamilton, op. cit.

续表

建议事项	未达成要求
运输安全	1. 炸弹侦测技术仍不可靠，且自动找出隐藏武器与炸弹之能力亦落后。 2. 第二代全人体扫描仪仍无法有效找出藏在人体内之炸弹，且有关隐私与健康等问题仍未解决。
恐怖分子拘禁之标准	虽然奥巴马总统已宣示要关闭关塔那摩监狱与禁止酷刑，但如何解决法治与被指控为恐怖分子且无限期拘禁间之调和问题，迄无有效方案。

资料来源：引用 Lee Hamilton 于 9 月 8 日在众院国土安全委员会听证会之证词内容。

三、更新之反恐战略与相关努力

因应威胁之安全作为，不可能有所谓“适用于一切”的单一方法，而是根据不同之威胁而有不同之因应作为。同时，因为安全环境之快速变化，因此经常是某一政策执行了一段时间后就必须被迫加以调整，才能达成有效反制实时威胁的需求。此等处于动态演化中之因应作为，从美国国内而言，包括更新之战略思考、政府相关部门之努力、打击本土成长恐怖主义等；从国外言，则涉及了相应巧实力之作为、对于地区国家之具体援助、及国际共同承担之全球反恐论坛之推动等。

（一）因应威胁变化而更新之全面反恐途径

战略层次上，美国国务院持续检讨并更新其全面反恐途径，基本上系由三个支柱所构成，即减低招募与反制暴力极端主义、反恐能力建立及多边交往。[①]

① Daniel Benjamin, “The State Department’s Counterterrorism Office: Budget, Reorganization, Policies”.

1. 减低招募与反制暴力极端主义

反制暴力极端主义（Countering Violent Extremism，CVE）之努力，是聚焦于三条阵线来减少恐怖分子的招募，即经由暴力极端主义言词之非法化，以减少招募之“拉力”（pull）；发展年轻人易受激进化影响之取代方案，以消除产生怨恨或不满足期望效果之“推力”（push）；建立伙伴能力以执行前述行动。因此，在公共外交与公共事务局（Bureau of Public Diplomacy and Public Affairs）之下成立战略反恐沟通中心（Center for Strategic Counterterrorism Communication，CSCC），藉由跨部门合作应对“基地”组织宣传，反制其媒体与网络游说与招募。

2. 反恐能力建立

由于弱化国家常成为滋育恐怖主义与不稳定成长之温床，因此当这些国家认知其存在之能力不足，就必须协助他们建立能力，其中包括有效的执法能力、公正的司法与法治及善治。而此等跨部门工作，涉及司法部、联邦调查局、财政部、国际开发总署（USAID）及国土安全部。此外，亦积极推动反恐援助（Antiterrorism Assistance，ATA）计划，藉由提供反恐训练与设备给伙伴国家之执法部门。

3. 多边交往

美国反恐政策的核心，是建立新的伙伴关系并强化现存的伙伴关系。因为美国无法独立处理此等威胁，而联合国与其他多边组织拥有反恐所需要之资源与专家而必须合作。因此，在美国挹入经费支持与指导下，联合国与区域组织已经更聚焦于锁定重要议题与国家之实践计划。且依于美国《行政命令 13224 号》（E. O. 13224）已不断更新指定“国外恐怖主义组织”（Foreign Terrorist Organizations）及提出“特别指定”（Specially Designated）之个人与实体。并与联合国安理会合作，将相关之此等美国对于恐怖主义组织之指定，能够不断加入到“1267 委员会”（1267 Committee）之“综合名单”

（Consolidated List）中；指定出支持恐怖主义国家及合作反制恐怖分子筹资活动。且与国土安全部合作，新成立的“反恐局”将作为反恐与国土安全之连结平台（nexus），领导国土安全政策之跨领域问题的协调。

而有关各支柱所推动之详细工作，如表二：

表二　美国国务院更新之反恐战略三支柱之具体工作内容简示表

三个支柱	持续推动之工作与原则
减低招募	1. 相关工作涵盖针对有风险年轻人之取代方案、鼓励利用媒体来倡导地方倡议、强化社群之复原能力，才能有效对付极端主义。 2. 反制暴力极端主义必须聚焦于地方的需求，亦即“针对特定社群之微战略客制化”（Micro-strategies customized for specific communities），要由地方知识来塑造，且立即响应社群之关切。 3. 将持续透过已在摩洛哥与印度尼西亚推动之“警务领导运动计划”（police-led sports programs），反制监狱之暴力极端主义意识形态之散播。 4. 经由“反恐大使基金”（Ambassador's Fund for Counterterrorism）向驻地大使馆提供小额奖金，从地方层面来反制暴力极端主义。
能力建立	1. 2011 与 2012 财政年度，为了将有限的资源用于最需要之处，“反恐援助计划”将聚焦于 55 个国家，例如印度尼西亚、哥伦比亚、土耳其与北非部分国家等，而较 2010 财政年度之援助有所减少。 2. 强调“种子教官”（train-the-trainer）训练，希望伙伴国家能够达到制度化与自我维持能力之目标。 3. 推动任何计划，均是基于长期之国家与区域战略之思考，并与政府其他安全部门的协助加以整合，而能更有效率、更有针对性。 4. 对也门之政治动乱，并不将反恐合作锁定现任总统沙利赫（Saleh）一人，而是采取考虑政治、文化、社会、经济与安全要素的全面性与可持续的途径。因此，战略上采取两条战线：即协助政府能够立即对付《阿拉伯半岛“基地”组织》之威胁；同时长期协助减少其政治、经济与治理上所面对之问题。提供设备与训练，使其安全部队强化反恐与边境控制能力。

续表

三个支柱	持续推动之工作与原则
能力建立	5. 在撒哈拉地区，透过将运作到2013年之扩大的《跨撒哈拉反恐伙伴关系》（Trans-Sahara Counterterrorism Partnership）之多国能力建立计划，亦选择法国与加拿大共同参与，以强化“泛撒哈拉”（pan-Sahel）国家对付“马格里布基地组织”之能力，① 并强化此等国家与美国之马格里布（Maghreb）伙伴国家间之合作。② 6. 经由“跨撒哈拉反恐伙伴关系”成功的实践，亦设立了“东非反恐区域伙伴关系”（East Africa-PREACT）计划，强化东非国家的反恐能力。 7. 投入1亿美元资金推动“全球反恐论坛”（Global Counterterrorism Forum，GCTF）。
多边交往	1. 协助联合国持续将关键国家之反恐人员聚集在一起，以分享经验及在起诉与复建恐怖分子方面找出最佳的因应实践；并向也门推动两年计划，以提供其司法、起诉与代议制所需要的反恐训练。 2.《反恐协调办公室》不断发展新的多边反恐倡议以处理：国际反恐架构之重要鸿沟；可运作之政府间平台，使不同区域之决策者与实践者可以在一个永续的基础上处理不同反恐议题。 3. 与澳洲、加拿大、中国、以色列、埃及、日本、巴基斯坦、阿尔及利亚、俄罗斯与印度等国家建立正式之双边反恐磋商。例如与巴国之“美巴战略对话”（U. S. -Pakistan Strategic Dialogue）中，又有许多工作组而能涵盖从起诉到边境安全之相关训练等。 4. 促中东伙伴对付哈马斯与真主党在加沙地带与黎巴嫩等地区造成之威胁，及防止叙利亚向真主党运送飞毛腿（SCUD）导弹；要求欧洲盟国的人民不要再向哈马斯捐款。 5. 国务院反恐局结合国土安全部持续与国际民航组织（International Civil Aviation Organization）与“万国邮政联盟”（Universal Postal Union）发展有关国际航运与邮寄之查核实践。反恐局亦更新旅客安全查核程序，并与外国政府磋商交换恐怖分子查核信息，而能强化制止能力。

资料来源：综整 The State Department's Counterterrorism Office：Budget，Reorganization，Polices 与 Al-Qaida After Bin laden 两份政策报告之内容。

① 包含了毛里塔尼亚、马里、乍得、尼日尔、尼日利亚、塞内加尔、布基那法索等国。

② 这些国家包括了摩洛哥、阿尔及利亚与突尼斯。

（二）提供合乎地区国家需求之反恐国际援助

提供外国所需要的训练与设备以增强其反恐能力之援助，是美国整体反恐政策的重要一部分。若以文职部门之援助言，[①] 在2010年财政年度，透过国务院、国土安全部、司法部、财政部与联邦存款保险公司（Federal Deposit Insurance Corporation）等部门之对外援助，大概可以区分为七个范畴：即反恐援助（Antiterrorism Assistance，ATA）计划、反恐交往（Counterterrorism Engagement，CTE）基金、[②] 边境安全、反暴力极端主义、反恐金融训练、减少武器威胁及司法与法治等，并且已经完成了23项能力评估与计划检讨之实地访问。[③] 此等援助之具体内容，如表三：

表三　　美国文职部门之援助外国反恐作为

援助类型	内容
反恐计划	1. 投入了美金2.15亿美元用于《防扩散、反恐、排雷与相关计划》（Nonproliferation，Anti-terrorism，Demining，and Related programs，NADR），共计召开了340次课程、工作会谈与技术咨商，并训练了来自64个国家的6823名人员。 2. 聚焦于网络安全之训练。 3. 相关议题还包括：危机管理与响应、鉴定伪造之旅行文件、要人保护、炸弹检测与处置、航空安全、边境控制、回应涉及大规模毁灭性武器之意外事件、打击恐怖分子筹资活动、制止恐怖主义组织、人质谈判与救援。

① 美国防部另有其依情势发展而编列的不同援助计划与活动类型，例如2010年会计年度经由“阿富汗安全部队基金”（Afghanistan Security Forces Funds，AFF），提供12万美元执行反恐金融训练之“阿富汗执法管理人员发展研讨会”（Afghan Law Enforcement Executive Development Seminar，Afghan LEEDS）。

② 此基金主要是聚焦于外国政府与市民社会之反恐政治意愿，及支持多边组织促进更有效政策与计划。

③ Department of State，Annual Report on Assistance Related to International Terrorism：Fiscal Year 2010，April 19，2011. 〈http：//www.state.gov/s/ct/rls/other/rpt/161418.htm〉，accessed on Sept. 12，2011.

续表

援助类型	内容
反恐交往	1. 聚焦于拉美、也门、撒哈拉与东南亚等地区之国家。 2. 投入了300万美元，经由联合国与其他多边与区域组织，执行有关《防扩散、反恐、排雷与相关计划》之训练与工作会谈，包括将恐怖分子绳之于法、保护旅行文件、破坏恐怖分子筹资活动、对付暴力极端主义、改善重要能源关键基本设施结构之保护、与网络安全。 3. 另300万美元用于支持“区域战略倡议”（Regional Strategic Initiative），用于建立一个协调各国之网络组织以阻止恐怖分子的安全天堂。
边境安全	1. 投入5450万美元于“恐怖分子制止计划/个人身份鉴定比较与评估系统”（Terrorist Interdiction Program/Personal Identification Secure Comparison and Evaluation System，TIP/PISCES），以维持、更新与扩展于17个国家之155个检查站。 2. 经由计算机化之“观察名单系统”（a computerized watch-listing system）与训练，使得援助国家可以锁定可疑的恐怖分子。
反暴力极端主义	1. 经由“反恐大使基金”（Ambassador's Fund for Counterterrorism）透过软实力工具与反恐援助，协助从地方对付极端主义意识形态与预防激进化。 2. 投入250万美元于执法计划之奖金，基金资助项目及于阿根廷、孟加拉、波斯尼亚、柬埔寨、肯尼亚、马来西亚与也门等国。
反恐金融训练	1. 经由国务院、国土安全部、司法部、财政部、联邦存款保险公司、联邦调查局与国税局（Internal Revenue Service，IRS）之跨部门合作。 2. 国务院“反恐协调员办公室”（Office of the Coordinator for Counterterrorism，S/CT）之“反恐金融组”（Counterterrorism Finance Unit，CTF）投入210万美元于反洗钱与反恐筹资活动（anti-money laundering and counterterrorism finance，AML/CTF）训练与技术援助计划。 3. 欲建立全面性与有效率的法律架构与管理机制、建立主动与有能力之金融调查机构（financial investigative units，FIUs）、强化执法单位之调查技巧、增强起诉与司法发展、维持指定训练与技术协助计划以建立反洗钱与反恐筹资活动之能力。 4. 伙伴国家包括了阿富汗、阿尔及利亚、孟加拉国、波斯尼亚与黑塞哥维那、科特迪瓦（Cote d-Ivoire）、埃及、加纳、印度尼西亚、伊拉克、约旦、马里、摩洛哥、尼日利亚、巴基斯坦、南非、菲律宾、土耳其与也门等。 5. 由联邦存款保险公司领导金融管理训练，同时财政部的“金融犯罪执法网”（Financial Crimes Enforcement Network，FinCEN）与外国的金融调查机构交流分析信息；国土安全部的“移民暨海关执法局”提供各种全球训练，包括制止大宗现金走私、制止行动现金走私；司法部的“资产没收与洗钱处”（Asset Forfeiture and Money Laundering

续表

援助类型	内容
反恐金融训练	Section，AMLS）提供草拟法律与规范之专家，国税局的“犯罪调查办公室”（Criminal Investigations，IRS/CI）聚焦于发展鉴识账户技术。 6. 反恐金融与洗钱课程方面，联邦调查局持续扩大其全球反恐金融、洗钱、金融欺诈与复杂金融犯罪之训练，目前已有83个国家、1152名外国人参与其30项相关课程之训练。国务院提供66万5615美元之“国际反毒控制与执法”（International Narcotics Control and Law Enforcement，INCLE）基金，提供在泰国、匈牙利、博茨瓦纳（Botswana)、萨尔瓦多之“国际执法学院”（International Law Enforcement Academies，ILEA）与墨西哥之“执法执行发展研讨会”（Mexican Law Enforcement Executive Development Seminar，Mexican LEEDS）的相关训练。国务院亦提供51万1363美元之“防扩散、反恐、排雷与相关计划”基金与国税局执行“基本与高级恐怖分子筹资与洗钱”（Basic and Advanced Terrorist Financing and Money Laundering，TF/ML）之相关训练。联邦调查局也在其学院举办“拉美执法管理人员发展研讨会”（Latin American Law Enforcement Executive Development Seminar，LALEEDS）与“阿拉伯语言执法管理人员发展研讨会”（Arabic Language Law Enforcement Executive Development Seminar，ALLEEDS）。
减少武器威胁	1. 在人员可携式空防系统威胁减少方面，国务院“政治军事事务局”之“武器解除与消减办公室”（Office of Weapons Removal and Abatement，PM/WRA）以摧毁人员可携式空防系统作为其摧毁传统武器整体途径的一部分，以避免恐怖分子、暴动分子与其他非国家行为者获得。 2. 从2003年财政年度执行以来，已摧毁了来自30个国家之超过32000枚的人员可携式空防系统之飞弹；而2010年财政年度又投入了330万美元之预算，协助六个国家摧毁此等武器。 3. 在预防核、生物、化学、放射武器方面，为了支持《全球对付核恐怖主义倡议》（Global Initiative to Combat Nuclear Terrorism，GICNT)，已投入了200万美元用于改善国际在预防、准备与响应核、生化与放射之恐怖主义攻击。 4. 在此计划预算下，联邦调查局支助五种训练课程，其范围及于吓阻、侦测、预防与响应等目标。并在斯洛文尼亚、匈牙利、拉脱维亚、格鲁吉亚与保加利亚，实施了有关放射侦测与调查技术课程。 5. 投入700万美元于“全球威胁减少”（Global Threat Reduction，GTR）计划，这是全面性的生物、化学与核专家支持计划，以预防恐怖分子与扩散国家在前沿国家，例如巴基斯坦、伊拉克与阿富汗及跨区域之南亚、东南亚、中东与非洲取得大规模毁灭性武器。且同时要求强化相关国家能力，而能预防与响应核走私与核恐怖主义（nuclear terrorism)。

续表

援助类型	内容
司法与法治	1. 司法部之“海外起诉发展、援助与训练办公室”（Office of Overseas Prosecutorial Development, Assistance, and Training, OPDAT）之“反恐组”（Counter Terrorism Unit, CTU）支持成立有效的反恐与执法之刑事司法部门。 2. 已投入了450万美元在孟加拉国、印度尼西亚、肯尼亚、巴基斯坦、巴拉圭、土耳其与阿拉伯联合酋长国，设置了“NADR 基金之驻地法律顾问”（NADR-funded Resident Legal Advisors, RLAs），以增加这些国家有效调查与起诉与恐怖分子筹资有关之金融犯罪的能力。 3. “反恐组”之协助努力包括：增加打击洗钱与恐怖主义筹资活动之能力，已向肯尼亚、孟加拉国、巴基斯坦、土耳其、阿拉伯联合酋长国、马来西亚与约旦提供了相关之训练与技术协助；建立起诉恐怖主义犯罪之能力，已对土耳其与印度尼西亚提供此等训练与协助；协助非扩散与出口执法之训练，例如已向马来西亚、台湾与新加坡提供出口控制与相关边境安全之训练与协助。 4. 司法部之“国际犯罪调查训练协助计划”（International Criminal Investigative Training Assistance Program, ICITAP）已与外国合作，发展专业与透明之执法机构，而能保护人权、对抗贪腐与减少跨国犯罪与恐怖主义的威胁。 5. “国际犯罪调查训练协助计划”已在19个国家设有联络官、支助经费及于38个国家、执行1087次训练活动、全球已有3万名完成训练的参与者，且执行了156个外国之援助活动。 6. 投入了220万美元之经费用于全职之联邦资深执法顾问，及在阿尔及利亚之鉴识顾问。此三年之倡议，用以协助阿尔及利亚与其他执法组织用于对抗“伊斯兰马格里布基地组织”（al-Qa'ida in the Islamic Maghreb）。且另投入240万美元用于全职之资深执法顾问，以发展毛里塔尼亚之跨国犯罪与恐怖主义之调查能力。

资料来源：参考 Annual Report on Assistance Related to International Terrorism: Fiscal Year 2010 之政策报告，并重新整理。

（三）提出新的全国反恐战略

2011 年 6 月，美国政府重新公布了作为反恐指导之《国家反恐战略》（National Strategy for Counterterrorism）报告，指出美国仍然面对来自“基地”组织、其分支（affiliates）与追随者（adherents）威胁。[①] 而比较此份报告与以往报告之不同之处有六个部分。第一，鉴定出反恐优先之特定区域；第二，强调必须对付“基地”组织之暴力意识形态及其共鸣；第三，较以往更关注美国国内之威胁；第四，支持国内社群以因应“基地”组织引起之激进化发展；第五、承诺遵守人权与法治之核心价值；第六，必须扩大与深化与全球的国家与机构之伙伴关系。[②]

此一战略报告之具体内容，详见如表四：

表四　　美国政府公布最新《国家反恐战略》之重要内容

项目	内容
指导原则	1. 固守美国的价值：尊重人权；鼓励顺应民众需要的治理；尊重隐私权、公民自由、公民权利；平衡安全与透明化；坚持法治，维持反恐行动之一种有效、永续之合法架构，而能将恐怖分子绳之于法。 2. 建立安全伙伴关系：接受各式各样不同程度之伙伴关系；充分运用多边机构。 3. 采用适当的反恐工具与能力：追寻一种“全政府”（Whole-of-Government）之努力；平衡近期与短期之反恐思考；建立一种文化复原力（Culture of Resilience），可以反制“基地”组织所引起的激进化、招募与暴力的动员。
反恐目标	1. 保护美国人民、国土与美国利益。 2. 破坏、降低、解构与击溃“基地”组织、其分支与追随者。 3. 预防恐怖分子发展、获得与使用大规模毁灭性武器。 4. 消除恐怖分子避难天堂。 5. 建立永续的反恐伙伴关系与能力。 6. 降低“基地”组织与其分支与追随者的联系。

① “分支”指的是与盖达组织结盟的团体；“追随者”指的是个人之与盖达组织有协作关系、代“表基”地组织行动、被基地组织激起而采取行动而促进“基地”组织目标，包括采取暴力行动。The White House, National Strategy for Counterterrorism, June 2011. http://www.whitehouse.gov/sites/default/files/counterterrorism_strategy.pdf〉, accessed on Nov. 5, 2011.

② Daniel Benjamin, “National Strategy for Counterterrorism”, July 20, 2011. 〈http://www.state.gov/s/ct/rls/rm/2011/169022.htm〉, accessed on Nov. 5, 2011.

续表

项目	内容
反恐目标	7. 反制“基地”组织的意识形态与其共鸣，且消除被“基地”组织利用之特定暴力趋势。 8. 剥夺启动恐怖分子行动之手段，例如筹资之捐献与随意绑架等。
关注地区	1. 美国国土：欲侦测、破坏与击溃对国土之恐怖攻击阴谋，必须具备之能力包括：边境保护与安全、航空安全与查核、航天控制、海事/港口安全、货柜安全、网络安全、保护核、放射、生物与化学材料与其侦测非法使用之能力、生物识别技术、关键基础设施结构保护、部队保护、全灾害准备、社群交往、执法组织之信息分享等。 2. 南亚：“基地”组织（AQ）与其分支与追随者。 3. 阿拉伯半岛：“基地”组织与阿拉伯半岛“基地”组织（AQAP）。 4. 东非：东非的“基地”组织与青年党（Al-Shabaab）。 5. 欧洲：“基地”组织、其分支与追随者。 6. 伊拉克：伊拉克“基地”组织（AQI）。 7. 马格里布与撒哈拉：“基地”组织伊斯兰马格里布分支（AQIM） 8. 东南亚：“基地”组织、其分支与追随者。 9. 中亚：“基地”组织、其分支与追随者。 10. 信息与理念：“基地”组织之意识形态、讯息与共鸣。
其它关切	1. 其他有严重威胁之恐怖主义组织，包括哈马斯、真主党与哥伦比亚革命武装力量（Revolutionary Armed Forces of Colombia，FARC）。 2. 伊朗与叙利亚持续支持恐怖主义，而破坏区域之稳定。

资料来源：引用 National Strategy for Counterterrorism 报告之内容。

（四）反制地方激进化与打击暴力极端主义意识形态

2011 年 8 月，奥巴马总统签署了《赋予地方伙伴预防美国暴力极端主义权力之国家战略》（National Strategy for Empowering Local Partners to Prevent Violent Extremism in the United States），描绘出基于小区途径（community-based approach）及联邦政府在赋予地方共享利益者权力之角色，以建立对抗暴力极端主义之复原能力（resilience)。[①] 同年12月，美政府又进一步公布了《赋予地方伙伴预防美国暴力极端主义权力之战略履行计划》(Strategic Implementation Plan for the national Strategy on Empowering Local Partners to Prevent Violent Extremism in the United States)，亦称之为《国内反制暴力极端主义战略》(Domestic CVE Strategy)。

这是美国政府第一份处理由意识形态激起而走向暴力情势之政府报告，并聚焦于学校、小区理事会与领导者。显示目前美国基于国内外恐怖主义情势之发展，认知战略层面上必须阻绝恐怖主义发展之根本。因此，强调为了达到预防暴力极端主义及其支持者之激情、激进化、筹资或招募个人而进行暴力攻击，联邦政府必须聚焦于三份核心工作：第一、强化与可能被暴力极端主义锁定之地方社群交往，并随时提供必要的支持；第二、建立预防暴力极端主义之政府与执法专家，而能强化打击作为；第三、反制暴力极端主义宣传同时促进美国的理念。[②]

综合两份反激进化报告之内容及必须采取之行动，见表五：

表五　　预防地方暴力极端主义之战略履行计划内容

项次	内容
指导原则	1. 持续强化对暴力极端主义造成威胁的了解，及个人或团体欲寻求激进化之方式，当需要时要调整现有的途径。 2. 运用一切力量保护人民不受暴力极端主义影响，同时保护每一个人之权利与自由。 3. 建立与社群之伙伴关系，并提供基于互信、尊重与了解之支持。 4. 使用广范之善治计划，包括促进移民整合、联姻、保护人民权利与提供社会服务，而能协助预防导致暴力之激进化。

① The White House, National Strategy for Empowering Local Partners to Prevent Violent Extremism in the United States, Aug. 2011. 〈http://www.whitehouse.gov/sites/default/files/empowering_ local_ partners.pdf〉, accessed on Sept. 8, 2011.

② Executive Office of the President, Strategic Implementation Plan for the national Strategy on Empowering Local Partners to Prevent Violent Extremism in the United States.

续表

项次	内容
指导原则	5. 支持地方之能力与计划，以处理全国所关切之问题。 6. 政府官员与民众不应该因为一小撮个人的行为，而谴责与污辱某个社群。 7. 坚定的宗教信仰永远不应该与暴力极端主义相混淆。 8. 虽然不能容忍任何的非法行动，但反对政府政策既不是非法的也不是不爱国的，同时也不会使某个人成为暴力极端主义分子。
跨部门与支持行动	1. “全政府”之协调，除了传统的国家安全与执法部门，例如国土安全部、司法部、联邦调查局等，亦要使用广范之善治计划。 2. 运用现存的公共安全、暴力预防与复原计划。 3. 协调国内与国际之共同努力。 4. 处理科技与虚拟空间，例如运用网络、社交网及其他科技工具等造成的问题。
领导与伙伴之角色与责任	1. 领导层面 （1）促进伙伴间之沟通，以确保各方能够了解如何完成行动。 （2）与指定之伙伴协调，而找出所需要的行动与资源，以有效执行行动。 （3）找出阻碍进步之议题。 （4）经由领导与其他次目标伙伴，通知所有部门与单位目前之进展，包括对于履行计划之障碍、修改与取代方案等。 2. 伙伴层面 （1）完成在其部门或单位权限下之行动，系以一种对于行动之有效执行之态度完成。 （2）提供行动之现状报告与进展评估。 （3）找出部门或单位行动中，阻碍进展所需要的资源。
目标、次目标	1. 强化与可能被暴力极端主义锁定之地方社群的交往并加以支持 （1）使联邦政府更深入、扩大与经常性地就社群所关切的广泛议题与社群进行交往，包括人民权利、反恐安全措施国际事件与外交政策议题等。 （2）促进小区导向伙伴关系与预防性计划，以防范暴力极端主义激进化之复原，其方法包括扩大小区导向解决方案；运用现存之小区导向问题解决模式与公共安全、强化联邦政府与地方政府和执法之协调，以改善小区交往及建立更强的伙伴关系；提供小区信息与训练、使用资源与奖励、且与慈善机构与私营部门连接。 2. 建立预防暴力极端主义之政府与执法专家 （1）增加研究与分析，扩展与外国政府、学院与非政府组织之伙伴关系，以改善对于暴力极端主义之了解。 （2）增加联邦政府与州、地方与乡镇政府及执法部门之间有关恐怖分子招募与激进化之信息分享。

续表

项次	内容
目标、次目标	（3）植基于最近的研究，发展与使用严格之课程标准化训练，传递有关暴力极端主义的信息；改善文化能力；传授有效小区交往与伙伴关系之最佳实践与经验。 3. 反制暴力极端主义宣传同时促进美国的理念 （1）增加小区的能力，以直接挑战暴力极端主义分子的意识形态与叙事。 （2）就有关由暴力极端主义团体施加威胁、暴力极端主义激进化之迷思与误解及如何反制这些威胁，改善与增加和民众之沟通。 （3）建立运用新科技及处理网络上暴力极端主义激进化之战略。
因应上述目标，而在未来必须采取之行动	
深入、扩大与经常性地与社群就关切议题进行交往	1. 主要聚焦于：扩大交往的范围；建立小区、地方执法、地方政府官员与市民社会之新的伙伴关系；将被暴力极端主义激进化锁定之小区，纳入与其他小区结合之更广的非安全议题之论坛；增加反制暴力极端主义之交往。 2. 司法部将结合更多的检察官办公室作为此领域交往之领导，建立检察官导向之努力。 3. “全国项目组”（National Task Force）将分发有关小区与地方政府官员、执法部门、检察官办公室及融合中心（fusion centers）之最佳实践之定期报告；① 与部门与单位一起工作，以增加对于检察官导向（Attorney-led engagement）交往之努力；与联邦部门紧密协调来与被暴力极端主义激进化锁定之小区努力交往。 4. 联邦与地方伙伴、“全国项目组”及检察官办公室相互蹉商，以促进将被暴力极端主义激进化锁定之小区更广地融入其他小区之交往论坛与计划。 5. 检察官与地方政府官员、执法部门、小区与市民社会紧密协调，以增进外展活动与倡议。 6. 2010 财政年度，国土安全部之“市民权利与市民自由办公室”（Office for Civil Rights and Civil Liberties，CRCL）将扩大其季度小区交往圆桌会议到 16 次，亦将履行校园青年社群交往计划并讨论暴力极端主义之议题。 7. 根据地方情势，且在适当情况下与联邦调查局与其它单位蹉商，检察官将协调及扩大可能被暴力极端主义激进化锁定小区之交往。 8. 将会在联邦调查局成立“反制暴力极端主义协调办公室”（CVE Coordination Office），且该办公室将与“全国项目组”协调有关反制暴力极端主义教育与警觉模式。且透过联邦调查局现存之计划与倡议，发展与履行这些模式。

① “全国项目组”于 2010 年 11 月成立，接受来自国土安全部与司法部之领导，以协调小区之全国层次的交往。

续表

项次	内容
深入、扩大与经常性地与社群就关切议题进行交往	9. 国土安全部将监视在线网站（online portal），以支持与被暴力极端主义激进化锁定小区之交往，分享相关的信息与建立小区利益。政府官员与执法人员可以进入这些涉及国内与国际反制暴力极端主义网站，与小区努力交往以分享最佳实践。 10. 司法部将印制大量有关市民权利保护及预防歧视与响应步骤之小册子与其他材料，且翻译成阿拉伯语、乌尔都语、索马里语、波斯语、印度语并将其分发给各个小区。 11. 司法部与国土安全部合作，以扩大“建立信任小区”（Building Communities of Trust，BCOT）倡议之努力，聚焦于发展地方执法部门、融合中心与小区之关系，且作为教育平台：“全国可疑行动报告倡议”（Nationwide Suspicious Activity Reporting Initiative，NSI）；市民权利与自由如何被保护；如何报告意外事件以协助小区安全的维护。
促进小区导向伙伴关系与预防性计划	1. 联邦政府将协助促成小区、地方政府与执法部门之伙伴关系，以反制暴力极端主义，且协助聚焦于地方途径之制度化。 2. 国土安全部将与司法部一起强化支持地方小区导向计划与倡议，以反制暴力极端主义，并将反制暴力极端主义并入现存公共安全、暴力预防与小区复原奖励相关拨款之必要工作。 3. 国土安全部将在2012财政年度增加预算，将反制暴力极端主义并入现存小区导向警务之努力。 4. 国土安全部将设立“国土安全顾问理事会信仰基础小区信息分享团”（HSAC Faith-Based Community Information Sharing Working Group），以决定国土安全部如何能够与信仰小区更佳地分享信息；支持以信仰为基础之小区信息分享网络之发展。 5. 国土安全部要发展因应一般大众与执法部门所需之国土安全网页，包括训练指导、工作报告与反制暴力极端主义信息等资源。 6. 财政部将把关于恐怖主义筹资议题之信息扩展到各小区。 7. 根据地方情势且与联邦调查局蹉商，且适当时与检察官协调，在地方层面要扩大反制暴力极端主义之连接与伙伴关系，且必要时“全国项目组”要加以支持。 8. 向公司宣讲有关暴力极端主义威胁，使部门与单位扩大与企业社群之交往，且透过将此交往连接到小区市民行动者，而聚焦于发展反制暴力极端主义计划与倡议。

续表

项次	内容
改善对于暴力极端主义之了解	1. 扩大五个优先领域之分析：激进化走向暴力之网络角色，虚拟空间如何运用以反制暴力极端主义；孤狼，包括来自校园杀手（school shooters）类似现象之教训学习；脱离恐怖主义与暴力极端主义；与基地组织无关之走向暴力之激进化，且预期未来之暴力极端主义威胁；已知暴力极端主义案例研究之分析与行动前指标。 2. 国土安全部科技办公室（DHS S&T）持续支持反制暴力极端主义之研究。 3. 国土安全部与联邦调查局、监狱局（Bureau of Prisons，BOP）、全国反恐中心（NCTC）持续合作，以：改善矫治系统对于暴力极端主义风险之警觉；强化对新犯人的查核，以侦测与暴力极端主义组织有关之个人；在矫治环境内改善招募的侦测；适当时，增加与联邦、州、地方执法部门就将被释放之犯人可能接受暴力极端主义信仰等信息进行分享。 4. 完成联邦调查局"反制暴力极端主义协调办公室"之设立，以协助评估与运用现存的努力，以更佳地了解与反制暴力极端主义。 5. 建构研究路线，以支持非安全性之联邦伙伴。
增加联邦、地方与执法部门之信息分享	1. 发展聚焦于支持地方政府与执法反制暴力极端主义实践者之分析团队，且在适当的机密程度上增加分析产品的生产。 2. 发展友善考虑实践者需求之当前与孤狼（single-actor terrorism）及脱离（disengagement）暴力极端主义者之行为与动机有关之研究与文献检讨之摘要。 3. 检讨信息分享议定书（protocols），以找出增加分发给州、地方与乡镇有关产品之方法。 4. 增加与州和地方执法部门及政府之有关暴力极端主义之简报与信息分享。
发展与使用严格课程之标准化训练	1."跨部门训练工作组"（Interagency Working Group on Training）在未来数年要处理两个关键性挑战：① （1）许多部门与单位缺乏有关反制暴力极端主义训练教材与外来专家之检讨过程，因而仅有极少数的训练案例，而违反了《赋予地方伙伴权力全国战略》之内部原则与核心信条。 （2）缺乏有关反制暴力极端主义训练之标准与指导纲领，使得驻区人员处于不佳训练的弱势。若没有标准，就很难有问责的执行。

① 此工作组系2010年11月由国土安全部等单位组成，用于检讨"全政府"之反制暴力极端主义训练之类型与改善。

续表

项次	内容
	2. 为了要解决前述两项挑战，因此未来优先处理的工作有下列三项（训练的质的问题）： （1）部门与单位要采取步骤找出可能无法符合内部标准之训练教材，且要改善创造与检讨此等教材之过程。部门要咨询已有良好信誉之外部专家，以评估内容与训练检讨过程。跨及组织与驻区之有关反制暴力极端主义相关训练之指导纲要已被发展且将会公布。部门可以以此作为更广训练指导纲要的一部分。 （2）经由“联邦执法训练中心”（Federal Law Enforcement Training Center, FLETC），国土安全部要发展反制暴力极端主义课程，并要整合到现存之联邦执法训练计划之中。此课程必须给予联邦执法官员对于反制暴力极端主义之更佳了解与如何有效的运用现存的地方伙伴关系。 （3）国土安全部要建立内部委员会以检讨直接运用的经费，且公布文化能力、交往、反制暴力极端主义与反恐之国土安全部训练议题。此委员会将负责检讨任何新的内容、评估专家与建立质量控管。“联邦紧急事务管理总署”（FEMA）应将已公布的“信息布告栏”与训练指导纲要并入2012财政年度之奖励指导纲要。
发展与使用严格课程之标准化训练	3. 训练的量亦要提升： （1）国土安全部要与“洛杉矶警察局”（Los Angeles Police Department）及“高级警务全国联盟”（National Consortium for Advanced Policing）结成伙伴关系，以发展反制暴力极端主义课程，包括对于管理阶层与第一线官员之16小时持续教育模式，及30分钟在警察学院（police academies）之介绍模式，两者均要经过“警官标准与训练委员会”（Police Officers Standards and Training Council）之认证。且2013年之前，国土安全部必须：在地区的基础上，将反制暴力极端主义课程履行到全国；发展一个训练者与主题事务专家之全国网，而能进行符合现状的管理训练；建立在线相关课程。 （2）国土安全部要更新当前联邦训练计划，以整合反制暴力极端主义课程到联邦执法部门。 （3）国土安全部要与欧洲的执法伙伴分享最佳实践与案例研究，以改善训练、小区警务与行动信息分享。 （4）国土安全部之“市民权利与市民自由办公室”要扩展与制度化其反制暴力极端主义与文化能力训练课程，且进一步强化相关材料与效果。 （5）“跨部门训练工作组”要强化“种子教官计划”（train the trainer program）以增强反制暴力极端主义训练之达成。

续表

项次	内容
发展与使用严格课程之标准化训练	(6)"跨部门训练工作组"要强化在线训练之发展，提供更专业之广泛专业信誉，特别是公共安全、暴力预防与复原，以协助建立广泛而跨领域之利益共享者对于反制暴力极端主义之基本了解。 (7)"跨部门训练工作组"要结合非安全伙伴，例如教育部门，建立反制暴力极端主义训练模式，而能合并到现存有关公共安全、暴力预防与复原之计划中，这些模式是与特定的对象与其任务相关。 (8)适当情况下，国防部的训练计划与课程将由"跨部门训练工作组"来加以通知。此外，国防部亦要检讨反制暴力极端主义相关课程且必要时要进行修正与调整。
增加小区能力以挑战暴力极端主义之意识形态	1. 借鉴来自"小区警觉简报"(Community Awareness Briefing，CAB)之经验,① 努力提高小区对走向暴力之激进化威胁的警惕，且为不同的对象采用不同的教材。 2. 研判之前的暴力极端主义，特别是那些能够叙述反制暴力之经验者，并提供政府有关洞见以及直接挑战暴力极端主义理念之潜在促进活动。 3. 在授权与相关的合法规范下，经由重新订定优先与弹性现存经费下，提供反制暴力极端主义理念与意识形态之奖励。 4. 连结私营部门行为者、市民社会与小区，能够共同关注反制暴力极端主义理念。 5. 促进建立反制暴力极端主义理念专家之国际交流计划。 7. 增加科技训练使小区能够反制在线之暴力极端主义，包括发展训练博客主（bloggers）等。
改善与增加和民众之沟通	1. 定期向国会、智库与媒体朋友提供简报。 2. 建立直接与公众就有关议题交往之计划。 3. 建立小区复原与反制暴力极端主义之公共网站。
处理网络暴力极端主义激进化战略	1. 赋予小区复原力，必须思考下列问题之解决： 2. 如何更新网络角色之最新评估。 3. 没有明确之国家网络界限，及走向暴力之国内与国际激进化间关系之界限。 4. 相关的法律问题。 5. 部门与单位间之不同授权与能力。

资料来源：综整 National Strategy for Empowering Local Partners to Prevent Violent Extremism in the United States 与 Strategic Implementation Plan for the national Strategy on Empowering Local Partners to Prevent Violent Extremism in the United States 两份战略报告之内容，并作部分修正。

---

① 此简报是2010年由"全国反恐中心"设立，以通知大众有关盖达组织、分支与追随者在美国甄补等之努力作为。

(五) 反恐之巧实力途径

在“9·11事件”十周年之际，2011年9月9日，美国国务卿希拉里提出反恐之巧实力概念（a smart power approach），指出此途径系“基于民主价值”之美国在全球领导地位，使用所有工具进行反恐，除了符合国际法标准下之持续军事战斗外，亦包括了美国的价值，例如容忍、平等、普遍人权与法治等。[①] 此外，希拉里强调，要击溃恐怖主义之全球网络，必须弱化其意识形态，并攻击其金融、招募与安全天堂，因此需要整合所有外交政策工具，即外交、发展与防卫，及强化美国的价值与法治。而构成此等战略之要素有三：

第一、在反恐之行动层面，仍要持续逮捕与击杀恐怖分子，摧毁其网络及阴谋，同时要打破政府之官僚层级而能更快与有效地响应威胁，并要应对新的网络威胁，亦要预防恐怖分子获得大规模毁灭武器，[②] 使用武力攻击“基地”组织等恐怖主义团体，[③] 使用执法工具及将恐怖分子送交民事法庭。

第二、在外交与发展议程之结合层面，要解决冲突、减少贫穷、改善治理。因此，重视革新，例如新的生物辨识查核工具以改善边境安全与签证过程、重新活化联盟与促进新的反恐伙伴关系、美国务院设立全球穆斯林社群特定代表及“战略反恐沟通中心”（Center for Strategic Counterterrorism Communications）、[④] 从“手术刀而非大锤”、（a scalpel，not a sledgehammer）“微观策略”（micro-strategies）

---

① Background Briefing on Secretary Clinton's Speech “ A Smart Power Approach to Counterterrorism”, Sept. 9, 2011. 〈http://www.state.gov/r/pa/prs/ps/2011/09/172044.htm〉, accessed on Sept. 12, 2011.

② 例如奥巴马总统举办了第一次的“核安全高峰会”（Nuclear Security Summit），集合相关各领袖以共同防范核子可能流入恐怖主义组织的威胁。

③ 在执行此等攻击时，美政府亦强调固守美国价值与尊重法治，包括国际法之防卫性使用武力之标准、尊重其它国家主权、及武装冲突法。

④ 此中心之工作系聚焦于削弱恐怖分子宣传与劝阻潜在的甄补活动。

之地方需求角度思考，推动多项发展项目以创造新的经济机会及增加地方社群的信心、强化市民社会与私营部门之重要角色、[①] 增进相关国家之反恐能力。[②]

第三、在国际反恐合作层面，推动成立全球性之反恐论坛、深化双边与多边之反恐关系进而消除激化极端主义意识形态之反西方情绪。[③]

（六）推动成立全球反恐论坛并持续落实相关合作

基于《国家反恐战略》之强化全球多边反恐架构之承诺，需强化现存多边组织之反恐工作。因此，美政府言明推动成立“全球反恐论坛”旨在集合各国力量以塑造清晰明了并富有远见的议程，希望提出解决反恐核心问题的有效方案，亦即希望与各国能够合作，共同发展一个具体之工作计划。考虑的四个因素系：

第一，各国如何共同工作，以支持反恐之前线国家（frontline states and nations），发展其根植于法治、尊重普遍人权并能有效对付暴力极端主义之司法体系；第二、探讨国合作的最佳方法，以深化对于激进化过程与恐怖分子招募及铲除极端主义诉求之了解；第三、各国如何结成一致，以改善边境安全与其它可能被恐怖分子利用之跨国性弱点；第四、如何能够确保各国在反恐努力上，持续保持战略性思考与行动。[④]

---

① 例如已遍及于全球17个国家之“姊妹反对暴力极端主义”（Sisters Against Violent Extremism）组织，已分别在也门、印度尼西亚、印度、巴基斯坦等地，以投书或召开研讨会方式劝阻极端主义，而欲努力展现为一扩展全球之联合阵线。

② 例如美国与联合国与其他多边组织合作，已训练了全球60个国家之7000名执法与反恐官员，目前美国特别重视在印度尼西亚雅加达所成立的一个精英反恐单位，提供必要训练与装备。

③ Hillary Rodham Clinton, Smart Power Approach to Counterterrorism.

④ Ibid.

全球反恐论坛之构成与关系发展，如表六：①

表六　　全球反恐论坛之构成与关系发展

要素	内容与说明
共识原则	1. 恐怖主义不能也不应与任何宗教、国家、文化、社会或种族团体相连接。 2. 谴责所有恐怖主义行动，不能作为任何正义的理由，且持续承诺反对如此犯罪行动动机之恐怖主义。 3. 承认世界许多地区可能激起暴力极端主义与恐怖主义之持续性冲突之达成和平解决方案的重要性。 4. 承认所有的反恐措施必须充分遵守国际法，特别是联合国宪章与国际人权、难民与人道法。 5. 强调打击恐怖主义时，要遵守人权与法治，因为他们是成功反恐努力的必要部分。 6. 支持一种发展的、可行的、全面性及长期之反恐战略，聚焦于：找出并处理可能导致恐怖主义及导致恐怖主义之暴力极端主义传播的社会、经济条件；建立必要的制度与其他的国家能力，以对抗恐怖主义与导致暴力极端主义传播的条件；强化现存与建立新的公私部门伙伴关系。 7. 完全支持联合国的中心角色，并强调充分、全面与平衡地履行《联合国全球反恐战略》（UN Global Counter-Terrorism Strategy）及更广泛的联合国反恐架构之重要性。 8. 优先发展与联合国系统之紧密与深化的关系，包括确保全球反恐论坛的工作与联合国全球反恐战略一致。 9. 强化全国反恐官员对话的重要性，以促进国际合作与实现联合国全球反恐战略之履行。 10. 强调区域与次区域组织打击恐怖主义所扮演的重要角色。 11. 透过动员现存与额外资源及具有全球与区域反恐领导角色之专家，以符合逐渐增长能力建设的需求。 12. 反恐努力中要强化与市民社会与地方社群之交往，以建立个人与社群之复原力以对付暴力极端主义，同时强化信任与增进社会凝聚力。 13. 暴力极端主义不是任何地区宗教与文化所特有的，且应处理其各式的形式与表现。

① Office of the Coordinator for Counterterrorism, Global Counterterrorism Co-Chairs' Fact Sheet, Sept. 22, 2011. 〈http://www.state.gov/r/pa/prs/ps/2011/09/172010.htm〉, accessed on Sept. 23, 2011.

续表

要素	内容与说明
共识原则	14. 应继续国际性努力以强化文明间之对话，并扩大了解，努力预防对不同地区与文化的差别对待，则有助于对付可能激起两极化与暴力极端主义之力量，且会对国际打击恐怖主义有所贡献。
论坛目标	1. 与联合国、现存区域组织的反恐努力一致，且能强化与补充。 2. 长期目标系经由有效的预防、战斗与起诉恐怖分子行为，及反制恐怖主义招募与煽动，以减少全球各地人民可能被利用的弱点。 3. 主要目标系提供专用、非正式与多边反恐平台给高层决策者与来自不同地区而有共同利害关系之实践者，而能够： （1）分享经验、专家与最佳实践，及对于关键区域与专题之评估。 （2）找出与发展革新的解决方案，以处理重要的反恐鸿沟与挑战。 （3）动员与协调现存与额外的资源与专家，以建立特定需求而彼此互利的国家之全球反恐能力，同时要尊重其主权与领土完整。 （4）协调并促进能力及合作。 （5）发展关于反恐与暴力极端主义之有效的政治讯息。 （6）支持务实倡议，旨在建立政治意愿与能力以履行联合国战略及更广的联合国反恐架构，且要有一种平衡的态度，作为理念与倡议之孵化器（incubator），而能由联合国进一步发展与履行。 （7）发展并履行全面且完善的区域、次区域与全国性之反恐战略，并与联合国全球反恐战略一致。 4. 论坛将以一种弹性透明与包容的立场来进行运作。
论坛定位	1. 是一个新的、务实、以行动为导向、非正式与多边的反恐平台，聚焦于鉴定重要文职部门反恐需求，动员必要之专家与资源以处理如此需求与强化全球合作。 2. 与不同区域和不同国家分享反恐经验、专家、战略、能力需求与能力建设计划，并以法治、边境管理与反制暴力极端主义为优先工作。
参与国家	有30个发起国家和组织，例如美国、中国、日本、俄罗斯、巴基斯坦、印度、欧盟、土耳其、尼日利亚、埃及、印度尼西亚等。

续表

要素	内容与说明
论坛结构	由以下三方面所共同构成：战略层级之协调委员会（a strategic-level Coordinating Committee），刚开始的共同主席系由美国与土耳其代表担任；五个专题与区域专家主导之工作组；① 及初期几年由美国来运作的小的行政组织。
与联合国关系	联合国是此论坛的紧密伙伴，论坛还将作为进一步履行《联合国全球反恐战略》及履行与强化现存由联合国发起之多边反恐努力的机制。

（资料来源：参考 Global Counterterrorism Co-Chairs' Fact Sheet 及 Global Counterterrorism Forum Political Declaration 之说明，并综合整理）

2011 年 9 月 22 日，在论坛成立大会上，同时公布了《反恐怖主义与法治开罗宣言：刑事司法领域之有效反恐实践》（Cairo Declaration on Counterterrorism and the Rule of Law）② 及《政治宣言》（Global Counterterrorism Forum Political Declaration）③，并宣布将在阿拉伯联合酋长国建立有始以来第一个国际性之多边训练与研究中心，聚焦于反制暴力极端主义。还提出《反制暴力极端主义传播》（Countering Violent Extremism Deliverable）④ 及《刑事司法/法治传播》

① 五个工作组分别是：刑事司法与法治工作组、反制暴力极端主义工作组、撒哈拉能力建立工作组、非洲之角地区（The Horn Region）能力建立工作组、及东南亚能力建立工作组。其中“刑事司法与法治工作组”之工作，例如强化相关国家之反恐法；发展强而有力的调查与起诉工具；训练警察、检察官与法官，而在符合人权标准立场下运用法律与相关工具；发展制止激进化之正确实践等。

② Office of the Coordinator for Counterterrorism，Global Counterterrorism Forum Cairo Declaration on Counterterrorism and the Rule of Law：Effective Counterterrorism Practice in the Criminal Justice Sector，Sept. 22，2011. 〈http：//www. state. gov/s/ct/rls/other/gctf/173359. htm〉，accessed on Sept. 23，2011.

③ Office of the Coordinator for Counterterrorism，Global Counterterrorism Forum Political Declaration，Sept. 22，2011. 〈http：//www. state. gov/s/ct/rls/other/gctf/173353. htm〉，accessed on Sept. 23，2011.

④ Office of the Coordinator for Counterterrorism，Global Counterterrorism Forum Co-Chairs' Fact Sheet：Countering Violent Extremism Deliverable，Sept. 22，2011. 〈http：//www. state. gov/s/ct/rls/other/gctf/173361. htm〉，accessed on Sept. 23，2011.

（Global Counterterrorism Forum Co-Chairs' Fact Sheet：Criminal Justice/Rule of Law Deliverable）两份事实文件（Fact Sheet），将在2012年年底开始运作。①

11月3至4日，在美国首都华盛顿举行由美国与埃及代表共同担任主席之该论坛首届“刑事司法与法治工作组”会议，各会员国之高层检察官、刑事司法官员、联合国与非政府组织之专家共同参与，讨论重点包括如何因应未来反恐需求、要发展良好实践计划、电子监侦证据、卧底行动（Undercover Operations）、使用鉴识科学与其它调查工具、逮捕与拘留、司法互助与引渡、保护机密与敏感执法信息、实质性的刑事罪行（Substantive Criminal Offenses）、协助能力建设等议题，预计2012年年初在摩洛哥召开第二次会议，将签署前述重点之良好实践文件。②

四、结论

美国认知，随着恐怖主义威胁本质之改变，“基地”组织的力量虽然不如以往，却仍具有致命性。而随着伊拉克与阿富汗内部情势之转变，“基地”组织与其分支似已另在非洲与中东地区开辟战场，并伺机迂回地对美国发动攻击。且网络与科技之革新，仍持续提供这些恐怖主义组织以资源与发展可资利用之空间，致恐怖主义威胁不可能停止。而10年来受到“基地”组织所激发意识形态之影响，

① Office of the Coordinator for Counterterrorism, Global Counterterrorism Forum Co-Chairs' Fact Sheet: Countering Violent Extremism Deliverable, Sept. 22, 2011. 〈http://www.state.gov/s/ct/rls/other/gctf/173361.htm〉, accessed on Sept. 23, 2011.

② Global Counterterrorism Forum, Inaugural Meeting of the Criminal Justice/Rule or Law Working Group, Nov. 3 - 4, 2011. 〈http://www.state.gov/s/ct/rls/other/gctf/177857.htm〉, accessed on Nov. 5, 2011.

美国内部已有更多可能被吸引之不满现状者，这些人不易辨识而更具杀伤力。

美国在反恐策略与作为上，已因应安全情势的改变而有更多积极的行动。且由于恐怖主义组织与跨国组织犯罪之结合已越发明显，因此美国的反制措施已将两者结合，而将其视为日常执法工作锁定之目标。同时，美国虽然亦重视人权与隐私，但安全上之基本关切更加重要。因此，当恐怖主义威胁情势严峻时，仍应较少看到人权更多尊重之吁求，而是如何推动更有效反制之安全措施；但若情势回归正常时，则民权团体之批判不遗余力，此种循环不会中断，但大多数民众之反应却不会过于激进。而虽然经常看到美国与欧盟对于某些信息分享之争议，但因为反恐之共同需求，因此最终获得妥协是必然发展。且未来美国将以反制激进化为国内反恐最重要努力方向之一，同时争取穆斯林社群支持的工作也不会停止。

第三部分

美国地区反恐战略

奥巴马政府中东反恐政策述评

刘中民

（上海外国语大学中东研究所所长，教授、博士生导师）

在反恐问题上，奥巴马就任美国总统以来一直面临着十分严峻的挑战，并突出表现为美国既要继续推进全球反恐斗争尤其是要严惩发动9·11事件的“基地”组织，同时又要收拾布什政府反恐战争留下的伊拉克与阿富汗战争残局，改变美国因反恐战争不断受损的国际形象，尤其是改变和重塑美国与伊斯兰世界的关系，进而最大限度地减少反恐斗争对美国全球战略的掣肘。这也恰如2011年6月出台的美国《国家反恐战略》的开篇所言，奥巴马试图“将反恐斗争置于既不主导美国人民的生活，也不影响美国更广泛利益的背景之下”①。

因此，奥巴马在任内一直试图改变布什执政时期全球反恐战争（war against terror）主导美国安全与外交战略的不利局面，使反恐政策成为美国安全与外交战略的一部分，进而将更多的战略资源投入到应对经济危机，防范新兴大国崛起等重建美国领导地位的全球战略之中，但又要收到可以彰显的反恐效果。用奥巴马自己的话说，美国应进行“在道德上更容易被接受，更加集中、更加灵巧、更加

① National Strategy for Counterterrorism, June 2011, p. 1. http://www.whitehouse.gov/sites/default/files/counterterrorism_ strategy. pdf.

有效的反恐战役"[①]，进而实现"打击、瓦解直至最终战胜基地组织及其分支机构和支持者，以确保美国公民和美国利益安全"[②] 这一反恐战略目标。

四年来，奥巴马对美国的反恐政策进行了全面的调整，而如何调整针对中东的反恐政策自然构成了奥巴马反恐战略调整的重点，因为无论是如何走出布什反恐战争留下的阿富汗和伊拉克战争泥沼，还是重塑美国与伊斯兰世界的关系，都是奥巴马必须面对的棘手难题。为此，奥巴马在调整中东战略的同时，制定并实施了一系列有别于布什政府的反恐政策。但美国国内和国际舆论多认为，奥巴马除取得击毙本·拉登、削弱"基地"组织能力、美国本土安全保障能力相对增强等反恐成果外，美国所面临的反恐形势依然不容乐观；[③] 甚至有评价认为，奥巴马的反恐政策仍然是近十年来反恐战争政策的延续，尽管取得了部分成功，但美国所面临的反恐问题的挑战依然如故。[④] 在奥巴马取得总统连任之际，本文拟在宏观考察奥巴马反恐战略的基础上，从政策理念、反恐重点和反恐手段等方面分析和评估奥巴马政府中东反恐政策的调整及其效果。

一、奥巴马政府中东反恐战略的演变

在奥巴马2008年取得总统大选胜利之际，布什政府中东政策的

① "Obama's remarks on Iraq and Afghanistan", *New York Times*, 15 July 2008. http://www.nytimes.com/2008/07/15/us/politics/15text-obama.html, accessed 14 June 2011.

② National Strategy for Counterterrorism, June 2011. http://www.whitehouse.gov/sites/default/files/counterterrorism_strategy.pdf. p. 1.

③ Martin S. Indyk, Kenneth G. Lieberthal and Michael E. O'hanlon, *Bending History: Barack Obama's Foreign Policy*, Washington DC: Brookings Institution Press, 2012.

④ Trevor McCrisken, "Ten years on: Obama's War on Terrorism in Rhetoric and practice", *International Affairs*, 87: 4, 2011, p. 781.

沉重遗产即反恐优先与和平进程被边缘化的恶性互动，构成了奥巴马中东政策和反恐政策面临的严峻挑战。

首先，反恐作为布什政府中东战略的优先议题，尤其是在阿富汗反恐战争后转而对与恐怖主义并无实质联系的伊拉克发动战争，而后又深陷泥潭、无法撤足，导致了中东和平议题被严重边缘化，其简单逻辑关系是美国中东战略的反恐议题优先及其战略方向的错误排斥和弱化了和平议题。

其次，受美国国内强大的犹太院外集团的影响，以及美国视以色列为中东战略资产的战略定位的影响，偏袒以色列构成了美国难以摆脱的战略文化。其重要的消极后果是不仅导致美国的中东战略丧失了灵活性，而且刺激了反美、反以宗教极端主义和国际恐怖主义的滋生蔓延，其简单的逻辑关系亦即美国偏袒以色列的战略僵化，既刺激了恐怖主义，也限制了除以色列以外的其他中东力量与美国的反恐合作。

当时，2008 年底加沙战事的爆发和塔利班势力与“基地”组织的卷土重来，使得推进国际反恐与中东和平进程，无法避免地成为奥巴马政府中东战略的主要议题。摆脱布什政府反恐与和平两大议题的矛盾紧张关系，建立和维持和平与反恐之间的兼容、平衡关系，进而实现美国中东战略的“回归平衡”（Restoring the Balance）[①] 无疑成为奥巴马政府面临的严峻考验。在此背景下，新总统需要“启动多样性的政策（multiple polices）以应对严峻的挑战，但他很快就会发现时不待我的紧迫”。“美国新总统的中东政策必须重新区分优

① Richard N. Haass and Martin S. Indyk，eds，*Restoring the Balance ：A Middle East Strategy for the Next President*，Brookings Institution Press，2008. 该书是由美国布鲁金斯学会萨班研究中心（Saban Center at the Brookings Institution）和对外关系委员会的专家共同完成的研究报告，对外关系委员会主任理查德·哈斯担任该项目的负责人。在这篇长达近300页的研究报告中，主旨思想是全面总结布什政府中东政策的教训，为新任美国总统的中东战略出谋划策。

先次序并调整其方向（reprioritize and reorient）”,[①] 必须“超越伊拉克”[②]。

基于当时的复杂局面，奥巴马政府并没有很快提出新的国家反恐战略，而是在整个中东战略之下进行反恐战略调整。其内容包括：首先，放弃“先发制人”与“政权改造”的强力反恐政策，代之以加强中东国家的反恐能力与制度建设。美国反恐问题专家丹尼尔·拜曼、史蒂文·西蒙建议，“应将反恐纳入整体中东战略的一部分，反恐不应再度充当美国中东政策的主驱动轮（driver）”；新政府反恐的重点应是加强地区反恐能力建设，强化“失败国家”的制度建设。[③] 奥巴马政府已经放弃“全球反恐战争”的提法，他强调：“伊拉克事件提醒美国在有可能的情况下，应选择通过外交手段和建立国际共识的方式解决我们的问题。”[④]

其次，对中东民主化采取更加务实的政策，“重新掌握道德制高点”。理查德·哈斯等人认为布什“民主改造”中东的政策造成了严重的消极后果，他们发出了在中东“校正政治改革议程”的呼吁，“在民主问题上，新总统需要在美国利益与价值观方面寻求可持续的平衡（sustainable balance），考虑到该地区的不稳定性，美国应该采取支持长期的、渐进性的民主化进程的政策”。以上主张的核心是要缓解布什“民主改造”中东导致的美国与中东伊斯兰国家关系紧张的压力。他们还认为美国应将民主化的希望“寄托于年轻一代”。他们认为新总统面临的两项紧迫事宜是：关闭关塔纳摩监狱；将解决

---

① Richard N. Haass and Martin S. Indyk, eds, *Restoring the Balance : A Middle East Strategy for the Next President*, Brookings Institution Press 2008, p. 1.

② Richard N. Haass, Martin Indyk, “Beyond Iraq, A New U. S. Strategy for the Middle East”, *Foreign Affairs*, January/February, 2009.

③ Richard N. Haass and Martin S. Indyk, eds, *Restoring the Balance : A Middle East Strategy for the Next President*, pp. 187 - 216.

④ 奥巴马开罗大学演讲全文，http://news.163.com/09/0604/22/5B0DLSV40001121M_5.html

巴勒斯坦问题作为美国中东政策的优先议题。而更为长期的任务是建立“一个全新的、更为包容的、和平的中东新秩序”。[①] 奥巴马认为尽管民主仍然是美国中东战略的重要议题，但同时也明确指出，“一个国家不能也不应该将一种政治系统强加于另一个国家”。[②]

最后，美国应重建反恐合作的多边国际框架。约瑟夫·奈认为，美国的单边主义政策已经将其软权力浪费殆尽，并提出三点建议以恢复美国的软实力：做出政策调整，在伊拉克寻找一个政治解决的方案；做出更大的努力，促进中东和平进程；与盟友和国际组织进行更紧密的合作。[③] 奥巴马总统高级反恐顾问约翰·布伦南说，美国政府必须从根本上对打击恐怖主义的斗争重新定义，用一场集各方面国家实力于一体以击溃敌人的战役替代“反恐战争”；华盛顿必须将军事打击与更加持久的经济、外交和文化手段等“软实力”结合起来。[④]

在具体的策略方面，奥巴马政府反恐政策的最大变化突出体现在反恐中心从伊拉克向阿富汗和巴基斯坦的“东移”。2009 年 3 月，奥巴马提出了将反恐重心东移的“阿巴新战略”，其核心内容是：向阿富汗增兵 2.1 万人，训练和增加阿富汗军警，推动阿富汗全国和解；加强对阿富汗的经济援助与合作，将巴基斯坦纳入美国的阿富汗战略；放弃单边主义，采取国际合作的多边主义；设定明确标准

① Richard N. Haass and Martin S. Indyk, eds, *Restoring the Balance: A Middle East Strategy for the Next President*, pp. 11 – 12.

② 奥巴马开罗大学演讲全文，http://news.163.com/09/0604/22/5B0DLSV40001121M_5.html

③ Josef S. Nye, Jr., “America Must Regain Its Soft Power”, *IHT*, May 19, 2004, p. 8. 转引自朱世达：《关于美国形象的思考》，http://www.cp.org.cn/show.asp?NewsID=538.

④ 《奥巴马政府公布反恐新战略》，http://world.people.com.cn/GB/9820791.html

衡量新战略的进度及其效果等。[①] 通过实施“阿巴新战略”，美国将反恐重心集中于基地组织和塔利班势力活动猖獗的阿巴边界地区，并在加强军事打击的同时，支持阿政府与塔利班进行接触和谈判。总之，相对于小布什时期，反恐在美国中东战略中的地位呈相对下降的态势，并且服务于美国中东战略的整体调整，其主要内容是从伊拉克撤军、与伊朗对话、启动和平进程、修复与伊斯兰世界的关系，其中心目标是重建美国在中东地区的形象。[②]

直至2011年6月29日，奥巴马政府才发布《国家反恐战略》，这是“9·11”事件后美国于2003年和2006年发布两份《抗击恐怖主义国家战略》（National Strategy for Combating Terrorism）之后的第三份反恐文件。它既是对奥巴马执政以来反恐政策的总结，同时也是因应本·拉登被击毙、美国从伊拉克和阿富汗撤军、西亚北非变局等形势变化的产物。该报告的内容主要包括：

（一）明确界定美国面临的恐怖主义威胁

报告明确指出：“美国最突出的安全威胁一直来自‘基地’组织及其分支机构和支持者。”报告具体强调了三个层次的内容：首先，尽管本·拉登被击毙是美国反恐的“战略里程碑”，但“这并不意味着‘基地’组织的终结”，该组织“仍将集中力量伺机攻击美国及其海外利益”；其次，“基地”组织网络在拓展，其分支已经扩展到了中东、非洲、中亚和东南亚地区，其共同目标都是“通过攻击美国和其他西方国家的地区利益甚至美国本土，推进‘基地’组织的地区和全球议程”；第三，“基地”组织不断利用通讯技术的进步，宣扬其意识形态，“鼓动其追随者以它的名义发动对美国的恐

① “A New Strategy for Afghanistan and Pakistan” March 26, 2009, http://www.whitehouse.gov/blog/09/03/27/ A-New-Strategy-for-Afghanistan-and-Pakistan.

② 唐志超、刘权：《奥巴马政府中东政策初析》，《现代国际关系》，2009年第7期，第33页。

怖袭击”，有些追随者甚至是美国公民。因此，美国本土受到恐怖袭击的危险在增大，“美国仍然处于与‘基地’组织的战争中”。正是基于上述认识，报告将美国反恐战略的目标确定为“打击、瓦解直至最终战胜基地组织及其分支机构和支持者，以确保美国公民和美国利益的安全”。[①]

（二）确立美国反恐斗争的指导原则[②]

（1）坚守美国的核心价值观（Adhering to U. S. Core Values）；（2）构建安全伙伴关系（Building Security Partnerships）；（3）适当运用各种反恐手段和能力（Applying Counterterrorism Tools and Capabilities Appropriately）；（4）构建弹性文化（Building a Culture of Resilience），建立有效的防御体系和应对机制。

（三）明确美国反恐斗争的总体目标[③]

（1）保护美国人民、国土和国家利益；（2）瓦解、削弱和击败“基地”组织及其分支和拥护者；（3）阻止恐怖主义分子发展、获取和使用大规模杀伤性武器；（4）根除恐怖主义的避风港（safe-havens）；（5）建立持久的反恐伙伴关系和能力；（6）削弱“基地”组织、分支和拥护者之间的联系；（7）消除“基地”组织的暴力极端主义意识形态及其影响力；（8）切断恐怖主义的活动手段。

（四）明确美国反恐的重点区域和领域[④]

报告按重要性列出了九个重点关注区域和对象，以因地制宜地

---

① National Strategy for Counterterrorism, June 2011, pp. 3 – 4. http: //www. whitehouse. gov/sites/default/files/counterterrorism_ strategy. pdf.

② National Strategy for Counterterrorism, June 2011, pp. 4 – 8.

③ Ibid. , pp. 8 – 10.

④ National Strategy for Counterterrorism, June 2011, pp. 10 – 18. http: //www. whitehouse. gov/sites/default/files/counterterrorism_ strategy. pdf.

制定针对各“基地”组织及其分支和追随者的反恐对策。它们分别是：美国本土、南亚、阿拉伯半岛、东非、欧洲、伊拉克、马格里布和萨赫勒地区（即北非地区）、东南亚、中亚。此外，报告还将“基地”组织的意识形态、理念和信息等的传播列入了重点关注领域。

二、奥巴马政府中东反恐政策的主要变化

（一）总体反恐战略的变化

奥巴马政府中东反恐政策的总体原则是既要通过战略收缩，尤其是通过将反恐重点东移至阿富汗和巴基斯坦，以增强反恐实效，又要有利于改善美国在中东的国际形象，重塑美国与伊斯兰国家的关系。出于这一原则，奥巴马改变了布什政府反恐扩大化的做法，将打击“基地”组织的中东分支尤其是阿拉伯半岛分支和马格里布分支作为美反恐战略的重点，并致力于改善与伊斯兰国家的关系。

首先，奥巴马特别强调美国反恐斗争的对象为信奉“暴力极端主义”的“基地”组织，美国的反恐斗争既不是针对伊斯兰教的战争，也不是针对伊斯兰世界的战争。

奥巴马2009年6月访问埃及，在开罗大学的讲话中他特别强调“美国目前没有，也不会和伊斯兰世界开战”。[①] 又如，2011年6月发布的美国《国家反恐战略》报告更加明确地指出，“美国谨慎地使用‘战争’术语描述与基地组织的残酷斗争”，但美国“并非处于与伊斯兰教的战争之中，我们只是处在与特定的组织即‘基地’

---

① 奥巴马开罗大学演讲全文，http：//news. 163. com/09/0604/22/5B0DLSV40001121M_ 5. html

组织的战争中”。[①] 报告尽管也强调了真主党、哈马斯等组织的威胁，但更加集中强调“基地”组织的威胁。这与小布什政府将“恐怖分子—恐怖主义—支持恐怖主义国家—大规模杀伤性武器扩散国—邪恶轴心—暴政前哨”确定为反恐战争“打击链条”[②]，进而导致美国反恐目标泛化、反恐战争扩大化的做法形成了鲜明的区别。

其次，力图改变美国因反恐战争不断恶化的国际形象，淡化美国与伊斯兰国家关系的“文明冲突”色彩，致力于通过政治、经济、外交、文化等多种手段，消除中东地区的反美主义根源，重塑美国与伊斯兰世界的关系。

奥巴马特别强调美国中东战略的整体性以及重塑美国与伊斯兰世界关系的重要性。他指出：“如果我们将这一地区视为一个整体，并向阿拉伯伊斯兰世界发出一个信息：我们将在相互尊重和互利的基础上建立一种新的伙伴关系，我们就将获得重大进展。”[③] 在开罗大学的演讲中，他特别强调要“在美国和穆斯林世界之间寻求一种全新的开端；这种开端建立在彼此的利益和相互的尊敬之上”。“美国和穆斯林世界是相互交叠的，遵循着共同的价值观：正义和发展的价值观；以及宽容和人类尊严的价值观。”“我们必须学会倾听彼此、互相学习、相互尊重；我们必须寻求共识。”[④]

在总体上，奥巴马做出的重大战略调整是结束伊拉克战争，将反恐战争的重点从伊拉克转移至阿富汗和巴基斯坦；通过重启中东和平进程，关闭关塔纳摩监狱甚至启动与伊朗的对话等手段改善美国在中东的国际形象，但推动和平进程以及与伊朗对话的政策均无

---

① National Strategy for Counterterrorism, June 2011, p. 2. http://www.whitehouse.gov/sites/default/files/counterterrorism_ strategy. pdf.

② 参见孙逊、卓华：《奥巴马政府〈国家反恐战略〉评析》，《和平与发展》，2012 年第 1 期，39 页。

③ Obama-Biden Plan, http://www.brackobama. com/issues/healthcare/.

④ 奥巴马开罗大学演讲全文，http://news.163. com/09/0604/22/5B0DLSV40001121M_ 5. html.

建树；利用“阿拉伯之春”，通过支持阿拉伯民众和反对派的抗议浪潮，继续改善美国在中东的国际形象。

（二）反恐重点区域和对象的变化

中东地区仍是美国全球反恐的重点区域，但美国反恐的对象更加明确化，主要锁定在与“基地”组织关系密切的重点区域和组织，以及主要的“支持恐怖主义国家”，旨在锁定反恐重点，增强反恐实效。

在2011年美国《国家反恐战略》报告中，强调的九大重点区域中，直接属于中东的三大区域包括：（1）阿拉伯半岛。美国在该地区面临两大威胁，一是“基地”组织阿拉伯半岛分支的直接进攻，二是该区域的大量资金流向“基地”组织及其分支和拥护者。美国将与沙特阿拉伯、阿联酋、科威特、巴林、阿曼以及也门等国加强合作，增强其政府管控力度，降低“基地”组织在该区域的影响力。（2）伊拉克。伊拉克的“基地”组织分支是美国在该区域主要打击对象。美国应致力于增强伊拉克安全部队的反恐能力，支持伊政府解决军队腐败和法律体制问题，并鼓励当地团体共同反恐。（3）马格里布地区。马格里布“基地”组织分支植根于阿尔及利亚，近来向南部的撒哈拉地区和马里北部转移，利用地区的不稳定局势招募、培训武装人员，获取武器，制造多起恐怖事件，严重损害美国和西方国家的利益。美国将扩大与该地区的阿尔及利亚、毛里塔尼亚、马里和尼日尔等国的合作，制定近期计划和长远战略，铲除该区域的恐怖势力。当然，其他重点区域如南亚、东非、中亚以及作为重要反恐领域的“基地”组织意识形态的传播，都与中东有重要关系。

在奥巴马执政以来美国国务院发布的历年的年度恐怖主义报告即《关于恐怖主义的国家报告》（Country Reports on Terrorism）中，基本上都是将中东北非（事实上也就是中国中东概念所包括的西亚北非地区）作为一个区域加以考察。在2012年7月发布的2011年

《关于恐怖主义的国家报告》中，针对中东地区的恐怖主义形势的宏观分析主要集中强调了以下几点内容：第一，恐怖主义利用地区形势动荡增强自身影响力，并特别强调了利比亚武器流散特别是便携式防空武器（Man-Portable Air Defense System）落入恐怖组织之手导致的安全威胁。第二，强调了“基地”组织在中东三个主要分支，即阿拉伯半岛分支、伊拉克分支和马格里布分支以及黎巴嫩真主党的威胁。第三，强调了地区国家如伊拉克、阿尔及利亚、沙特、以色列和巴勒斯坦当局反恐能力的增强。①

在“支持恐怖主义国家”部分中，古巴、伊朗、叙利亚和苏丹被报告指定为全球四大“支持恐怖主义国家”，其中三个国家为中东国家。对伊朗为代表的“支持恐怖主义国家”予以强烈谴责，关注的程度明显高于以往的报告，报告称伊朗为头号“支持恐怖主义国家”，并特别强调伊朗对伊拉克什叶派武装、巴勒斯坦哈马斯组织以及巴基斯坦恐怖组织的支持，强调伊朗“伊斯兰革命卫队圣城旅”对叙利亚的渗透；强调支持恐怖主义已成为伊朗外交政策的工具，其影响范围甚至波及美国本土，策划刺杀美国驻沙特大使为最好例证；谴责伊朗将恐怖联盟的触角延伸至加勒比和拉美地区。这在很大程度上是对伊朗核问题谈判陷入僵局、美国加大对伊朗制裁力度等地缘政治现实的反映。报告也对叙利亚支持境外恐怖组织的行径予以了分析。其中不难看出，以上内容在很大程度上出于美国对伊朗和叙利亚施压，为可能采取的军事干预抢占道义制高点的考虑。

（三）反恐具体手段的变化

在反恐手段上，除强调反恐合作、综合运用多种手段、支持地区国家增强反恐能力建设等举措外，奥巴马政府在中东反恐手段的

① Country Reports on Terrorism，2011，United States Department of State Publication，2012，p. 92.

重大变化突出表现为改变布什政府反恐战争和政权更迭等战争手段，转而选择更加灵活、机动的反恐手段，尤其是将运用无人机打击和特种部队定点清除等手段，以增强反恐的实战效果。

奥巴马政府的具体反恐手段日益从布什政府的大规模反恐战争转向低烈度的所谓“秘密战争”，以应对“基地”组织的非对称性消耗战。用奥巴马首席反恐顾问约翰·布伦南的话来说，美国需要的不是“锤子”，而是“手术刀”。据英国《泰晤士报》和美国《纽约时报》报道，2008 年底奥巴马当选总统时，布什政府用于打击恐怖组织的特种部队在不到 60 个国家执行秘密任务；如今美国已经在 70 多个国家部署了特种作战部队，随时准备对恐怖分子发动攻击，其人数超过 13000 人，总预算已接近 90 亿美元。[①] 利用无人机进行定点清除也已成为奥巴马政府的主要反恐手段。美国目前在非洲、阿拉伯半岛和也门秘密修建了无人机基地，重点打击索马里和也门的“基地”组织。

三、对奥巴马中东反恐政策的若干评估

奥巴马中东反恐政策的效果可谓喜忧参半，具体表现在美国在具体的反恐收效方面取得了一定的成果，但美国所面临的恐怖主义威胁依然严峻，更为重要的是美国与伊斯兰国家的关系并未得到改善，阿拉伯伊斯兰世界的反美主义仍然根深蒂固。

奥巴马中东反恐相对成功之处主要体现在：

第一，美国本土安全相对得到了较好的保障。当前美国本土面临的大规模恐怖主义威胁得到了较好的控制，其面临的威胁主要是

---

① 《美反恐秘密战升级，特种部队在 73 个国家行动》，《时代周报》，2010 年 10 月 24 日。

与“基地”组织有密切关系的“独狼”，他们或接受境外“基地”分支组织的培训，或通过网络等接受“基地”组织的意识形态，但他们试图发起的恐怖袭击都属未遂事件，进而使美国本土未发生重大的恐怖袭击事件。

第二，击毙本·拉登等一批恐怖主义领导人物，是美反恐斗争取得的重大政治胜利。继2011年5月本·拉登被击毙后，2011年6月，1998年美国驻肯尼亚、坦桑尼亚大使馆爆炸案的策划者、东非“基地”组织的重要成员哈兰·法祖尔（Harun Fazul）在索马里被击毙；8月，本·拉登被击毙后“基地”组织的二号人物阿提亚·阿布杜·拉赫曼（Atiya Abdul Rahman）在巴基斯坦被击毙；9月，“基地”组织阿拉伯半岛分支的重要人物安瓦尔·奥拉基（Anwar al-Aulaqi）在也门被击毙。[①] 这是布什政府大规模“反恐战争”未能取得的实质效果，有助于美国走出“9·11”事件和十年反恐战争的阴影。

第三，奥巴马结束伊拉克战争，将反恐中心东移至阿富汗和巴基斯坦的战略取得了相对成功。结束伊拉克战争符合美国的全球战略，使美国基本上摆脱了伊拉克的反恐战争泥潭，美军撤出后的伊拉克并未陷入严重失控的局面；将阿富汗和巴基斯坦作为反恐重点，增兵阿富汗、加强与巴基斯坦的反恐合作，在本质上是对奥巴马政府将“基地”组织作为反恐重点这一战略的具体落实，虽然在执行过程中出现了诸多问题，但本·拉登被击毙等重大反恐成果的取得正是这一战略的结果。

当然，奥巴马的中东反恐战略并未能改变美反恐战略治标不治本的本质，美国在中东面临的恐怖主义威胁并没有得到根本改变，美国与伊斯兰世界的对立也未能得到缓解，甚至在近来大有冲突持

---

① Country Reports on Terrorism，2011，United States Department of State Publication，2012，p. 5.

续加深的态势。具体原因主要包括：

第一，奥巴马政府在推动中东和平进程方面有始无终，未能有效地解决巴以关系尤其是巴勒斯坦建国问题；在伊朗问题上在不能打开僵局后又转向布什政府制裁和高压的老路。美在中东和平进程与伊朗核问题上的毫无建树，使美在中东的战略困境未能得到改变。

第二，美国对中东变局后恐怖主义将日趋衰落的过度乐观，使美国的中东政策存在着较大的误判，尤其是忽视了“基地”组织的反弹能力和意识形态的社会动员能力，而美国在“阿拉伯之春”过程中的双重标准，都进一步加深了中东地区反美主义浪潮的反弹。

第三，在反恐实践中，美国违反国际法，运用越境打击、无人机轰炸等“秘密战争”手段，造成了大量无辜平民的伤亡；遭致了中东伊斯兰国家和穆斯林民众的强烈反对；而驻阿富汗士兵虐杀平民、焚烧古兰经事件和亵渎伊斯兰先知的电影事件等都进一步加剧了穆斯林民众的反美、仇美情绪。

中东变局发生以来，有利于恐怖主义发展的土壤并未随之消失。首先，中东地区形势的总体动荡有利于恐怖主义的新发展，阿拉伯国家经济困难的加剧和民生问题的突出，为恐怖主义滋生提供了更肥沃的社会土壤；其次，伊斯兰势力地位的总体上升态势有利于伊斯兰极端势力和恐怖组织的发展，“基地”组织阿拉伯半岛分支和马格里布分支等恐怖组织、萨拉菲派等伊斯兰激进势力活动日趋猖獗；再次，反恐在美国中东战略中的地位下降和作为美国反恐盟友的部分阿拉伯国家政权的倒台，弱化了国际反恐合作，在某种程度上减轻了恐怖势力面临的国际反恐压力；最后，阿拉伯国家的动荡尤其是利比亚战争，导致非法武器扩散问题泛滥，有利于恐怖组织获取先进的武器装备并发起大规模恐怖袭击。

总体来看，中东变局发生以来“基地”组织的发展具有如下三个方面的特征：

第一，中东变局促使“基地”组织积极进行意识形态和策略调整。最初，国际舆论尤其是西方智库多认为，以和平抗议为主要形式，以世俗民主制度为主要政治目标的“阿拉伯之春”，在某种程度上削弱了“基地”组织宣传的以“圣战”方式建立伊斯兰国家的这一核心意识形态的吸引力；“基地”组织在最初主要采取被动应对的策略，主要以发表声明的方式支持阿拉伯民众推翻“专制统治者”的抗议浪潮。但随着阿拉伯国家转型陷入困境以及利比亚、也门、叙利亚局势陷入动荡，国际社会的认识开始发生变化，有观点认为阿拉伯国家的经济困难和社会动荡，乃至“阿拉伯之春”的失败，将使“基地”组织的意识形态重获吸引力，并导致国际恐怖主义的反弹。事实上，“基地”组织对“阿拉伯之春”的应对经历了从被动应对到主动塑造的过程。“基地”组织认为，“阿拉伯之春”的目标是推翻“阿拉伯独裁者”，而“基地”组织的“近敌”是“阿拉伯独裁者”，“远敌”是西方是美国，并号召打击“近敌”和“远敌”都是穆斯林神圣责任，试图将“阿拉伯之春”导向“基地”组织的意识形态轨道。

第二，马格里布“基地”组织的发展十分迅速。北非马格里布地区是中东剧变的重灾区，该地区的突尼斯、埃及和利比亚相继发生政权更迭，尤其是利比亚战争导致混乱局势和武器流散，有利于伊斯兰马格里布“基地”组织（Al Qaeda in the Islamic Maghreb，AQIM）的发展壮大。阿尔及利亚伊斯兰马格里布“基地”组织是基地组织在非洲的传统力量，而索马里“伊斯兰青年运动”（Shabaab）、利比亚伊斯兰战斗团（Libyan Islamic Fighting Group，LIFG）、尼日利亚“博科圣地”组织（Boko Haram）在中东变局后的发展十分迅速，与伊斯兰马格里布“基地”组织的联系日趋密切，并大有向撒哈拉以南非洲蔓延的态势。2011 年“博科圣地”组织多次在尼日利亚、马里、乍得、毛里塔尼亚等地发动恐怖袭击，甚至卷入了 2012 年的马里政变；索马里“伊斯兰青年运动”则在东非地区的索马里、埃塞俄比亚、肯尼亚活动猖獗，其目标是在三国交界地区建立“东非伊斯兰酋长国”。

第三，“基地”组织阿拉伯半岛分支活动猖獗。2009 年 1 月，沙特阿拉伯和也门的“基地”组织分支合并为“基地”组织阿拉伯半岛分支（Al Qaeda Arab Peninsula，AQAP），主要在也门南部活动。自 2011 年也门局势陷入动荡以来，“基地”组织阿拉伯半岛分支趁机占领了也门南部多座城市，其势力范围逐渐扩展。2011 年 5 月 28 日，“基地”组织阿拉伯半岛分支曾一度占领也门南部阿比扬省省会津吉巴尔市，并宣布该市为“基地”组织在也门南部建立的“伊斯兰酋长国”的首都。也门官方称目前在南部阿比扬省、舍卜瓦省、贝达省、拉哈吉省和哈达拉毛省活动的“基地”组织武装人员仅有数百人，但也有资料称也门境内的“基地”组织武装人员保守估计有 3000 至 5000 人。此外“基地”组织阿拉伯半岛分支与索马里“伊斯兰青年运动”的联系在不断增强。

因此，在奥巴马的第二任期内，反恐仍将是美国中东战略面临的严峻挑战，并对美国的战略东移构成掣肘。

论奥巴马政府的反恐战略与中东政策

孙国祥

（台湾南华大学国际暨大陆事务学系亚太研究所副教授）

一、前言

美国总统奥巴马就职后即任命丹尼尔·本杰明（Daniel Benjamin）大使担任美国国务院反恐协调员，2009年12月9日，他在詹姆斯顿基金会（Jamestown Foundation）举办的"'基地'组织战略重心的变化"（The Changing Strategic Gravity of Al Qaeda）研讨会发表的专题演讲中，除评估"基地"组织的威胁外，也提及美国开始检讨以往之反恐战略。① "9·11事件"后，美国发展出更先进的反恐技巧，就是所谓的"战术反恐"（tactical counterterrorism），即将恐怖分子赶出街外、摧毁其分支及其策划之恐怖行动，因此展现出的情报、军事与执法之战术能力具有高度的专业性。当然，使用无人机的定点铲除也出现合法性的问题。② 奥巴马总统亦已架构清楚对

① Daniel Benjamin，International Counterterrorism Policy in the Obama Administration，Dec. 9，2009. http：//www. state. gov/s/ct/rls/rm/2009/133337. htm.

② 可参考 Dean T. Olson，*Tactical Counterterrorism*：*The Law Enforcement Manual of Terrorism Prevention*，Charles C. Thomas Pub Limited，2012.

“基地”组织的政策，即摧毁（disrupt）、解构（dismantle）与击溃（defeat）。

同时，战术或许失去了战略根基，因此，奥巴马政府试图重新填补此鸿沟。对付极端主义不能仅靠子弹与炸弹，还需要一些上游的要素，例如要面对敌人可能赢得的政治、经济、社会条件；要解决长期存在的问题，首要关注的就是阿拉伯与以色列之长期冲突。恐怖主义是各国必须承担的共同挑战，也必须在全球层面建立美国伙伴之反恐能力，应持续透过已执行之《反恐怖主义协助计划》（Antiterrorism Assistance Program，ATA），迄今已在151个国家训练了66000名各类的专业反恐人员；[①] 为了对付激进主义，亦在美国务院反恐协调办公室设立了“反暴力极端主义组”（Countering Violent Extremism unit，CVE），锁定反制地方社群之极端主义发展；采取“可调整性途径”（tailored-approach），亦不能忽视更广的结构性问题，例如教育与解决年轻人基本需求及提供就业等。

归纳奥巴马第一任期的反恐及其中东政策，可以简单描述为美国领导的反恐联盟除投入资源而持续推动伊拉克之反恐作为外，对也门亦采取两面政策：一是与其安全部门合作，以增强其对付“基地”组织在阿拉伯半岛分支（Al Qaeda in the Arabian Peninsula，AQAP）的能力；另一是提供经援以协助其文人政府制度，处理根本的经济与治理问题。[②] 当然，伊朗核计划及其对以色列安全的威胁、叙利亚的动乱也是美国中东政策的重要议程。本文将探讨奥巴马的反恐修辞、美国在也门的反恐政策、美国对伊朗核计划及其对以色列安全威胁的政策，以及美国对叙利亚问题之政策作为。

---

① United States Department of State，Bureau of Diplomatic Security，2011 *Fiscal Year in Review*. http：//www. state. gov/documents/organization/195222. pdf.

② 汪毓玮，《当前国际恐怖主义发展趋势及国际因应之道》，第六届“恐怖主义与国家安全”学术暨实务研讨会，第104页。

二、奥巴马反恐政策的修辞学与实际行动

（一）从“全球反恐战争”到“海外紧急行动”的修辞

奥巴马在全球打击恐怖主义开创了某种“奥巴马式途径”，其中主要的内容包括放弃使用全球反恐战争（Global war on terror, GWOT）一词。美国前总统布什曾经宣称，反恐战争“将不会结束，直到全球每一个恐怖主义组织都被发现、被阻止和被彻底击败”。但奥巴马政府已经更加谨慎地终止使用反恐战争一词。五角大楼资深官员解释：“政府倾向于避免使用‘长期战争’（Long War）或‘全球反恐战争’这样的词汇。”同时要求他们使用海外紧急行动（Overseas contingency operations）的官方用语，因此，全球反恐战争不再被使用，取而代之的是海外紧急行动。①

一些专家认为反恐用语毫无裨益，他们认为，反恐战争过于广泛以至于要想赢得胜利异常困难。尤有甚者，认为不应将某组织或意识形态界定为敌人，而应指向暴力的行为，因此反恐表述并不明确。即便作为反恐战争的主要策划者，前美国国防部长拉姆斯菲尔德也曾试图劝说布什重新将其定义为“全球反对暴力极端主义的斗争”（Global struggle against violent extremism，GSAVE），②但未成功。

奥巴马上台后采取一些具体的步骤来改变反恐的方向，诸如关

---

① Scott Wilson and Al Kamen，“‘Global War On Terror’ Is Given New Name,” *Washington Post*，March 25，2009. http：//www. washingtonpost. com/wp-dyn/content/article/2009/03/24/AR2009032402818. html.

② David Cortrightwith George A. Lopez，Alistair Millar，and Linda Gerber-Stellingwerf，Friend not Foe：Civil Society and the Struggle against Violent Extremism，Kroc Institute for International Peace Studies，Oct. 30，2008. http：//humansecuritygateway. com/documents/KROC_ FriendFoe_ CivilSocietyAgainstViolentExtremism. pdf.

闭古巴关塔那摩的军事设施和美国中央情报局在海外的秘密监狱，以及在审讯时停止使用酷刑。事实上，对一种暴力方式的宣战，就像对“水陆两栖作战”的宣战一般。同时，他仍表示需要使用武力，因为美国是与各种形式的恐怖主义者处于战争状态，无论他们是否威胁到美国的利益。美国国内过度使用“战争”一词，诸如面对犯罪、毒品和贫困都用了该词。因此，美国人认为自己应该更为明智，如同欧洲人一般，将恐怖主义视为犯罪活动。然而，反恐的修辞学意义不大，并非将一词换成另一词就能确保美国反恐取得显著的进展。①

无论如何，2008 年的总统竞选期间，奥巴马就因为其鸽派温和的对外政策遭致批评。因此，奥巴马上台后开始建立“善意的”国家安全体系：他向阿富汗增加驻兵、扩大美国陆军规模；按照指挥官的建议放缓了从伊拉克的撤军进程，以保全既得安全利益；同时，他继续执行无人机的袭击，并成功射杀了巴基斯坦塔利班领导人马哈苏德（Baitullah Mehsud）。

（二）奥巴马在反恐领域奉行“沉默主义”

奥巴马试图与小布什划清界限。他承诺将关闭古巴的关塔那摩监狱，终止“强化”审讯方式，他还承诺将透过不同的外交手段接触伊朗和朝鲜等政治交往较棘手的国家。对此，奥巴马处理国家安全问题的方法引来不同的批评。右翼批评者认为奥巴马彻底摧毁了布什政府的政策，而左翼人士却认为奥巴马实质上仍然是在执行布

① Oliver Burkeman, “Obama administration says goodbye to ‘war on terror’,” *Guardian*, 25 March 2009. http://www.guardian.co.uk/world/2009/mar/25/obama-war-terror-overseas-contingency-operations.

什政府的策略。[①]

对此，美国负责国土安全和反恐的副国家安全顾问布伦南说明了奥巴马的反恐政策。他认为左、右两种说法都不对。事实上，奥巴马正在形成自己的处事风格。举例而言，2009 年 8 月 6 日，布伦南在战略与国际问题研究中心（CSIS）表示，“总统在解决我们面临的问题上既没有采取绝对化的方式，也没有严格照搬某一套思想体系。正如这个世界千差万别，总统的观点也是比较微妙的。这不是单纯或者纯意识形态上的，而是一种更为实际的思考方式”。[②]

布伦南称奥巴马与布什的世界观不同，奥巴马势将重新定义国家安全的需求。因此，奥巴马放弃反恐战争之名是因为该词促使大众形成非黑即白、不支持我们就是反对我们的思维定势。他说，“是的，不管‘基地’组织在何方，美国都会主动与之战斗，对‘基地’组织而言，没有什么地方是安全的。”“但是如果把我们的战斗称之为全球范围，我们就助长了‘基地’组织扭曲事实的传播理念，它传播了危险而带有误导性的信息，彷佛美国和整个世界都是敌人。”布伦南称奥巴马始终坚决支持开展针对“基地”组织或其他恐怖主义阵营的军事行动或者对抗。他说，“（奥巴马）总统不仅支持这些反恐行动，还鼓励我们采取更为主动、更富有前瞻性和创新型的方式，在恐怖分子杀害更多的无辜的男人、妇女和孩子之前，寻求打败这些恐怖分子的新的方法和机会。”[③]

尽管从一些角度来看，奥巴马在国家安全事务上较为敢作敢为，但是，他可能还是更多基于政治上的考虑。因此，奥巴马政府奉行

---

① Gordon Lubold, “The ‘Obama doctrine’ on national security begins to emerge”, *Christian Science Monitor*, August 8, 2009. http://www.csmonitor.com/USA/Foreign-Policy/2009/0808/p02s01-usfp.html

② http://csis.org/files/attachments/090806_brennan_transcript.pdf.

③ John Brennan, “A New Approach for Safeguarding Americans”, Center for Strategic and International Studies, August 6, 2009. http://csis.org/files/attachments/090806_brennan_transcript.pdf.

一条无形的原则，或许可以称之为沉默主义（doctrine of silence）。相对于其前任布什旗帜鲜明的反恐政策，奥巴马的对外政策虽然进行了重大的战略调整，但他却从未向美国民众交代其反恐战略的核心目标，尽管布伦南提出模糊的解释，但此举在美国外交史上是极为罕见的情形。[①]

美国此次外交政策的调整或许有其必要性，但是奥巴马奉行秘而不宣的外交政策可能会带来反作用力。举例而言，在伊朗疑似发展核武器的进程中，首都德黑兰附近的军事基地发生的爆炸案，炸死了该国远程导弹项目的核心人物穆哈达姆（Hassan Tehrani Moghaddam）将军；[②] 多位伊朗核专家殒命德黑兰街头；蠕虫病毒的入侵严重破坏了伊朗的核设施。[③] 显然地，一系列的事件似乎与秘密的美以联合军事行动有关系，其目的在于破坏伊朗发展核武器的努力。在巴基斯坦，奥巴马授权发动了一系列无人机空中打击。虽然巴基斯坦人早就对此颇有微词，但敢怒不敢言。巴基斯坦政府多次要求美国中情局终止从巴基斯坦西部军事基地起飞的无人机军事打击活动。

作为奥巴马战略的一部分，无人机袭击已经在南亚次大陆、阿拉伯半岛上对可疑的塔利班武装人员和“基地”组织成员造成重大伤亡，死亡人数预计是囚禁在关塔那摩军事基地的恐怖主义分子人数的数倍。当然，在也门的多次无人机袭击还打死了一名美国人，

---

① Roger Cohen, “Doctrine of Silence”, *New York Times*, November 28, 2011. http://www.nytimes.com/2011/11/29/opinion/cohen-doctrine-of-silence.html.

② Julian Borger and Saeed Kamali Dehghan, “Iranian missile architect dies in blast. But was explosion a Mossad mission?”, *The Guardian*, 14 November 2011. http://www.guardian.co.uk/world/2011/nov/14/iran-missile-death-mossad-mission.

③ David E. Sanger, “Obama Order Sped Up Wave of Cyberattacks Against Iran”, *New York Times*, June 1, 2012. http://www.nytimes.com/2012/06/01/world/middleeast/obama-ordered-wave-of-cyberattacks-against-iran.html?pagewanted=all.

即基地组织的鼓吹者奥拉基（Anwar al-Awlaki）。[①]

美国政府对这些新的反恐策略避而不谈，但是其战略转移昭然若揭。美国已经意识到在伊拉克和阿富汗进行的常规反恐战争无法达到之前的预期。布朗大学的一项研究表明，两次战争的费用最终将至少达到3.7万亿美元。美国决定采取更加有效、更加精准的方式来消灭敌人，尽管这些手段的合法性尚存争议。美国认为其手段合法的依据之一是2001年通过的《授权使用武力法》（2001 Authorization for Use of Military Force Act），该法案允许美国总统动用一切必要合理的军事力量打击涉嫌参与“9·11”恐怖袭击的个人、组织或国家。依据之二就是国际法规定的有关自卫权利的各种司法解释。

可是，美国公民奥拉基的死亡引起了人们特别的关注：美国政府的行为是否有违宪之嫌；无人机袭击究竟合不合法，这是一个困扰大众的难题；尤有进者，伊朗并没有涉嫌参与“9·11”恐怖袭击。总体而言，美国采用法制外手段打击恐怖主义的战略转向取得了很好的效果，这或许让一些美国人振奋。这是一种利库德式（Likudization）的对敌方略：[②] 不管敌人藏身何处，以色列人都会不惜动用武力来消灭他们。但是对于这种反恐策略，并不是所有的美国人都持肯定的态度。

（三）奥巴马的反恐战略

2011年6月29日，布伦南在华盛顿发表的讲话中表示：“美国新的反恐战略仅是奥巴马总统更大范围的国家安全战略的一部分。我们（美国）的反恐政策并不是对我国（美国）全部对外政策的界

---

① 关于奥拉基的讨论，可参见J. M. Berger，“The Myth of Anwar al-Awlaki”，*Foreign Policy*，August 10，2011. http：//www.foreignpolicy.com/articles/2011/08/10/the_myth_of_anwar_al_awlaki

② Naomi Klein，“The Likudization of the World：The True Legacy of September 11”，*the Guardian*，September 10，2004.

定，而是我国（美国）更广泛的国家安全利益极其重要的组成部分，旨在加强国家安全利益。”① 白宫在一份简报中说，该等利益包括美国的安全、繁荣、对普世价值观的尊重，以及为应对共同挑战而开展的全球合作。

因此，奥巴马政府在范围更广的外交政策和国家安全倡议下，致力于消除可致使一些人加入恐怖组织的状况，来推动实现反恐目标。他们认为，和平的政治、经济和社会进步可击破唯有透过暴力方能实现变革的说法，并能有效地消除会导致某些人接受暴力意识形态的失望情绪和无能为力感。因此，美国反恐努力的重点是“对美国构成最直接、最重大威胁的网络，即‘基地’组织及其分支和追随者”。布伦南将美国特种作战部队2011 年5 月2 日击毙“基地”组织领导人本·拉登称作是“迄今对‘基地’组织最沉重的打击”。但是他表示，尽管这个恐怖组织日趋势微，斗争并未结束。②

美国持续加强情报工作、军事能力、国土安全、航空安全和一整套的执法手段。由于“没有任何一个国家能单独消灭‘基地’组织”，美国在反恐斗争中与联合国和北约等多边机构以及东盟和非盟（AU）等区域性组织共同合作。美国还加强了建立伙伴国家能力的努力，以便它们能打击盘踞在各自国家的“基地”组织分子。

美国政府宣称，在所有这些行动中，美国都将坚持自己的核心价值观，包括尊重所有人的人权和机会、尊严和正义。布伦南说：“在我们今天公布的战略的指导下，我们保护美国人民的努力将毫不

① Office of the Press Secretary，White House，Remarks of John O. Brennan，Assistant to the President for Homeland Security and Counterterrorism，on Ensuring al-Qa'ida's Demise-As Prepared for Delivery. http：//www. whitehouse. gov/the-press-office/2011/06/29/remarks-john-o-brennan-assistant-president-homeland-security-and-counter.

② Michael A. Memoli and Peter Nicholas，“White House：Osama bin Laden's death a ‘strategic blow’ to Al Qaeda,” *Los Angeles Times*，May 02，2011.

动摇。我们将继续利用我们掌握的一切手段并明智地加以运用。我们将继续加强在世界各地的伙伴合作关系并在国内发展灵活适应素质。作为美国人，我们将继续维护那些鼓舞世界、代表我国人民特征和确保我们安全的理想和核心价值观。”①

（四）反恐战争中无人机的使用

奥巴马上任后，美国大幅扩展了无人机行动的广度与力度，无人机的身影在巴基斯坦部落地区、阿富汗、也门与非洲之角地区不断出现，执行对“基地”组织等武装组织成员的定点清除任务。举例而言，美国官员证实，派遣至利比亚的无人侦察机包括“掠食者”和“死神”两款。2012 年 1 月 27 日，奥巴马与网友交流时首次公开承认，以无人机定点清除巴基斯坦境内塔利班武装和基地组织成员。4 月 30 日，布伦南公开部分无人机行动清除对象的选择标准。布伦南表示，基地及相关团体成员数以千计，清除对象主要为对美国构成显著威胁的武装人员，包括行动指挥官、接受恐怖袭击训练的低级武装人员。他说：“我们只有非常确信目标系正在受到追捕的人员时，才会授权行动。”他没有披露如何确认目标身份，仅指“涉及情报来源和一些手段”。按其说法，美国更倾向于活捉；只有抓捕难以实施时，决策者才会授权发动打击。②

美国国防部、反恐小组和工业界的相关人士指出，对攻击目标进行更好的智能定位，对袭击行动的控制更加谨慎，以及五角大厦官员提出新一代武器的运用，使得平民伤亡大幅减少。以前的无人

---

① Office of the Press Secretary, White House, Remarks by Assistant to the President for Homeland Security and Counterterrorism John Brennan at CSIS, May 26, 2010. http: //www. whitehouse. gov/the-press-office/remarks-assistant-president-homeland-security-and-counterterrorism-john-brennan-csi.

② Brian Bennett and David S. Cloud, “Obama’s counter-terrorism advisor defends drone strikes”, *Los Angeles Times*, April 30, 2012. http: //articles. latimes. com/2012/apr/30/world/la-fg-brennan-drones－20120501.

侦察机只能携带1枚弹头，而2012年用于空袭的掠夺式无人侦察机可以配备更小、更精准的武器。

现在无人侦察机发射的导弹主要有两种：一种是类似巨型炸弹(big bomb）的燃料空气弹（thermobaric）弹头；这是地狱火的标准导弹弹头，可摧毁包括建筑物在内一切物体。另外一种破坏力较小，只是将附近的直接目标炸死。这种小型导弹称为格里芬（Griffin)[①]，配有重13磅的弹头，是雷神公司（Raytheon）为掠夺者无人侦察机专门开发的。格里芬体积狭小，无人机上每个地狱火标准导弹可携带3枚这样的弹头。“格里芬化”（Griffinization）的影响有两个方面，在操作上，无人机操作员现在可以在20磅的地狱火标准弹头无能为力的地方实施攻击，对叛乱者实施较小的火力覆盖；在政治上，平民死亡数量减少也使得这种猎杀行为更容易得到当地国政府的接受。

三、美国在也门的反恐政策

（一）打击“基地”组织阿拉伯半岛分支

美国针对“基地”组织阿拉伯半岛分支的反恐努力正处于不确定的政治过渡之下，能否产生一个与美军合作的稳定的也门中央政府尚不确定。2011年的大部分时间，针对当时萨利赫总统统治的激烈抗议、以及精英内部忠诚派与反对派之间的冲突瘫痪了整个国家。这些事态的发展导致在也门较偏远的地区产生严重的安全真空。举例而言，2011年5月，在反萨利赫抗议活动的高峰时期，中央政府的军队和文职行政人员放弃了南部省份阿比扬省的省会城市津吉巴尔（Zinjibar)，使其落入“基地”组织阿拉伯半岛分支下属的民兵

① 希腊神话中狮身鹫首的怪兽。

手中。随后部署收回该城市的指挥官抱怨中央政府的放弃，并公开赞扬美国为他们提供未指定的援助。由于萨利赫的部队想在战斗中保存实力，中央政府缺乏人力和精力来打击“基地”组织阿拉伯半岛分支的武装分子。如前所述，这些失误导致的后果是，也门南部大范围区域现在是在“基地”组织的支持者和盟友的手中。

也门政府不愿或不能有效地打击“基地”组织阿拉伯半岛分支的威胁，导致美国官员致力于恢复反恐合作，并且采取其他措施来处理“基地”组织阿拉伯半岛分支。[①] 在过去一年也门政治危机期间，美国针对“基地”组织阿拉伯半岛分支的军事和情报活动有所增加；某一媒体的报道确认：“也门已经成为中央情报局和联合特种作战司令部（JSOC）加强反恐协作的模板。”[②] 报道指出，在也门中央情报局和联合特种作战司令部的合作或许导致了2011年9月打击奥拉基的行动。根据新闻调查局（Bureau of Investigative Journalism）进行的研究显示，2011年5月在也门有高达35次的军事攻击发生。[③]

许多新闻报道表示，美国不断扩大无人机监视和空袭也门“基地”组织阿拉伯半岛分支的规模。[④] 2012年2月初，一次针对“基地”组织阿拉伯半岛分支的空中打击杀死了一些人，其中包括一名中层领导人阿尔法塔尼（Abdul Monem al Fahtani）。据报道，他参加

① 就本质而言，美国被迫采取更多片面行动。在2011年的春天，一度在也门精英之间高度动荡的政治斗争开始，美国从也门撤出约75名培训人员。美国驻也门大使费尔斯坦（Gerald Feierstein）说：“有一些事情我们去年不能做，因为政治危机…一直沉寂。我们还没有完成培训，因为也门的单位不再继续培训。他们有其他优先事项。”参见，“U. S. Teaming With New Yemen Government on Strategy to Combat Al Qaeda,” *New York Times*, February 26, 2012.

② “U. S. airstrike targets al-Qaeda in Yemen,” *Washington Post*, February 1, 2012.

③ Bureau of Investigative Journalism, “Covert War on Terror, Arab Spring Brings Steep Rise in US Attacks in Yemen,” March 29, 2012.

④ 举例而言，参见 *Washington Post*, September 21, 2011.

了2000年对美国“科尔号”（USS Cole）军舰的攻击。[①] 另据报道，如果也门的政治气候变化，与美军的合作减少或被切断，“非军事机构的中央情报局可能较军队有更大的自由度来执行打击”，[②] 2012年4月，据报道，美国进行了对“基地”组织阿拉伯半岛分支第三号成员卡西姆·拉米（Qassim al Raimi）的打击，但错过了他的座车。[③]

6月初，在遭到失败的暗杀后，萨利赫离开也门前往沙特阿拉伯。媒体引述不愿透露姓名的美国官员称，也门内部更多地依赖中情局进行反恐行动，也允许秘密行动（covert action），从而并不需要东道国政府的支持。[④] 根据关于炸死奥拉基的消息来源指出，美国在追踪奥拉基时仅与也门国家安全局交涉，而且“行动是高度保密，美国中央情报局并没有涉及萨利赫或他的由美国训练的反恐单位。”[⑤] 此外，目前还不清楚有多少美国官员继续信任也门领导人，并与前总统萨利赫有密切联系。其中一份报告显示，也门提供给美国官员关于2010年5月的攻击的情报可能已被故意扭曲，其目的是为了杀死萨利赫家族的政治对手。[⑥]

美国在也门的反恐努力面临的最困难的挑战也许是区分不同类型的威胁。一些媒体报道认为，美国政府对于在也门逐渐升级缠斗的部落叛乱持谨慎态度，并且正试图将美国的努力仅集中在打击高价值目标。据一份报告显示，2011年夏天，奥巴马在战情室（Situation Room）会议中告诫一名将军，批评他已将在也门的行动称为军事行动（campaign）过于随便，奥巴马坚持没有行动，称美国在也

① *Washington Post*, op. cit.

② *Washington Post*, June 14, 2011.

③ “Al Qaeda Militant Escapes Strike,” *Wall Street Journal*, April 9, 2012.

④ *New York Times*, June 15, 2011.

⑤ “Yemen, U. S. Split on Terror Priorities”, *Washington Post*, October 6, 2011.

⑥ “U. S. Doubts Intelligence That Led to Yemen Strike”, *Wall Street Journal*, December 29, 2011.

门不是战争状态。[1]

（二）美国协助也门哈迪政府的治理

随着新选举出的也门总统就任，奥巴马政府急于恢复合作，同时努力提高新当选总统哈迪（Abdrabbuh Mansour Hadi）的合法性。布伦南表示："我们正在努力，以确保（美国）援助是非常的适合，以致前往的单位都是高度的专业，他们向哈迪汇报内部指挥和控制结构的疏漏，哈迪正在解决'基地'组织和也门的内部威胁，没有涉入任何政治把戏。"[2] 美军中央司令部的司令、海军陆战队上将马蒂斯（James Mattis）说，随着哈迪总统成功上台，美国计划恢复其训练计划。[3] 奥巴马明白，也门在前领导人萨利赫长达33年的统治结束并开始过渡之际，面临着严峻和错综复杂的挑战。奥巴马"坚持主张，我们的政策强调治理和发展与安全同样重要，并以一个明确目标为中心：促进民主过渡，同时帮助也门推进政治、经济和安全改革，以使它能够支持其公民并抗击""基地"组织阿拉伯半岛分支。

2012年，美国向也门提供超过3.37亿美元援助，是迄今为止数额最高的一笔，这笔资金的一半以上，即1.78亿美元用于支持政治过渡、人道主义援助和经济发展。奥巴马政府正与公民社会团体合作，帮助加强也门政府机构，使其更具应对能力、更有效力，并对也门人民更加负责。美国正与各方合作，以扩大基本服务、提高效率、打击腐败并增强透明度。为了加强法治，美国将支持执法和司法机构推行改革。

---

① "Obama's Lean, Mean SEAL Machine; The rescue of two aid workers in Somalia and the president's bold, new strategy", *Newsweek*, February 6, 2012.

② op. cit, "U. S. Teaming With New Yemen Government on Strategy to Combat Al Qaeda", *New York Times*, February 26, 2012.

③ "U. S. to Resume Yemen Training", *Wall Street Journal*, March 7, 2012.

美国是也门最大的人道主义援助提供国。近 1.1 亿美元的援助供国际救援工作者用来提供食品和食品券、改善卫生和饮用水并提供基本的医疗服务。美国国际开发署（USAID）正在提供 7400 多万美元用于粮食安全和营养计划，包括以营养不良的儿童为对象的计划；6800 万美元用于过渡和经济发展。援助资金的一部分将以改进基本服务为目标，其中包括健康、教育和用水。

美国正通过修复医疗诊所、提供医疗设备、向助产士和医生提供母婴健康方面的培训，以及支持社会健康教育，帮助也门弥补令人震惊的医疗缺陷。美国提供的发展援助的其他部分用于重建也门的基础设施、促进小额信贷及扶助小型企业。美国正在帮助农民掌握提高产量的方法，为年轻人提供技能培训、就业安置和创业项目。哈迪“不惜冒着极大的个人风险艰难带领国家前进”令人印象深刻。哈迪改组也门军队，解职或调离曾一度掌权的指挥官以及前政权官员的亲属和支持者，其中包括萨利赫的儿子以及萨利赫的一名主要对手。哈迪已开始商论将军队置于统一的文官控制之下的问题。

当然，对美国而言，暴力目前仍然是众多也门人面对的惨痛现实，“基地”组织阿拉伯半岛分支是“基地”组织最活跃的附属团伙，对也门和美国都构成了安全威胁。因此，只要“基地”组织阿拉伯半岛分支仍在扩展，也门便不可能在政治、经济和社会方面取得成功。美国在也门的所有反恐行动都是与也门政府协同开展的，已促成针对“基地”组织阿拉伯半岛分支成员和高级领导人直接采取行动。华盛顿宣称每次采取直接行动都会尽一切努力避免平民伤亡。摆脱“基地”组织阿拉伯半岛分支控制的地区已开始经济重建。[①]

① http：//iipdigital. usembassy. gov/st/chinese/article/2012/08/20120810134507. html #ixzz28ZgYvxIG.

四、美国对伊朗核计划及以色列安全的政策

对伊朗拥有核武器的预期，加剧了全球的紧张局势。然而，奥巴马政府似乎接受一种寄托伊朗民众的政策。因为相对于军事行动，外交手段和经济制裁更能阻止伊朗拥有核武器；通过美以之间更紧密的合作及军事克制，使以色列安全得到最好的保障；伊朗民众是未来使得伊朗更顺从于美国利益最可靠的希望所在。反之，如以色列或者美国对伊朗核设施进行打击，更可能使伊朗当局决定生产并部署核武器。这也会使得控制伊朗影响力变得更难。

（一）美国依赖外交手段和经济制裁

伊朗和美国之间的互相仇视根深蒂固。[①] 因为美伊之间令人不快的历史以及伊朗通过敌视美国来增强其政权合法性的活动，都使得美国外交实力受到限制。2009 年的伊朗总统选举，以及由此导致的伊朗国内政治精英阶层与普通民众阶层之间的分裂，也使得伊朗更不容易受到美国外交力量的影响，不过这也使得伊朗在美国的经济制裁和软权力面前变得更加脆弱。

尽管大选后现政权保守势力以及原教旨主义者势力变得更加强大，并且更不易为美国力量所左右，但是他们对伊朗人民的镇压，以及过度自信的外交政策使得美国更容易汇集国际各方向其施压。

---

① 伊朗对美国的仇视可以追溯到 1953 年，当年美国参与推翻伊朗民选政权，开启了由美国支持的长达 26 年的逊尼派统治，在之后美国支持萨达姆·侯赛因（Saddam Hussein）发动对伊朗的侵略，1988 年在波斯湾国际海域，美国海军意外地击落 1 架伊朗民航机。而美国对伊朗的仇视可以追溯到 1979 年的德黑兰美国大使馆人员被捕以及遭挟持长达 444 天的事件，接着在 1983 和 1996 年，驻贝鲁特和沙特阿拉伯的美军都遭到与伊朗有关的恐怖分子袭击。并且，伊朗也支持在黎巴嫩、加沙、伊拉克和阿富汗的极端主义活动。在过去十年，伊朗的核项目成为美国担心的主要问题。

在“阿拉伯之春”后，伊朗对于叙利亚总统巴沙尔·阿萨德对叙利亚人民和反对派军队镇压的支持，削弱了伊朗在该地区的地位。

如果伊朗完全放弃铀浓缩（即使奥巴马政府可能会允许伊朗提炼浓缩铀达5%的纯度，终级目的是民用），美国可能会放松制裁。但在伊朗的政治光谱上，许多人不支持放弃铀浓缩的所有活动。最糟糕的是，伊朗公然违反《不扩散核武器条约》，实际构建、测试和部署核武器。后一种情况可能促使其他地区的国家走上这条相同的路径。

因此，美国智库建议美国政府采取一套分级的外交目标，第一目标是继续施压，确保伊朗根本上遵守其在《不扩散核武器条约》中的所有义务，终止其尚未军事化的核项目。伊朗为了追求安全感、影响力和威望，正在发展核武器；因此，使伊朗认识到践踏《不扩散核武器条约》只会适得其反，此为阻止伊朗越界的最好方式。一旦美国认识到伊朗核计划可能不会走回头路，任何的说服工作都不可能奏效，美国要开始着手制定应对措施。只要伊朗现领导人当政，外交手段基本不可能取得根本性的突破。然而，美国依然需要与伊朗现政权建立可靠的沟通管道，以此来搜集情报、发出警告、避免误判冲突，并且根据情况，随时准备行动。如伊朗建成并部署武力，美国对伊朗的外交管道将变得更加重要。

（二）以色列的安全

支持以色列军事打击伊朗核设施的人可能相信，以色列能够承受军事打击失败所带来的短期的军事和外交影响，但是长期而言，这对以色列的安全将是灾难性的毁灭。这些青睐军事手段的人，诸如以色列总理内塔尼亚胡以及国防部长巴拉克，他们认为伊朗拥有核武器的中东较以色列军事打击伊朗后的中东更加危险。但是他们的观点是建立在错误的假设之上，也即一旦采取军事袭击之后，未来中东地区的伊朗将不会拥有核武器。实际上，军事袭击后的中东可能是较以上两种情况更糟糕：拥有核武器的伊朗，较以往更有决心来挑战犹太国家，并且在如此做时将面临更少的地区和国际阻力。因此，中东地区的未来取决于拥有核武器的伊朗是否遭到袭击，而不是伊朗是否已经拥有核武器。尽管没有遭遇袭击的拥有核武器的伊朗是危险的，但是遭到袭击的伊朗非常可能充分发挥军事能力，确保不会再受到袭击。

伊朗和以色列之间互相对抗也就是十年间的事。以色列对伊朗威胁的认识部分来源于伊朗日益扩张的导弹能力和核发展活动。伊朗原教旨主义者的崛起增强了伊朗人民对于以色列的仇恨，以色列对于伊朗的地区野心更为担忧。伊朗总统内贾德曾说，要将以色列从地图上抹掉。[①] 内贾德刺耳的说法，尽管受意识形态的驱动，但也是响应国内的需求，满足其他原教旨主义者对外交事务的看法。

过去十年，中东地区的地缘政治大变革加深了原本紧张的对抗关系。2011 年以来的阿拉伯之春增强了以色列的担忧，尽管这场变动使得伊朗变得更加脆弱，并且受到了更多的限制。因此，美国通过阻止和准备措施来避免军事冲突，从而控制以色列和伊朗之间的对抗。对于以色列，此意味美国将一方面增强以色列的军事力量，一方面阻止以色列对伊朗核设施采取军事打击行动。对于伊朗而言，此意味美国一方面在努力失败后，能有充足的准备来吓阻拥有核武器的伊朗；另一方面，美国将继续劝阻现政权避免使其核项目军事化。

美国对伊朗核项目及其对以色列的政策可能有如下选项：首先，避免对以色列施加舆论压力。美国大众对以色列施压可能会增强以色列的孤立感，扭转以色列在军事打击问题上存在分歧的大众舆论，转而反对美国，使得以色列领导阶层更倾向于发起挑衅。

其次，暗中影响以色列关于采取军事打击的国内争论。美国智

① NazilaFathi, “Wipe Israel ‘off the map’ Iranian says”, *New York Times*, October 27, 2005. 〈http: //www. nytimes. com/2005/10/26/world/africa/26iht-iran. html? _ r =0〉.

库官员应当对争论军事行动的以色列前任和现任官员进行评估。美国研讨会上与会人员对美国担忧的表述，以及对以色列智库和军事团体的评估都有利于控制其国内争论。

第三，继续加强与以色列的军事合作以及智库交流，并使这种努力为以色列公众所熟知。美以之间广泛的军事合作更为以色列公众所熟知，将会缓和以色列对孤立的担心，使其更少包容一些挑衅美国的领导者。鼓励以色列的领导人和记者们向公众报导更多军事合作的努力。

第四，加强对以色列和伊朗僵局如何演化的研究。在美国和以色列非政府机构的沙盘推演中，探索以色列和伊朗之间军事冲突的情境。这种推演理清了伊朗和以色列对抗关系如何发展，以及怎样的军事或者政治措施能够增强或者减少这种冲突。

最后，鼓励伊朗和以色列双方通过二轨外交对话，直接沟通。假如伊朗拥有核武器，以色列和伊朗将在防止核冲突方面有共同的利益。尽管在不久的将来，在官方层面的对话基本上不可能实现，但是伊朗和以色列安全专家参加的、由美国或者欧洲非政府机构赞助的非官方、双轨的安全讨论却是可能的。

（三）寄托于伊朗公民的“绿色运动”

无论是公开还是私下，美国改变现政权的露骨行动很可能产生反面效果，反而会延续现政权，强化其现有领导。美国为推动伊朗改革能做的，就是在美国拥有更多主导权和影响力的中东地区，支持民主力量的成长。采取持续不断的努力，支持区域乃至全球的民主化，这会使得美国推动伊朗改革的举措更加可信。

伊朗面临普遍的大众不满情绪，以及日益深化的国内分裂。国内的发展可能使得以色列和伊朗之间的对抗关系以及美国的政策发生重大转变。因此，美国不仅关注伊朗的核项目，同时也开始重新关注伊朗国内的人权事务。2009 年伊朗总统大选在其内部被广泛视为是不公平的选举，致使伊朗政府镇压升级。反对神权国家的伊朗人依照常规遭到折磨和逮捕。反对派“绿色运动”组织（Green Movement）的领导人，包括前内阁官员穆萨维（Hossein Mousavi）遭到软禁。为应对2013年总统选举，伊朗政府加强暴力手段的运用，这可能成为未来引发公众示威游行的导火线。

然而，阿拉伯世界内部压力促使一系列的独裁者被推翻，伊朗政府也面临同样的国内压力，十分难以应付。伊朗现政权可能让“绿色运动”组织的领导人不能发声，但是他无法摧毁伊朗人追求更加自由、更加民主的政府的愿望。像许多周边的阿拉伯国家一样，伊朗人也在每天都感受到日益升级的镇压所带来的沮丧和侮辱。尽管伊朗妇女拥有教育、经济和社会成就，但是她们不享有同等的权利。伊朗青年不能像全世界其他的同龄人一样有机会和自由。部落、宗教人口和同性恋者生活在持续的恐惧之中。伊朗国内还有大规模的腐败案件，包括现政权亲信挪用银行资金，甚至在伊朗政治和军事界也存在对现政权幻想的破灭。

伊朗现在的状况表明，虽然“波斯之春”可能发生，但是现政权依然有很大部分的民众支持，因为他们将伊朗视为抵抗“美帝国主义”的力量。现政权散播伊朗民族主义来增强其自身的合法性与权威，并将“绿色运动”组织和其他民权分子描绘为西方国家的棋子，将美国及国际对伊朗核项目的反对措施描绘为不承认伊朗先进科技及其国际地位的手段。因此，美国对伊朗核项目的反对，尽管必要，但是也存在增强现政权核心支持者力量的影响。美国对伊朗核项目的高度关注可能使得很多的伊朗民众相信，美国只关心其自身在中东地区的安全利益，而无视普通伊朗民众的生活困境。

美国晚近已开始采取平衡措施，更强调美国对伊朗人权问题的关注，此一转变可以抵消伊朗公众对美国意图的消极评价。美国政府已经支持建立一个特别的联合国人权监督小组对伊朗进行监督。美国同样也对参与到侵犯人权的伊朗高层安全官员进行经济和旅行制裁。在合作中，美国对为伊朗提供军事服务的其他成员进行制裁，尤其是伊斯兰革命卫队的中高阶成员，以及镇压和侵犯人权的巴斯基民兵组织①。这样的制裁能阻止外国政府和公司与上述个人或受其控制的经济组织的分公司进行合作，以此来向当局表明，它的对内和外交政策将会产生严重的后果。

五、美国对叙利亚问题之政策作为

叙利亚一直是个特别的国家。政权的少数派性质，交缠的成为阿拉伯民主主义先锋的宏愿和深刻的不安全感，让它和其他阿拉伯国家相较起来显得十分的不同。在1990年代后期，在讨论以色列与巴勒斯坦谈判还是以色列与叙利亚谈判时，有人形容老阿萨德是和平进程中的辛纳屈（Frank Sinatra），他不会像之前埃及的萨达特、约旦国王侯赛因甚至巴勒斯坦领袖阿拉法特做过的那样与以色列和西方实现和平，他会照自己的方法来做。结果，以色列与叙利亚有关戈兰高地的和平协议的签署过程和主旨与其他的都不同，也艰难得多。

（一）叙利亚在中东具有与众不同的独特性

近几年来，阿拉伯世界的起义提供了三种政权更迭的方案，首先，埃及模式：可以称之为自助模式。埃及军队将穆巴拉克赶下台，原因是它们不愿意使用暴力对抗人民来镇压起义而损害自己的权力、津贴和在后穆巴拉克时代埃及的影响力。其次，也门模式：有重大影响力的外部势力—沙特阿拉伯领导的海湾合作委员

① 有人形容他们为包括“各地教士控制的团体”（“many groups controlled by local clerics”）在内的“一个松散的联盟组织集团”（“a loosely allied group of organizations”），哈梅内伊则形容其为“伊朗民族最伟大的希望”（“the greatest hope of the Iranian nation”）和“一棵完美的树”（“an immaculate tree”）。

会在美国的帮助下—让已经受到削弱的总统萨利赫下决心离开总统府，不过他获得豁免以及将来地位的许诺。最后，利比亚模式：国际社会得到安理会决议授权，还有北约的军事力量，发动支持利比亚反对派的有限战争，（在8个月后）成功击败卡扎菲，但它们对叙利亚都不适用。

叙利亚和这三个国家有相当大的不同。与埃及军队情况不同，阿拉维派（Alawi）主导叙利亚军队和安全机构。叙利亚和也门不同，叙利亚没有帮它解决问题的海湾合作委员会，巴沙尔·阿萨德也难以得到赦免。叙利亚和利比亚不同，它有真正的国防体系，有化学武器、可靠的防空系统、坚定的正规军、血腥收回霍姆斯显示出的不惜一切代价保证权力的决心。美国有力量粉碎叙利亚军队，但它既没有意愿也没有决心进行这样的冒险，而且后果很可能是长期干预，无论如何，美国还没有准备好。虽然有这些问题，还是有大量专家、前政府官员和重要的美国议员要求政府全力行动。正如干涉利比亚之前一样，自由派干涉主义者和新保守主义者都要求采取更有力的措施。

（二）美国对叙利亚动乱的实务操作

1. 政治过渡的要求

2011年8月18日，奥巴马呼吁巴沙尔·阿萨德辞职，他说："我们一直说，阿萨德总统必须领导一个民主过渡或出路。但他并没有领导。为了叙利亚人民着想，阿萨德总统下台的时候已经到来。"他还补充，美国不会强加给叙利亚以解决方案，"美国将支持的是致力于将民主、正义，以及对所有叙利亚人的包容带入叙利亚……。我们通过向阿萨德总统施压来达到这一结果，而且与国际社会的其他成员一同支持叙利亚人民的普世权利。"

2. 外交手段

美国官员一直高调主张联合国安理会采取行动，谴责叙利亚政府和结束流血暴力。虽然美国已经关闭了其在大马士革的大使馆且福特大使（Robert Ford）已经离开了叙利亚，但美国官员正在参加致力于改善国际政策协调和支持叙利亚人民的活动，诸如2月在突尼斯、4月在伊斯坦布尔、7月在巴黎举行的叙利亚之友论坛。美国官员在联合国安理会慎重地支持安南计划，尽管报道表明，美国寻求更强大的制裁措施，但遭到俄罗斯和中国的阻挠。由于俄罗斯和中国继续威胁安理会否决任何他们感觉过度施压或惩罚阿萨德政权的决议，奥巴马政府指责俄罗斯和中国允许阿萨德政权继续煽动对叙利亚平民的暴力行为。

3. 经济制裁

自叙利亚动乱以来，奥巴马政府已显著扩大对叙国政权及其支持者的制裁。美国财政部已点名数十个个人和实体，冻结他们总部设在美国的资产，并且拒绝他们进入美国的金融体系。

4. 非致命性援助

2012年，奥巴马政府官员承认，美国正在向叙利亚反对者提供诸如医疗用品、夜视镜和通信设备等非致命性援助的和平要件。据报道表示，这些援助包括诸如匿名软件和有全球定位系统功能的卫星电话，以规避政权因特网监控的工具。[①]《时代》杂志的文章报道，奥巴马政府已对叙利亚异议者提供媒体技术培训，他们获得美国国务院的因特网自由基金（Internet Freedom Grants）。[②]

5. 情报协调

根据公开来源的报告，美国情报人员正在帮助协调提供致命的援助给不隶属于诸如“基地”组织及其附属机构等恐怖组织的武装叙利亚反对派部门。一份报告指出，位于土耳其南部的中央情报局

---

① “US Provides Communications Aid for Syria Opponents”, *Agence France Presse*, June 14, 2012.

② “Hillary’s Little Startup: How the U. S. Is Using Technology to Aid Syria’s Rebels”, *Time. com*, June 13, 2012.

人员正在审核叛乱团体与已知恐怖组织的联系，以“了解更多有关叙利亚反对派的网络内的成长与改变，并建立新的联系”。[①] 与外国政府合作，美国情报人员也可帮助反对派发展后勤以转移叙利亚供给的路线。[②]

6. 应急计划

虽然奥巴马政府并没有表示准备很快在叙利亚实行军事干预，报道认为，美国军方已经制定了不同类型干预措施的应急预案。据悉，规划包括实施禁飞区，以及防止化学和生物武器储备处被叙利亚军队所使用。[③]

7. 人道主义援助

迄今为止，美国已承诺提供总额近5200万美元的人道主义援助给国际组织，以寻求向叙利亚民众提供救济。该援助包括了对世界粮食计划署的1650万美元；联合国难民署的850万美元；非政府组织的1490万美元；国际红十字会的800万美元；联合国近东巴勒斯坦难民救济和工程处（United Nations Relief and Works Agency for Palestine Refugees in the Near East，UNRWA）的300万美元；联合国儿童基金会的75万美元；以及联合国人道主义事务协调办公室的50万美元。[④] 它还包括由美国承诺向叙利亚人民之友（Group of Friends of the Syrian People）援助的1200万美元。

---

① 该报告也注意到美国政府决定是否向叛乱者提供叙利亚军队的位置和移动的卫星图像和情报，参见“C. I. A. Said to Aid in Steering Arms to Syria Opposition”，*New York Times*，June 21，2012.

② “U. S. Stepping Up Efforts To Organize Syria Rebels”，*Wall Street Journal*，June 14，2012.

③ “U. S. Military Completes Planning For Syria”，*Security Clearance*（*CNN. com*），June 14，2012.

④ 参见“U. S. Humanitarian Aid Reaching Syria and Neighboring Countries”，U. S. State Department Press Releases And Documents，June 8，2012.

六、结语：奥巴马政府反恐心有余而力不足

美国前总统布什的反恐政策造成了重大的财产和人员损失，并令国家名誉受损。同样，如果对伊朗发动常规的军事行动，无论是美国或以色列单独行动抑或两国联合发动打击，其后果同样不堪设想。然而，政治抉择往往是个二选一的问题，尽管两个选项通常都不尽如人意。无论如何，奥巴马做出了选择，悄无声息，然后发出了命令。

虽然奥巴马在对外政策上的表现成绩斐然：成功刺杀本·拉登，对利比亚的解放以及阿拉伯人民追求自由的支持，伊拉克的战局的结束，对“基地”组织的反复打击，以及恢复受损的美国国家形象等，都为他赢得了极高的声望；但是，因特网战争、无人机袭击、枪杀、军事基地神秘的爆炸等逾越法律的诡秘行为会招致报复，破坏美国对法制的承诺，引起美国盟友的不安。诚然，实施这一战略而采取的一些行动可以保密进行，可是对外政策的总体原则不应避而不谈。因此，奥巴马的沉默原则是一种失败。

尽管针对本·拉登的战役成功，奥巴马表示反对无限期的维持关塔那摩，但重新安置该处的犯人十分困难；而且还有更普遍的扣押恐怖嫌疑人的问题，其打击恐怖主义的原则方法在道义上没有超越他对前任总统的承诺。另外，美国还有三个互不相同的无人机项目。第一个是五角大楼运行的，该项目已经在伊拉克和阿富汗执行过任务。另外两个是由中央情报局以及军方的联合特种作战司令部所执掌的机密计划，两者各自掌握一份名单，其中有它们的刺杀目标。美国中央情报局在中东修建秘密空军基地并在 2011 年底投入运作，以便武装无人机打击也门的激进分子，但该基地的地点不公开。美国建造中央情报局的空军基地，显示奥巴马政府认为武装无人机

是打击恐怖分子目标的重要武器。虽然中央情报局退出了“拘留和审讯业务”，但大幅加强了这些有针对性的无人机攻击杀死恐怖分子嫌疑人的业务，因此，奥巴马政府更偏好“击杀而非俘获”（kill-not-capture）政策。

无论如何，在奥巴马第一任期中，反恐与中东政策皆陷入困境，不仅无法在叙利亚与中东地区扮演领导者，而且与盟友以色列间的紧张关系更是让伊朗更加胆大。奥巴马无法领导叙利亚问题致使该国超过3万名男女及孩童在过去20个月惨遭阿萨德杀害。叙利亚的反抗军并不具备对抗阿萨德所需的火力。当然，奥巴马执政团队忧心肩射导弹和其他重型武器会落入恐怖分子手中，因此没有直接提供武器给反对派，但已安排通讯器材的运送。奥巴马的确在外交上采取了关键决定，尤其是猎杀本·拉登，但是观察今天的中东，伊朗前所未见地接近取得核武器能力，恐怖分子仍不断流窜，美国驻利比亚大使史蒂文斯与另外3人在利比亚城市班加西丧命很可能是因“基地”组织相关人员的策划，以及以巴间的冲突。一系列的事件显示，中东地区反恐与冲突风险较奥巴马就任时更为严重。

美国的中亚反恐政策及其对中国的影响

杨　恕　朱永彪

（兰州大学中亚研究所所长、教授、博士生导师；讲师、博士）

冷战后，美国开始介入中亚，主要目的是为了推进该地区的民主化进程、获取油气资源，以及维护地区安全。初期美国在安全方面主要是避免中亚地区出现核扩散等问题，在中亚实现了无核化后，民主化与能源就成为美国在中亚的主要目标。但是随后，安全问题又再次出现，这主要是因为伊斯兰极端主义、恐怖主义在中亚的活跃。20 世纪末乌兹别克斯坦伊斯兰运动等在中亚的一系列活动，使得美国开始重视与中亚的安全合作，美国在中亚的反恐政策也发端于此。

1996 年塔利班在阿富汗掌权后，美国与乌兹别克斯坦等国的安全合作逐步加强。1997 年 3 月，美国国家安全事务顾问伯杰表示中亚是美国外交政策的优先方向之一。1998 年 2 月，美—乌联合委员会成立，以应对来自阿富汗的恐怖主义威胁。1999 年 3 月，在美国国会听证会上，前无任所大使史蒂芬·西斯塔诺维奇（Stephen Sestanovich）总结了克林顿政府中亚政策的四个目标：1. 民主化；2. 市场经济改革；3. 与西方政治军事机构的整合；4. 在核不扩散、反恐、禁毒问题上的负责任的安全政策。他还指出，维护中亚国家的主权、独立和领土完整，是美国中亚政策的基石。①

“9·11”事件发生后，美国非常重视中亚在反恐战争中的作用，将中亚视为支持阿富汗战争的重要基地，但很快，随着美国将反恐重心转向伊拉克，美国又把在中亚地区推进民主作为主要目标，由此导致与中亚国家关系的降温。小布什政府后期，尤其是奥巴马上台后，美国开始调整对中亚政策，放松对民主化的要求，重新将安全作为首要目标。

纵观美国的中亚政策可以发现，安全一直是美国对中亚政策的重要目标，在一些时候，比如当前，甚至是首要目标。

但严格来说，美国没有单独针对中亚地区的反恐政策，美国在中亚地区的反恐政策，更多的是美国全球反恐战略的组成部分，如对中亚国家反恐能力建设的支持，是美国整体战略的一部分而已，并不是针对中亚地区特别制定的。在此基础上，由于中亚的特殊地位，又增加了一些特殊的内容。因此，本文所述的“美国在中亚反恐政策”，是从美国的相关行动与表态总结出来的。

一、美国重视中亚反恐的原因

中亚不是美国反恐的重点地区。因为就美国的反恐战略目标来说，无论是击毙本·拉登，还是粉碎“基地”组织，中亚都起不到决定性的作用。但中亚又是美国反恐战略中重要的一环，具有特殊的地位。

首先，中亚的乌兹别克斯坦伊斯兰运动等组织虽然不会对美国本土构成直接和现实的威胁，但是，他们具备攻击美国或其它关键

① Frank T. Tsongas, “Central Asia Official Outlines US Policy”, http://www.rferl.org/content/article/1090827.html, March 9, 1999.

目标的能力，如美国在阿富汗的关键设施、美国在中亚的补给线与“后勤保障基地”等，也有可能扩大它们的行动基地，或者获得包括大规模杀伤性武器在内的关键性技术，从而发展壮大到不可控的地步，这对美国来说是不得不应对的威胁。

其次，防止部分中亚国家成为失败国家或陷入长期动乱，也是美国重视中亚反恐的原因。美国一直担心一些国家应对恐怖主义威胁的能力不足，可能由此导致灾难。而中亚国家中，塔吉克斯坦、吉尔吉斯斯坦，甚至是乌兹别克斯坦，都被美国认为具有这样的“潜力”。有美国学者估计，在阿富汗和巴基斯坦有至少5000名战斗人员来自中亚地区。[①]“在美国领导的反恐战争展开后，乌兹别克斯坦伊斯兰运动等组织受到了沉重的打击，其财源、武器供应及毒品走私业都损失惨重，但它们在中亚的组织体系基本上完好无损。而且乌兹别克斯坦伊斯兰运动与伊扎布特现在有重组及合流的趋势。它们的新口号都是反美。”[②] 如今，混乱的巴基斯坦西北部落区已使得美国疲于应对，如果阿富汗的另外一个邻居中亚也出现较大的混乱，使得极端分子、恐怖分子找到另外一个天堂，那对美国来说将是灾难性的打击。

第三，毒品问题也是美国重视中亚的一个原因。毒品与恐怖主义的关系越来越密切，美国已认识到这一点，并且为打击毒品犯罪做出了相应的努力，而中亚已逐渐成为全球反毒工作的一个重要战场。一部分阿富汗毒品经过“北线”由中亚到达俄罗斯和欧洲，经该路线走私阿富汗生产的15%的鸦片和21%的海洛因与吗啡。[③] 大

① Ariel Cohen, Ph. D., Morgan Lorraine Roach, “Central Asian Terrorism: An Emerging Threat to U. S. Security”, http://www.heritage.org/research/reports/2011/06/central-asian-terrorism-an-emerging-threat-to-us-security, June 13, 2011.

② Ahmed Rashid, *Jihad*: *The Rise of Militant Islam in Central Asia*, Penguin books, 2003.

③ UNODC and The Paris Pact Initiative, “Illicit Drug Trends in Afghanistan”, April 2008, pp. 26 – 27.

批量半制成品的主要集散中心是阿富汗的昆都士、法扎巴德以及巴基斯坦的吉德拉尔市。然后从这些地区运到乌兹别克斯坦的铁尔梅兹、塔吉克斯坦的杜尚别和吉尔吉斯斯坦的奥什。奥什也是毒品由塔吉克斯坦的戈尔诺—巴达赫尚自治州通往比什凯克、塔什干、阿拉木图以及俄罗斯东部地区的关键转运站。

第四，一个稳定的中亚，有助于阿富汗问题的解决。美国已经意识到，阿富汗问题的最终解决，需要阿富汗周边国家发挥积极作用，而中亚国家中，三个与阿富汗相邻，而且其中两个还与阿富汗有着非常密切而又特殊的民族、历史联系。在这种状况下，中亚的稳定与积极参与阿富汗事务显然是美国追求的目标，尤其是美国还要依靠经过中亚的补给线。从这个角度而言，只要阿富汗问题未解决，中亚对美国在反恐方面的重要性就不会降低，中亚的安全利益在一定程度上就转换为了美国的安全利益。

因此，正如2011年度的《美国国家反恐战略报告》所说：对美国来说，没有直接来自中亚的恐怖主义威胁，但是，保证支持美国在阿富汗行动的物流设施（logistics infrastructure）、关键战略设施的安全，以及防止在中亚出现一个“基地”组织的安全天堂，都是符合美国利益的。我们将继续对中亚地区的敏感事件（warning signs）保持警觉，并持续支持各国的努力（local efforts），以保证将中亚地区的恐怖组织对美国及盟友利益的威胁控制在较低水平。①

二、美国在中亚的反恐政策与措施

（一）提供反恐援助

自建交以来，美国就开始对中亚各国提供各种援助，其中最主

① National Strategy for Counterterrorism，June 2011，p. 17.

要的部分是涉及安全的项目，在许多年度，这类援助占到援助总额的一半左右，而安全项目中的一个主要部分，就是反恐援助。“美国对中亚国家的反恐援助可以追溯到1997年，但大规模反恐援助是在“9·11”事件之后，特别是在2001—2003年间。数额不菲的反恐援助对中亚国家很具吸引力，中亚多国允许美国使用其领空和军事基地。”①

（二）争取中亚国家对美国阿富汗战略的支持

美国发动阿富汗反恐战争获得了中亚国家的大力支持，这主要表现在美国获得了乌兹别克斯坦、吉尔吉斯斯坦、塔吉克斯坦三国相关军事基地和军事设施的使用权。截止目前，美国在中亚仍保留有相关基地。除了军事设施等，美国还希望中亚国家在禁毒、边界控制，乃至民族关系方面发挥特殊的作用，以支持美国的阿富汗战略，而这些也都得到了中亚国家的积极回应。

（三）支持中亚国家反恐能力建设，加强与中亚各国的反恐合作

除了争取获得中亚各国对美国阿富汗战略的支持外，美国还支持中亚各国的反恐工作，帮助它们提升应对恐怖主义的能力。早在2000年5月，美国就帮助哈萨克斯坦建立了情报信息中心，并由美国国防部负担相关费用。2005年，美国协助吉尔吉斯斯坦建立了反恐怖主义中心。2010年（2008年即有提议）美国准备帮助吉尔吉斯斯坦建立一个反恐培训中心，但未能实现。

除了帮助中亚国家提升反恐能力外，美国也开展与中亚各国的反恐合作，如美国各级官员访问哈萨克斯坦或者哈方重要官员访问美国时，双方都会强调加强反恐方面的合作。2002年3月12日，美

① 郑羽：《中俄美在中亚：合作与竞争（1991—2007）》，社会科学文献出版社，2007年版，第267页。

国、乌兹别克斯坦发表了《美乌战略伙伴和合作框架宣言》。9 月，美国与吉尔吉斯斯坦也签署了类似的文件，以加强反恐合作。

（四）举行联合反恐演习

美国与中亚国家的军事演习非常频繁，已经基本上实现常态化、机制化，且反恐一直是演习中的重要科目。

中亚国家都是北约“和平伙伴关系计划”的成员国，1995 年以来，中亚国家的军官和军队陆续参加了在美国举行的“和平伙伴关系计划”军事演习。1997 年起，美国军队正式参加了中亚地区的军事演习（“中亚营”）。截至目前，美国与吉尔吉斯斯坦已举行了多次联合军事（反恐）演习，美国还参加了多次中亚地区国家多功能军事演习，以及哈萨克斯坦举行的“草原之鹰”演习。这些演习规模都不大，但是意义与影响重要。最近的一次军事演习于 2012 年 6 月 18 日在吉尔吉斯斯坦举行，参加国有吉尔吉斯斯坦、美国、哈萨克斯坦、塔吉克斯坦和阿富汗。此外，美国还向中亚国家出售军火，提供军事技术装备，为中亚国家培训军事人员，提供军事援助，签署双边军事合作协定。

（五）分享反恐情报

早在 2000 年 4 月初，美国联邦调查局局长访问乌兹别克斯坦期间，双方就加强军事和情报领域的合作达成共识，美国同意乌兹别克斯坦使用其通信和侦察卫星。美国还为吉尔吉斯斯坦开通了 3 条通往美国及北约总部的卫星保密热线。总之，双方的情报信息交流已达到较高水平。

（六）帮助中亚国家提升边界控制能力

美国一直大力支持中亚国家提升边界控制能力，通过边境安全项目等向各国提供各种援助。如美国持续性地向塔吉克斯坦提供援助，帮助塔吉克斯坦边防军和海关提升边界控制能力。2003 年至 2011 年，美国共向塔提供了 4100 多万美元，用于加强边防守卫和改善国内安全状况。2011 年 6 月底，由美方援助修建的一批边防哨卡投入使用，总耗资约 160 万美元。2010 年，美国向塔提供各种援助总计 4680 万美元，相当于塔全部外援的 55.6%。[①] 而从 2000 年至 2006 年，美国在加强边境安全项目的框架内向吉尔吉斯斯坦提供了总金额达 2000 万美元的无偿援助。美国对乌兹别克斯坦的相关援助在因“安集延事件”短暂中断后也得到了恢复，2007 年 3 月，美国政府向乌边防卫队提供了 18 艘巡艇用于在阿姆河的巡逻。2008 年 6 月 6 日，美国向乌兹别克斯坦国家海关委员会提供了 10 个放射性同位素识别装置。

三、美国在中亚反恐政策的效果

（一）有助于中亚局势安全稳定

截止目前，美国在中亚反恐方面做了不少工作。阿富汗反恐战争开始之后，美国对塔利班及相关势力的打击，在很大程度上遏制了这些势力对中亚的影响，对中亚安全局势的好转起了重要作用。威胁中亚安全的恐怖势力，如乌兹别克斯坦伊斯兰运动受到了致命打击，对中亚的威胁大大降低。当然，从另一个方面来看，美国在中亚的反恐效果又是有限的，因为美国没有直接介入中亚地区的反恐行动，虽采取了一些措施支持中亚国家的反恐能力建设，但力度有限，有些措施也只停留在设想层面。

---

① “美国将继续帮助塔吉克斯坦加强塔阿边境守卫”，人民网：http://world.people.com.cn/GB/1029/42354/15464643.html，2011 年 8 月 19 日。

（二）双重结果

由于阿富汗军事行动增加的压力，近年来经由阿富汗北部地区回流中亚的恐怖分子、极端分子逐渐增多，导致了中亚地区安全局势的恶化。再加上美巴关系恶化后美军不得不更加依赖中亚补给线，使得中亚极有可能成为极端势力袭击的目标。自2011年底起，中亚反恐局势表现出恶化的趋势，以前几乎没有遭受过恐怖主义袭击的哈萨克斯坦发生多起恐怖事件、暴力袭击事件。中亚反恐形势的恶化与反恐作用的加强都与美国的阿富汗政策相关，这对美国来说是一个需要认真面对的新问题。

（三）未参加机制性的反恐合作

虽然美国、北约自“9·11”事件后迅速展开了在阿富汗的反恐行动，之后美国又对中亚、阿富汗地区提出了以阿富汗为中心、包含印、巴、中亚等国的“大中亚”计划，但因缺乏可操作性而没有进展。美国没有在中亚参与机制性的反恐合作，如与上海合作组织、独联体集体安全组织都没有合作，没有有效处理与现有反恐机制的关系，因此未能更有效地利用反恐资源。

（四）美国在中亚的反恐政策缺乏整体考虑

这体现在许多方面，如美国一方面担心伊斯兰极端主义、恐怖主义在中亚泛起，另一方面却又对中亚国家打击非法宗教活动的努力大加指责。如美国的《人权报告》常对中亚各国的人权状况横加指责，尤其是对乌兹别克斯坦。美国民主、人权和劳工事务局发布的相关报告对中亚各国的宗教信仰自由情况也常常进行指责，这种情况和对中国的指责很相似。虽然如一些西方学者批评的那样“美国为了反恐而支持中亚的独裁政权”，但显然美国并不甘心这样做，总是会寻找时机在民主化等问题上做文章。这表明，美国在中亚的反恐政策并未通盘考虑，更像是临时从实用主义出发的某种“妥协”。

四、美国在中亚反恐政策的前景

（一）美国有可能进一步加大对中亚反恐的重视

这主要是因为：第一，随着美巴关系的恶化及不确定性增加，美军经过巴基斯坦的补给线虽然量大，但是不稳定性增强，这样，经过中亚的北线就变得更加重要。第二，阿富汗、巴基斯坦局势均不稳定，中亚地区，特别是乌兹别克斯坦、吉尔吉斯斯坦和塔吉克斯坦也潜伏着诸多严重的不稳定因素。随着美国阿富汗战略的调整，中亚将在新的阿富汗战略中发挥重要作用，这样，一个稳定的中亚至关重要。第三，美国撤军后，阿富汗及中亚的安全局势可能恶化，自去年起，中亚安全局势有恶化的趋势。美国有可能继续加大对中亚基地的利用，另一方面，也会加大对中亚反恐能力建设的支持力度。

（二）美国有可能重新定位中亚的作用

随着美国阿富汗战略的调整，美国将更加重视特种部队在反恐中的作用（这其实也是美国智库一直建议的，如兰德公司等机构的研究报告中多次提出这一建议）。在这种背景下，随着美军的撤离，大规模地利用特种作战部队，美国对中亚的需求可能也会随之发生变化，因为作战方式不同，所需要的各种资源与支持也是不同的。

（三）美国在未来有可能进一步改善与乌兹别克斯坦关系

实际上，自2008年起，美国就开始着手改善与乌兹别克斯坦的关系。为加强与乌兹别克斯坦的关系，美国将乌兹别克斯坦排除出了违反人权国家黑名单，并恢复了对乌兹别克斯坦的相关援助。

五、对中国的影响

总体而言，美国在中亚的利益、活动与中国并未有根本性的冲突，双方在中亚地区的矛盾甚至小于中俄之间的矛盾。具体到反恐领域，据前文所述可知，从美国重视中亚反恐的原因，到采取的政策与措施，以及其效果与前景来看，都对中国构不成实质性的威胁，而且很多工作是与中国重合的，做了许多中国本来应该做的事情，如提升中亚国家的边界控制能力等。而且尤为重要的是，美国在中亚的反恐政策受到了中亚各国欢迎，即使是乌兹别克斯坦，也对美国的反恐政策持支持态度。

中美在中亚的反恐政策目标基本一致，但也有着差别，中国除了反恐、保持地区安全稳定外，还有反分裂的利益诉求。

在美国与北约无力独自应对阿富汗局势的背景下，美国试探性地与阿富汗周边国家合作，与上海合作组织合作。鉴于美国在阿富汗及中亚的现实存在及美国—中亚已有了实质性的反恐合作，上海合作组织完全可以与美国在中亚地区加大反恐合作，毕竟这符合双方的利益。

当然，美国在反恐上的双重标准问题值得我们警惕，而在这一方面，中国与中亚各国是有着共同利益的。

中亚恐怖活动新发展与反恐合作绩效评估

——以上海合作组织为例

王　震

（上海社科院国际关系研究所助理研究员）

“9·11”事件至今已有十多年的历史。十几年来，上海合作组织（以下简称“上合组织”）作为中亚地区最为重要的区域性反恐合作平台之一，在地区反恐合作领域发挥了重要作用。本文将在总结中亚恐怖活动新发展的基础上，运用经济学中的成本—收益理论来分析和评估上合组织框架下的国际反恐合作。

一、中亚恐怖活动新发展

“9·11”事件以来，在全球反恐斗争的强大压力下，中亚国际恐怖组织不断分化组合，呈现出了一些新特征，主要体现在以下三个方面：

一是恐怖组织“国际化”势头更加明显，所谓“国际化”主要是指其跨国（跨界）活动特征。它体现在两个方面：一是组织结构方面开始日益“国际化”，即恐怖组织无论是在人员招募、培训，还是在资金筹集、人员流动、活动筹划等方面都可以通过跨界机构来完成；二是恐怖攻击目标和指导思想方面变得日益“国际化”。由于和前阿富汗抗苏“游击战士”（Mujahideen）之间存在千丝万缕的联系，中亚恐怖组织从一开始就具有较为深厚的国际背景。“9·11”事件以来，中亚各国加大了对恐怖组织的打击力度。一些恐怖组织或是被国际反恐战争打垮，或是上了全球反恐战争的“黑名单”，其活动和发展受到了严格限制。这种局面迫使中亚恐怖组织调整策略，转向反恐力量较为薄弱的费尔干纳盆地、以及阿富汗和巴基斯坦边境等地区开展活动。

曾经活跃于中亚地区的“乌兹别克伊斯兰运动”（简称“乌伊运”或 IMU）由于领导人先后被击毙，目前已经一分为三：其中最大的一支主要在伊朗、印度、土耳其等中东和南亚国家活动；奥斯曼·阿季尔率领的一支主要在巴基斯坦活动；此外，还有一部分散落于中亚境内，不过其活动已经受到严格限制。据估计，目前活跃在巴基斯坦和阿富汗地区的中亚“圣战分子”数量大约在 1000—5000 人，其中包括不少“乌伊运”成员。根据美国国防部 2010 年的估计，经过战斗减员和重新招募，目前活跃于巴基斯坦和阿富汗的“乌伊运”和“伊斯兰圣战联盟”（IJU）成员仍有约 1200—1500 名，其中一些人正寻求返回中亚地区以“重建其组织机构”。[①] 已被列入国际恐怖组织黑名单的“东伊运”（ETIM）衍生势力近年来也明显加强了“国际化”势头。“东突”恐怖势力曾长期从海外极端组织那里获取支持和资助：它一方面和阿富汗、巴基斯坦的“基地”组织联系密切；另一方面还与活跃于中亚地区的“乌伊运”、“伊斯兰解放党”及“圣战联盟”等密切合作。一些“东伊运”成员被发现和其它圣战分子一道，在巴基斯坦、阿富汗、车臣、克什米尔，乃至欧洲、中东等地进行活动，并曾在“基地”组织训练营受训。

---

① Thomas M. Sanderson, Daniel Kimmage and David A. Gordon, *From the Ferghana Valley to South Waziristan, The Evolving Threat of Central Asian Jihadists: A Report of the CSIS Transnational Threats Project*, Washington, CSIS, March 2010, p. 12.

二是指导思想的意识形态化，即通过披上宗教外衣，开始日益求助于“圣战”思想。[①] 在前苏联当局长达数十年的意识形态宣教下，中亚大多数穆斯林民众对于伊斯兰经典教义和教规的认识相对淡漠。苏联入侵阿富汗期间，西方国家支持并培育了一大批“圣战”分子以对抗苏军。据沙特情报机构估计，阿富汗战争期间约有1.5—2.5万沙特青年在阿富汗接受了训练。[②] 冷战结束以后，一批在阿富汗抗苏战争中受到“锤炼”的“圣战士”来到了中亚地区，“伊斯兰解放党”（Hizb al-Tahrir）便是其中之一。这些圣战组织的目标和理想，并不限于某一个具体的国家或政权，而是要在全球范围内建立严格按照伊斯兰宗教律法来治理的伊斯兰国家——“乌玛”。“9·11”事件为美国军事力量和国际非政府组织（NGO）等进入中亚地区提供了难得的历史机遇，美国在全球反恐战争中的行为又在某种程度上加剧了中亚穆斯林对西方的误解和仇恨，从而为伊斯兰极端主义组织在中亚的发展提供了空前动力，并使一些原本只具有世俗利益诉求的恐怖组织也开始祭起了“圣战”大旗。因此，近年来中亚地区的宗教极端恐怖主义活动也呈现上升态势。我国近年来破获的部分涉恐案件中，也发现了恐怖分子鼓吹“圣战”的宣传资料，乃至赤裸裸的“圣战”行径。2008年以来，“东突”余孽之一“突厥伊斯兰党”（TIP）通过出版阿拉伯语网络杂志和发布视频，频频煽动对我发动“圣战”。[③] 这些恐怖组织所鼓吹的“圣战”思想不仅更具欺骗性，也更难应对。目前全球各地发生的自杀性恐怖袭

---

① “吉哈德”即“圣战（Jihad）”一词可分为两类：狭义上的“吉哈德”是指“用剑”的方式，同异教徒的威胁、迫害做斗争，以“生命和财产”来捍卫伊斯兰教；广义的“吉哈德”是指穆斯林平时同内在的敌人，也就是人自身的私欲以及由此产生的一切恶行做斗争。

② 张鲲、蒋莉译，（美）劳伦斯.赖特著：《巨塔杀机：基地组织与9·11之路》，上海译文出版社，2009年版，第185页。

③ Jacob Zenn, “Jihad in China? Marketing the Turkstan Islamic party”, The Jamestown Foundation, *Terrorism Monitor*, 9: 11, March 17, 2011.

击中，绝大多数都与极端意识形态宣传密切相关，国际社会对此普遍缺乏应对良策。

三是恐怖组织之间的“横向联合”日益加强，通过逐步与跨国贩毒集团、极端分裂组织、极端宗教势力等合流，恐怖组织的犯罪活动日益“综合化”。为因应中亚及其周边地区反恐合作日益加强的局面，中亚恐怖组织之间、恐怖组织与其他有组织犯罪之间的“横向联合”也明显增强。毗邻中亚地区的阿富汗目前已成为全球毒品扩散的重要源头，而邻近的中亚国家则成了阿富汗毒品外运的主要过境通道。恐怖组织通过参与毒品生产和贸易，往往能够获得大量非法资金，然后用以招兵买马，继续开展恐怖活动。据联合国毒品与犯罪办公室（UNODC）2010 年公布的数据，2007 年阿富汗毒品产量高达 8200 吨，一度占全球毒品总产量的 94% 以上。从 2008 到 2010 年，虽然阿富汗的毒品产量逐年下降，但仍是全球最大的毒品生产地。其中 2010 年产量为 3600 吨，占全球总产量的 90% 左右。①美国学者艾哈迈德·拉什德（Ahmed Rashid）曾指出，80 年代，阿富汗毒品输出的通道主要集中在巴基斯坦，目前已经扩展到中亚地区各国，包括周边的伊朗、中国等。从毒品生产和贸易中获得的巨大收益是活跃于中亚地区的恐怖组织（如“基地”组织和“乌伊运”等）的“主要收入来源”。②

二、上合组织框架下的区域反恐合作

在恐怖组织日益“国际化”的新形势下，无论一国是否“生

① *Afghanistan Opium Survey* 2010，UNODC，September 2010，http：//www. unodc. org/documents/crop-monitoring/Afghanistan/Afg_ opium_ survey_ 2010_ exsum_ web. pdf.

② Ahmed Rashid，“*Jihad*：*the Rise of Militant Islam in Central Asia*”，New Haven & London，Yale University Press，2002，pp. 228 – 230.

产”恐怖分子，都有可能成为恐怖分子的活动区域或攻击目标。这就意味着：中亚各国只有通力合作，才可以最大限度地打击恐怖势力，减轻对本地区的危害。与此同时，由于国际反恐合作中长期存在的“短板效应”[①]，中亚地区的反恐成效不仅取决于那些反恐能力和反恐意愿较强的国家，还取决于反恐能力和反恐意愿较弱的国家。因此，各国之间只有加强反恐合作，才能消除反恐斗争中的“短板效应”。中亚地区的国际反恐合作主要包括三个层面：首先是全球层面的合作，主要是在联合国框架下的合作；其次是地区层面的合作，主要是上合组织、独联体反恐中心和集体安全条约组织；最后是双边层面的合作。其中，上合组织在区域反恐合作领域发挥了非常重要的作用。上合组织从解决边境互信问题起步，不断强化并拓展其在反恐领域的职能，目前已延伸至政治、经济、文化等诸多领域。

1. 政治与外交合作。政治与外交领域的反恐合作往往属于较高层次的战略性合作，比如签署安全合作协议，发表有关声明，就反恐问题进行对话与磋商，开展外交协调等。在2001年召开的上海峰会上，中、俄、哈、吉、塔、乌六国共同签署了《打击恐怖主义、分裂主义和极端主义上海公约》，从而成为较早提出开展国际反恐合作的区域组织。2002年6月召开的圣彼得堡峰会上，各成员国共同通过了《上海合作组织宪章》和《上海合作组织地区反恐机构协议》。2006年上海合作组织成立5周年之时，成员国元首理事会批准了《上海合作组织成员国打击恐怖主义、分裂主义和极端主义2007年至2009年合作纲要》、《关于在上海合作组织成员国境内组织和举行联合反恐行动的程序协议》以及《关于查明和切断在上海

① 在经济学中，“短板效应”也被称为“短木桶效应”，即一个木桶的盛水量并不取决于最高的木板，而是取决于最短一块木板的高度所形成的容量。就国际反恐斗争来说，由于恐怖分子的“跨界”流动，国际社会的反恐压力会迫使其从防范和打击能力较强的国家向二者都比较弱的国家流动。因此，国际社会的总体反恐成效并不完全取决于那些反恐能力和意愿强的国家，还要取决于那些反恐能力和意愿较弱的国家。

合作组织成员国境内参与恐怖主义、分裂主义和极端主义活动人员渗透渠道的协议》等一系列文件。

2. 司法合作，包括认定嫌犯、冻结财产、引渡罪犯、承认并执行国外刑事判决和司法程序合作等。司法合作主要通过互为补充的两个渠道进行：一个是上合组织框架下的多边合作，比如司法与执法部门工作会议等；另一个是双边框架下的合作，比如中国与吉尔吉斯斯坦、塔吉克斯坦、俄罗斯等国签署的刑事司法协助条约，以及警务合作和打击犯罪方面的合作协议、谅解备忘录与合作纪要等。2006 年 3 月，我国从乌兹别克斯坦警方手中将持有加拿大护照的“东突”恐怖分子玉山江（“Huseyin Celil”，又译“胡赛因·赛里尔”）引渡回国，依据的正是相关合作协议条款。[①]

3. 情报与信息合作，主要是交换、交流有关恐怖分子和恐怖组织的情报，或是反恐经验等。“9·11”事件发生后不久，上合组织就拟定了区域内恐怖组织的“黑名单”，并及时交换了有关恐怖组织和主要嫌犯的信息。2004 年 6 月，上合组织地区反恐机构在塔什干成立，该机构除进行其它事务性协调外，其主要职能就是“收集并分析反恐机构从成员国获取的信息，建立及补充反恐机构数据库”。[②]目前上合组织在涉恐嫌犯信息、恐怖组织动态、重大国际活动安保等方面都建立了快捷、完善的信息交换机制。2008 年北京奥运会期间，上合组织成员国首次启动了大型活动安保合作机制，并取得了巨大成功。这一合作机制在上海世博会、广州亚运会的安保方面也发挥了重要作用，目前仍在进一步发展和完善。

4. 经济、金融合作，目前主要是在社会综合治理、反洗钱、反资恐等问题上与国际非政府组织、慈善机构等开展合作。上合组织成员国在此领域的合作有两类：一类是根据有关国家的请求，采取

① 宋念申：《“玉山江”案绷紧中加政治神经》，（美）《华盛顿观察》，2007 年第 8 期。

② 参见上合组织秘书处网站，http：//www. sectsco. org。

相应举措；另一类是参与其他多边框架内的合作，比如国际金融行动特别工作组（FATF）、亚太反洗钱小组、埃格蒙特集团以及2004年10月中、俄、哈、塔、吉、白俄罗斯共同组建的“欧亚反洗钱与反恐融资小组”（EAG）。此外，上合组织各方还在经济发展与社会综合治理领域开展了广泛合作。比如2011年6月份元首峰会所通过的《2011—2016年上合组织成员国禁毒战略》及其《落实行动计划》。该领域的合作虽然不属于直接反恐合作，但却有助于消除滋生恐怖活动的社会土壤，增强本区域反恐能力，是区域国际反恐合作的间接组成部分。

5. 联合行动。联合行动是国际反恐合作的最高形式，通常包括三个层面：首先是发布通缉令，请求各国提供有关信息，协助或实施共同抓捕；其次是举行联合行动或联合演习；最后是关于反恐能力建设方面的合作，主要包括反恐培训，技术与装备援助等。有境外媒体指出，由于上合组织“各国或多或少都使用俄制武器，因而在武器供应、军警装备研发方面的合作对保障成员国安全具有重大意义”。[①] 近年来，上合组织成员国已举办了10余次双边或多边联合反恐演习，联合演习已基本实现了机制化。此外，上合组织还投入巨资建立了“中亚警务合作培训中心”，旨在通过合作培训来增强成员国的反恐作战与协调能力。

6. 文化与意识形态领域合作。上合组织一贯重视文化与人文领域的对话与合作，反对将恐怖主义和特定的民族与宗教挂钩。2002年1月7日，各成员国外交部长所发表的《联合声明》中就明确指出：“恐怖主义没有具体的民族和宗教特性，不能将反恐等同于反对某种宗教、信仰或某个国家和民族。”[②] 在上合组织提出的各项政策声明或倡议中，通过对“三股恶势力”（即恐怖主义、分裂主义、

① 俄新社莫斯科2010年9月16日电。

② 《上海合作组织成员国外交部长联合声明》，新华社2002年1月7日电。

极端主义）的划分，它成功地将作为恶性暴力犯罪的恐怖活动和其它犯罪活动区分开来，既避免了不必要的文化与宗教冲突，也展现出与某些西方国家截然不同的反恐立场。2011 年，上合组织在成立十周年宣言中再次强调“旨在巩固互利共赢的睦邻友好合作关系的人文合作在本组织活动中占有重要地位”。[①]

三、上合组织反恐合作的绩效评估

对于任何反恐工作而言，都存在着一个无法避免的“悖论”：通常就反恐工作而言，最好的反恐就是“防患于未然”，也就是不让任何恐怖活动发生；但另一方面，在长期没有恐怖活动发生的情况下，正常的反恐措施又往往会被外界批评为劳民伤财、虚张声势。因而，如何评估一项反恐政策的实际效能，一直是日常反恐工作中面临的大难题，我们对于国际反恐合作的评估同样如此。国际社会目前并没有一套行之有效的反恐政策评估体系，学术界在这一问题上也存在较大分歧。[②] 美国学者辛西亚·卢姆（Cynthia Lum）等人认为，“现有的一些反恐措施不仅没有减少恐怖主义，反而助长了恐怖主义

① 《上海合作组织十周年阿斯塔纳宣言》，新华社 2011 年 6 月 15 日电。

② 瑞士苏黎世大学布鲁诺·弗雷（Bruno S. Frey）教授通过对一些政策模型的分析，提出了时间（time required）、效力（effectiveness）、成本（cost）、效率（efficiency）、法律（legal aspect）与道德考虑（moral consideration）等六项评价标准。但是弗莱教授自己也指出，没有哪一个政策可以完全达到上述要求，但这些标准可以在民主决策过程中作为重要参考。以色列国际反恐研究所（ICT）的鲍阿斯·加诺（Boaz Ganor）教授认为，不同的反恐政策在针对不同类型的恐怖主义时会有不同的效能，比如对恐怖组织的核心力量，军事性手段可能更有成效，但对于恐怖组织外围势力，军事手段可能就不是那么有效。他还指出，恐怖主义等于恐怖分子的攻击意图加上行动能力，因而一个有效的反恐政策要既能降低恐怖分子的攻击意图，还要能够降低其发动恐怖攻击的能力。

及其危害”,[①] 并认为一项理想的反恐政策不仅要理性（rational）、高效（effective），而且能够使必要损失最小化。[②]

本文拟采用合作成本、合作收益、合作意愿、合作能力与合作程度五个参考变量作为评价国际反恐合作的基本参照（参见表一）。其中合作成本又包括四个子变量:[③]（1）主权让渡，即合作主体为参与反恐合作而出让的部分主权，如司法管辖权、领空、领土使用权、军事信息等。由于大国和小国在技术、资源、威望等方面的不均衡性，通常来说弱小国家更为关注反恐合作中的主权问题。（2）安全风险，即一国在参与国际反恐合作时需要承担的国内、国际政治风险，比如国内政治压力、国际舆论、情报安全等。（3）各类资源投入，即参与反恐合作过程中需要分担的人力、物力和技术等资源投入。（4）恐怖报复，是指因参与反恐合作而遭受的报复性恐怖袭击。“9·11”事件以来，发生在欧洲、中东、南亚等地的很多恐怖活动大多与国际恐怖组织的报复性行为有关，中亚地区也不例外。

国际反恐合作的收益也包括四个子变量：（1）信息共享，主要是指一国通过参与国际反恐合作而获得的关于恐怖嫌犯、恐怖组织、反恐经验等方面的情报和知识；（2）威望与威慑力，即一国在参与合作过程中所获得的国际道义与威望，以及对恐怖组织所形成的震慑能力；（3）遏制恐怖袭击，主要是在维护社会稳定、遏制恐怖活动，以及在军事打击恐怖组织等方面所取得的具体成效；（4）综合治理与社会发展，主要是指通过反恐合作，实现经济、社会发展，彻底消除滋生恐怖主义的社会土壤。

---

① Cynthia Lum, Lslie W. Kennedy, Alison J. Sherley, *the Effectiveness of Counter-Terrorism Strategy*, A Campbell Systematic Review, October 12, 2009, p. 3.

② 同上书，第35页。

③ 关于国际反恐合作绩效评估的初步探讨，可参见潘光、王震:《国际反恐怖合作：新态势，新发展与绩效评估》,《社会科学》, 2010年第11期。

表一　　反恐合作评估的参考变量与内容

评估指针	合作成本				合作收益				合作能力	合作程度	合作意愿
构成要素	主权让渡	安全风险	资源投入	恐怖报复	信息共享	威望与威慑力	遏制恐怖袭击	综合治理	可提供的资源	合作层次与范围	合作动机与期望

此外，评估指标中还包括了合作意愿、合作能力、合作程度三个主变量。从程度上，每一个指标又分别设立较高、中等、较低三个层次。需要指出的是，上述各个变量之间并不是孤立的，它们之间存在着很大的关联性（见表二）。比如，通常来说，国际反恐合作的各项收益与合作能力、合作程度紧密相连；反恐合作的程度则取决于各行为体的合作意愿，而合作意愿又直接来自于各行为体对合作成本与合作收益的算计。

表二　各项参考变量之间的关系

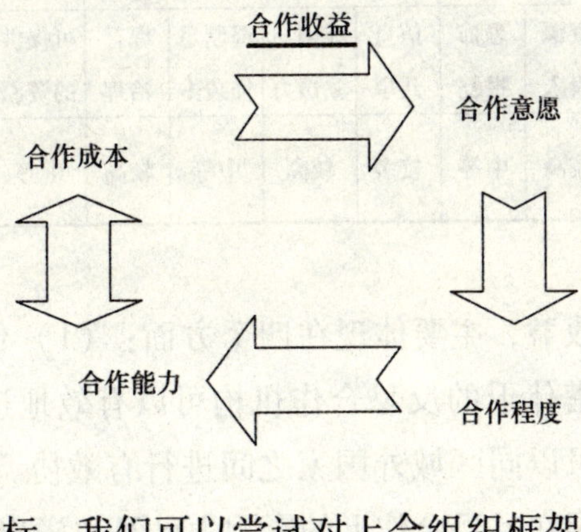

利用上述指标，我们可以尝试对上合组织框架下的国际反恐合作进行分析和评估（见表三）。首先是上合组织框架下的反恐合作成本，它主要包括：（1）主权让渡：主要是各成员国之间在司法、执法和军事领域内的合作。为制定上合组织统一的恐怖分子名单和恐怖组织名单，各成员国均相应地修改或调整了相关的国内法律和法规。同时，为便于开展联合军事演习，各国也对国内法进行了相应调整，中、俄、哈等国还在演习过程中向其它成员国提供了本国部分领空和领土使用权。（2）安全风险：总体来看，除中俄两国外，其它中亚国家对安全风险的考虑较多。一些中亚国家对于其它大国在其境内设立军事基地，或别国军队过境比较敏感，与此不无关联。（3）资源投入：由于各国拥有的资源不同，对反恐投入也存在差别。总体上，各个成员国近年来纷纷加大了反恐投入。比如哈萨克斯坦，近年来保持按每年军费预算不低于国内生产总值1%的比例逐年增加军费，主要用于防止各种威胁国家安全的恐怖活动，以及建立一支应对此类威胁的特种部队。④恐怖报复：随着反恐力度加大，“9·11”后各成员国面临的风险均有所增多，一些恐怖组织甚至公开扬言要对中亚国家的反恐行动进行报复。

表三　　上合组织的反恐合作评估

参考变量	合作成本				合作收益				合作能力	合作程度	合作意愿
构成要素	主权让渡	安全风险	资源投入	恐怖报复	信息共享	威望与威慑力	遏制恐怖袭击	综合治理	可提供的资源	合作层次与范围	合作动机与期望
合作成效	中等	中等	较高	中等	较多	较高	中等	较高	中等	中等	较高

其次是合作收益，主要体现在四个方面：（1）信息共享。上合组织通过设立在塔什干的反恐合作机构可以有效地进行情报互换和信息共享，甚至可以同区域外国家之间进行有效协调。（2）威望与威慑力。上合组织在反恐合作上的影响力已经“溢出”了中亚地区：一方面，“9·11”以来上合组织各成员国的反恐合作已经沉重打击了本地区的主要恐怖势力，遏制了其进一步恶性膨胀；另一方面，上合组织在安全与反恐领域的合作也赢得了越来越多的国际认同。除创始成员国外，它还吸纳了蒙古、巴基斯坦、印度、伊朗为观察

员国，以及作为伙伴国的阿富汗。一些区域外的国家或国际组织，比如北约和美国，也对上合组织表现出了越来越多的兴趣，这也在一定程度上反映了上合组织近年来所取得的国际威望。（3）遏制恐怖袭击。上合组织基于地缘上的便利，在遏制恐怖活动方面具有明显成效。“9·11”后不久，各成员国就共同拟定了恐怖组织黑名单，对30多个恐怖组织和800多名恐怖嫌犯进行通缉和围堵，迫使残余的恐怖势力向其他地区转移或暂时转入地下。（4）综合治理。针对金融危机后中亚费尔干纳盆地失业率上升、极端组织回潮的现象，上合组织在不放松军事斗争的同时，积极抵制极端主义思潮对意识形态领域的渗透，坚持打击跨国贩毒和有组织犯罪活动，实施扶贫帮困项目等，有效避免了中亚地区成为“新的破碎地带”。①

最后是上合组织的反恐能力、反恐意愿与合作程度。在上合组织成员国中，除中俄两国具有较强的反恐能力外，其它成员国反恐能力相对较弱，但上合组织作为一个整体却产生了较强的反恐能力。各国在共同的恐怖威胁面前，产生了较强的合作意愿和动力，其参与反恐合作的意愿已深化为对自身国家安全利益的积极认知。因此，各国的合作意愿和政策从未因其国内政治更迭而发生改变，也没有因为不同政治派别的立场差异而发生变更。正因为如此，上合组织的反恐合作层次才能不断提升，从最初开展对话、建立信任、交换信息发展到建立安全合作机制，进而开展较高层次的联合行动和军事演习等。

四、结论：对上合组织反恐合作的评价

近年来，一些学者对上合组织的国际反恐合作成效表示怀疑，

① 泽伦·肖尔文：《围绕中亚的新大棋局》，（德）《欧亚杂志》月刊，2009年3月号。

甚至提出了批评和指责。比如，有学者认为上合组织缺乏行动能力，在面对区域内重大突发事件时，反应迟缓、应对乏力。笔者认为，这些观点虽然看到了上合组织面临的问题，但并不全面。

我们对于上合组织反恐合作的任何评估，都不能忽视两个重要前提：

一是反恐合作绩效评估的标准应当客观、全面。“9·11”以来的全球反恐战争已经证明：单一的军事手段不可能赢得反恐战争。上合组织在遏制恐怖袭击，开展应急行动等方面确实存在不足之处。但是，它在合作威望、信息共享、综合治理等方面的成就超过了其它很多同类国际组织。在社会综合治理方面，上合组织通过经济与社会发展领域的合作，在经济危机和部分中亚国家政治缺乏稳定的情况下，避免了中亚地区滑入大规模社会动荡和经济衰退的境地，也有效避免了该地区跨界恐怖活动失控的可能。至于应对区域内其它突发性重大事件，不仅有违部分成员国所奉行的“不干涉别国内政”原则，也超出了上合组织作为中亚反恐合作平台的基本职能。上合组织如果在现阶段过度拓展其合作领域，或一厢情愿地强化其他相关职能，势必会损害其长远发展，其结果将得不偿失。

二是我们对中亚地区反恐合作的评估不能脱离该地区的历史与现实。中亚国家都曾是前苏联加盟共和国成员，一方面它们对于前苏联的大国沙文主义历史记忆犹新；另一方面，它们从独立至今只有大约20多年时间，整个社会依然处于转型过程之中，不仅社会问题丛生，国家制度也远未完善，国家综合实力也相对有限。此外，包括中亚国家在内的亚洲各国在历史上曾长期处于威权政治统治之下，对于基于平等契约和主权让渡基础上的国际安全合作缺乏足够的“认知”和思想准备。因此，上合组织框架内的国际反恐合作，必须要兼顾这些历史与现实。当前各国所采取的渐进的、开放的区域主义态度，基本上符合中亚各国的历史背景与社会发展现实，顺应了历史潮流。

当然，我们并不能据此否认上合组织当前所存在的一系列问题及其未来面临的挑战。但就国际反恐角度而言，它基本上实现了区域内各国的主要反恐目标，并在应对地区恐怖活动发展的过程中不断完善。正是从这个意义上说，它既是当今中亚地区国际反恐合作的核心支柱，也是当今国际社会中一个较为成功的区域性反恐合作平台。

（本文主要观点已发表于《外国问题研究》2012年第1期，此处又有若干改动。）

军事与市场两种政策：美国阿富汗反恐战略评析

德全英　江淑娟

（新疆财经大学法学院院长、教授、法学博士；
中国石油大学能源舆情研究中心副主任、副教授）

一、在东亚与中亚之间：美国反恐战略背景

今天美国力量存在于东亚与中亚之间。冷战后美国重返亚洲，看上去似乎是重返东亚，而不是中亚。在太平洋的东亚海港，码头上停泊着美国航空母舰。因为，在东亚区域，美国高调宣扬美菲、美日、美澳、美韩的军事伙伴关系，并频繁举行军事演习。美国重返亚洲，在东南亚地区的外交政策重点是贸易、区域一体化与自由市场问题。显然，美国人认识到太平洋对岸的东南亚区域人口密集，未来将是一个巨大的市场。因此，美国积极倡导该区域的经济一体化建设，并实际上成为了环太平洋经济体的引领者。美国在大西洋有一个公约组织，即北约，美国是其中的重要成员。但是，美国当年在北大西洋却并没有意识到建立一个“环北大西洋经济体”。美国大西洋对岸的欧洲经济区以欧洲大陆为核心区域，而不是以环大西洋（美国、加拿大、冰岛、英国）为中心，美国人当年失去了主导

参与构建欧洲经济共同体的机会，也没有能够使欧洲经济区向环大西洋经济区发展。因此，今天美国面对着一个既经济一体又法律一体的“欧洲联盟”实体，而美国不在其中，形成了“美—欧”的政治、经济、军事多样性对谈关系。

当代世纪，面对西太平洋区域，自克林顿总统时就提出建立“新太平洋共同体”计划，逐步引导发展为今天的“亚太经济与合作组织”，对东盟一体化构成压力，实现着以美国为主导的太平洋区域一体化战略，从而使美国在军事、经济、贸易多领域成为东南亚区域体建设的主导者。美国务卿希拉里·克林顿2011年11月在美国夏威夷“东西方中心”的演讲中说：“我们知道，21世纪的大部分历史将在亚洲书写。这一地区将出现这个星球上最具变革性的经济增长。亚洲的许多城市将变成商务和文化中心。……21世纪将是美国的太平洋世纪。”美国通过环太平洋区域经济一体化推动环太平洋自由贸易，实际上扩展着美国西部太平洋的经济边疆。对于美国来说，夏威夷是太平洋上美国靠近亚洲的一端，美国本土将成为美国留在北美洲的后花园。美国在阿富汗和中亚的敌人是塔利班和恐怖势力，这很清楚。今天美国军事力量聚集东亚，这里的敌人会是谁？

亚洲的另一端是中亚大陆。远望中亚大陆群山，在吉尔吉斯斯坦山谷的玛纳斯机场，停机坪上停放着美国C—17A战略运输机。2001年10月美国军事力量进入亚洲内陆的阿富汗，在阿富汗进行反恐战争十年，而今深陷其中。美国霍布金斯大学中亚—高加索研究院斯塔尔教授曾说：“但是自2001以来美国并没有明确的地区战略。”[①] 阿富汗在美国的亚洲战略政策中似乎处于不那么重要的位置。美国在阿富汗反恐战争的利益重点是打击塔利班和“基地”恐怖组织，这也是美国初期介入阿富汗及中亚事务的缘起。2014年6月，

---

① ［美］弗雷德里克·斯塔尔：《保卫大中亚》，政策文件2008年9月。

美国将结束在阿富汗的军事存在，但是，美国力量的退去，并不意味着阿富汗塔利班和“基地”恐怖势力的消失。2014年后美国的阿富汗反恐战略是什么？美国反恐战略将有什么新构想？阿富汗和中亚地区将处于美国重返亚洲战略的什么位置？回想美国人布热津斯基1997年的一段话：“美国现在是亚欧大陆的主宰者，亚欧大陆的任何重大问题没有美国的参与、或与美国的利益相冲突，就不可能得到解决。美国如何操纵和调和亚欧大陆这块棋盘上主要的地缘战略玩家，怎样控制亚欧大陆上几个关键性地缘政治支点，对于美国居于全球首位的时间长短和稳定性都非常关键。”[①] 这段话清楚地表达了美国对阿富汗及中亚区域地缘政治所具有的基本战略论调。美国不会放弃在阿富汗的未来利益，阿富汗欧亚地理枢纽中心的地位决定着美国的阿富汗战略政策。

2012年5月1日，阿富汗与美国签署《战略伙伴关系协议》。其中提到美国长期军事存在这一问题，奥巴马总统的态度很明确：我们不谋求在阿富汗建立永久军事基地。不过，在《战略伙伴关系协议》中，阿富汗承诺在2014年之后继续允许美国相关人员进入并使用本国设施。这一协定为美国军队在2014年之后继续停留在阿富汗提供了可能性，美军将帮助训练阿富汗军队并清剿“基地”组织残余。该协定同时规定美阿两国可以协商起草一个双边安全协定来取代目前的《驻军地位协定》。阿富汗将成为美国在北约组织之外的一个重要盟友，美国将为其提供长期安全保障并与阿方开展防御合作。美国驻阿富汗大使罗丝·威尔逊2012年7月24日在华盛顿美国众议院外交事务委员会欧洲及欧亚小组委员会上说，“若想深入了解亚欧能源，此次会议一年前，我就曾呼吁美国国会议员应到此区域实地考察，熟悉这里的民众，熟悉这里的问题。这对维持美国自

① ［英］卢茨·克莱维曼著：《新大牌局：亚洲腹地大国角力内幕》，王振西主译，新华出版社，2006年版，第227页。

身利益至关重要。”[①] 因此，自布什政府以来，美国外交政策十分重视里海油气管道的走向问题。“能源管道不仅仅是一项油气交易，也不仅仅是线路选择的问题，而是能够促进美国国家安全利益的战略法案。”[②] 通过在中亚建立能源合作关系以确保美国的能源安全和对中东的依赖性。阿富汗和中亚恐怖主义是危及美国能源安全利益的一个关键要素。英国记者卢茨·克莱维曼在他的《新大牌局：亚洲腹地大国角力内幕》一书中尖锐指出：“为争夺石油而展开的新大牌局，已经漫过中亚的边境流入伊拉克，同时也进入了它自身的关键阶段。布什政府在伊拉克的真正目的，显然是想把该国变成美国经济的战略性石油供应国和美国在中东地区的新盟友，使其成为沙特阿拉伯的替补国。这一点他怎么极力否认都无济于事。隐藏在武器和人权花言巧语背后的，不过是对地球上剩余石油资源储备控制权的争夺，切尼的 2001 年 5 月关于美国能源政策的报告中就是这样构想的。”[③] 美国发动伊拉克战争前，美国军队就把占领保护油田作为伊拉克战争的头号任务，并做出了伊拉克石油开发的相关计划。所有这些在之后的伊拉克战争中都得到证实。[④] 美国国家情报委员会对 2020 年趋势的预测也表达了与英国记者卢茨·克莱维曼几乎相同的意思：“随着商业网络在全球化时代的继续深化，美国经济将更容易受到其他国家经济变动的影响。美国对外国石油的依赖性也使它变得更为脆弱，因为它对获取能源的安全渠道的竞争和供应方中断供

---

① ［美］罗丝·威尔逊：《美国对中亚政策》，2012 年 7 月 24 日，华盛顿，美国国会研究处网站。http：//foreignaffairs. house. gov/112/HHRG－112－FA14－WState-WilsonR－20120724. pdf.

② Michal T. Klare，idid：100。转引自：徐洪峰、李林河著：《美国的中亚能源外交：(2001—2008)》，知识产权出版社，2010 年 1 月版，第 145 页。

③ ［英］卢茨·克莱维曼著：《新大牌局：亚洲腹地大国角力内幕》，王振西主译，新华出版社，2006 年 6 月，第 228 页。

④ 徐洪峰、李林河著：《美国的中亚能源外交：(2001—2008)》，知识产权出版社，2010 年 1 月版，第 97 页。

应的危险性都在增长中。"①

本世纪初美国在亚洲发动了两场战争，分别是阿富汗战争和伊拉克战争，先后提出了两个国际区域战略规划，分别为"大中东倡议"和"大中亚规划"。这体现出美国对整个西亚到中亚的亚洲伊斯兰区域的单方面的战略规划。"大中东倡议"由美国倡议，与八国集团共同实施。基本宗旨是，向中东地区输出民主，通过民主改革彻底消除中东地区的恐怖主义威胁。美国政府认为，过去60年来美国在中东政策上，以牺牲民主换取稳定，结果并没有带来该地区的稳定。其民主推广的方式为：第一，以战争和暴力为手段，向那些"邪恶轴心"或"无赖国家"强行移植民主；第二，强化对大中东国家的文化宣传，以和平演变方式逐渐改变中东伊斯兰国家的性质；第三，以扩大经济援助为手段，增加公众外交的整体资源，向中东"非民主国家"施压促变。② 2012年5月19日，奥巴马总统在美国务院发表"关于中东与北非政策的讲话"，阐述一项包括四项措施在内的鼓励中东民主变革的经济刺激计划，支持"阿拉伯之春"，专门设立一个新的援助基金——"中东北非奖励基金"。③ 但是，美国的中东民主计划实施结果出乎美国意料之外，被美认为激进的伊斯兰党派组织都在选举中赢得多数。2006年巴勒斯坦选举，被美国视为恐怖组织的哈马斯组织赢得选举；2012年埃及大选，以穆斯林兄弟会为代表的伊斯兰势力赢得选举。伊斯兰力量是中东地区的重要民间力量，由于长期受到本国政权和美国力量的打击，处于被压迫的地下状态，穆斯林兄弟会长期（自1954年）被埃及政府列为非法组

① ［美］美国国家情报委员会著，主笔：美国国家情报委员会分析部主任巴罗斯博士：《大趋势：2020年的世界》，相蓝欣译，华东师范大学出版社，2007年4月版，第11页。

② 李景治、宫玉涛、刘元玲著：《反恐战争与世界格局的发展变化》，当代世界出版社，2009年7月版，第222页。

③ http：//www. usaid. gov. /performance/cbj/183755. pdf，2012年4月3日登录。

织。"阿拉伯之春"恰好使政治伊斯兰力量赢得选举，这是美国大中东民主计划的自我颠覆。美国大中东战略实施的直接后果是中东地区人民的反美主义。这是由于美国在中东分别实施的"民主计划"取决于与美国利益的关联（如巴林政府用暴力手段对巴林民主抗议者进行镇压时美国的态度）。[①] 因此，恐怖主义、反美主义、民族主义及民主主义都混合一起，使美国的大中东计划模糊而失效。

大中亚地区被视为是21世纪世界地区安全的重灾区。因为，恐怖主义、极端主义、分裂主义、毒品问题、核安全问题及武器走私问题等重大问题都存在于该区域并相互关联着。阿富汗是美国实施反恐战略的重点，在美国的判断中，深居阿富汗的恐怖势力会由此扩散到中东和全球其它地区。这里深处亚洲内陆腹地群山（兴都库什山脉），外部力量进入该地区需要相当的经济和军事能力。某种意义上美国做到了对该地区恐怖主义基本势力的打击和摧毁，应当承认这对其他国际区域的稳定是有益的。"大中亚战略"是美国学者针对阿富汗战后问题提出的，现在美国国务院称之为"新丝绸之路愿景战略"，目标是建立民主、繁荣的大中亚区域。大中亚战略以阿富汗为地理中心，包括中亚五国和巴基斯坦，"以经济为重点，近期目标主要是帮助中亚国家相互降低贸易壁垒，推动中亚五国与其临近地区的整合。促进中亚同全球经济和国际机构的整合，实现中亚与国际准则、规范和惯例的接轨，以促进中亚经济一体化"。[②] 美国反恐政策需要整个中亚国家的共同合作，共同参与打击阿富汗塔利班和"基地"组织。美国在阿富汗战争中将反恐政策扩展到阿富汗的邻国乌兹别克斯坦，并进一步扩展到整个中亚国家。奥巴马政府发

① 周琪、沈鹏：《美国对中东战略的最新调整：从为此稳定到推进民主化》载：黄平、倪峰主编：《美国问题研究报告》（2012年），社会科学文献出版社，2012年5月，第147页。

② 潜旭明：《美国对里海地区能源地缘战略及其走向》，载《美国问题研究》2008年第1期，世界知识出版社，2008年12月版，第145—146页。

表的关于中亚事务的五条政策中，其中第1条就是，扩大地区各国与联军在阿富汗的反恐势力的合作（特别是在关于建设美国与北约的空军基地和通过北方配送网络对阿富汗的物资军备补给的合作）。“由于从巴基斯坦到阿富汗的供货路线频频受到恐怖袭击的制约，因此，2009年1月下旬，时任美国中央司令部司令彼得雷乌斯对哈萨克斯坦和乌兹别克斯坦进行了访问。此次访问旨在协商商业供货运输在空运、铁路、陆路以及水运方面的替代路线，来支持北约和美国在阿富汗的行动（彼得雷乌斯还对吉尔吉斯斯坦进行了访问，商议空军基地事项）。为了鼓励中亚各国积极响应北方运输网络，美国驻中亚各国大使宣称，美国有意在中亚当地购买大量非军用产品，并运往其驻阿富汗军队。2009年2月，哈萨克斯坦和塔吉克斯坦对此表示接受，4月，乌兹别克斯坦也表示同意，7月，吉尔吉斯斯坦也承认这一路线（格鲁吉亚、俄罗斯以及阿塞拜疆也分别于2005年、2008年和2009年通过）。”① 乌兹别克斯坦、吉尔吉斯斯坦、哈萨克斯坦、塔吉克斯坦都分别与美国签署了供美国兵力使用机场、物质、燃料的通道等。其中，最著名的事件是吉尔吉斯斯坦的玛纳斯空军基地（也称“美军转接中心”）的协议。由此，实际上形成以美国为中心的大中亚反恐联盟的合作格局。这是美国在反恐战争中从单边主义向多边主义反恐战略的调整。

为此，近年来美国对阿富汗大中亚地区的战略政策也开始发生一些变化。首先，美国很积极地分别与中亚国家拓展各领域的关系，改善与乌兹别克斯坦、哈萨克斯坦、吉尔吉斯斯坦等国家的区域经济贸易关系，在共同安全等方面的合作关系，促使中亚国家加入世贸组织，加快经济自由化、市场开放进程。其次，将阿富汗和中亚国家联系起来，构建以阿富汗为中心的“大中亚”战略。将以打击

① Jim Nichol：《中亚：地区发展及对美国利益的影响》，美国国会研究处网站，Congressional Research Service7 – 5700www. crs. gov RL33458。

恐怖主义为中心的政策逐步向以振兴阿富汗经济的综合性政策转变。这是美国在中亚地区实施的能源开发、贸易合作与反恐联盟相结合的中亚反恐与安全战略。

二、美国阿富汗反恐战略变化所涉及的问题

从2001年10月美军进入阿富汗实施反恐战争到2011年7月开始分批撤军，反恐战争长达10年。这是继越南战争之后美国在海外持续时间最长的战争。不论战争结果如何，在海外最远的亚洲内陆腹地阿富汗供养一支庞大的军团是任何一个国家的财政都难以持久担负的，美国必定也遭遇了财政问题。同时，从战略上看必是另有深虑的。因此，2012年5月1日，美国总统奥巴马与阿富汗总统卡尔扎伊签署《长期战略伙伴关系协议》。这标志着美国大中亚反恐与安全战略进入了另一个阶段。美国总统奥巴马称美军的撤离并不意味着美国抛弃了阿富汗，这是真话。

美国近两年来在其外交政策领域着力讨论在阿富汗的反恐与经济政策问题。为了建立与军事政策相匹配的经济政策，讨论的经济方面的问题集中为：第一，推动国际融资，投资建设以阿富汗为枢纽的大中亚交通运输线，连接阿富汗与南亚、中亚相邻国家；第二，继续推动阿富汗与中亚国家间的边境开放，推动贸易便利，推进大中亚区域经济整合；第三，密切巴基斯坦与阿富汗的贸易关系，开发阿富汗矿产资源，发展农产品市场。上述政策构成一个整体战略，就是美国国务卿克林顿积极倡导的“新丝绸之路愿景”战略规划。

（一）建设大中亚交通网，支持区域一体化

交通是连接不同区域经济关系的关键，交通也促进一个国家不同地区间的联系。美国考虑将阿富汗和中亚连接起来构成一个经济

整体，有利于阿富汗和中亚国家间形成相互开放的经济关系，从而有利于这个区域的发展和稳定。美国的中亚交通网概念包含陆地和地下两个部分，主要是陆地的公路、铁路运输系统和土库曼斯坦—阿富汗—巴基斯坦—印度的地下能源管道运输系统。从陆路进入阿富汗有北方和南方两条路线，南方经巴基斯坦进入阿富汗，北方须途径俄罗斯、哈萨克斯坦和乌兹别克斯坦进入阿富汗；还有一条经过俄罗斯、哈斯克斯坦、吉尔吉斯斯坦和塔吉克斯坦进入阿富汗。近十年来，美国在阿富汗的军事力量的运输，部分依赖陆路运输，部分通过空中运输。由于在反恐合作中美国与巴基斯坦出现关系危机，保障美军和北约给养的南方路线中断。为此，美国以阿富汗为中心建设北方交通网，提出重新恢复阿富汗作为连结亚洲、中东、欧洲和南亚交通枢纽的地位。目的是加强与中亚国家在军事领域的合作关系，确保阿富汗美军的交通线。该交通线的主要路段经过的关键国家是乌兹别克斯坦。2012 年 9 月 4 日美国负责南亚与中亚事务的助理国务卿罗伯特·布莱克说："美国与乌国的关系非常复杂，关系到美国的重大利益。在塔什干期间，我衷心感谢乌政府对于阿富汗问题的支持，尤其是北方道路的支持，这条道路是我们的军事物资进出阿富汗的关键中转路线。"① 其实这是美军长期存在中亚的战略考虑。美国将在阿富汗的军事存在与中亚国家的安全问题联系起来，作为建立美国军事力量交通网络的依据。"只要美国和国际社会在阿富汗有大量驻军，并有美国在中亚的两个军事基地——吉尔吉斯斯坦的玛纳斯空军基地和乌兹别克斯坦的卡纳巴空军基地——提供后勤援助，即使卡尔扎伊的政府垮台了，阿富汗对邻国的危险也会减轻。"② 美国还进一步提出"新丝绸之路"计划。"我们要高

---

① 罗伯特·布莱克：《促进美乌双边关系》（2012 年 9 月 4 日），http://blogs. state. gov/index. php/site/entry/abcs_ uzbekistan.

② ［美］玛莎·布瑞尔·奥卡特著：《中亚的第二次机会》，李维建译，时事出版社，2007 年 12 月，第 2 页。

度重视丝绸之路，它可以帮助我们转型并发挥地缘优势——使得远东、南亚、欧洲联系在一起。总统需任命一名高级特使，积极筹备政治、地缘基础设施建设，从而使得丝绸之路在21世纪成为现实。我们将积极发展外交关系，包括俄国、中国、欧盟和国际金融机构，尤其是亚洲开发银行这种在该地区具有重要领导地位的机构。”① 通过国际金融组织来实现融资任务，实现该计划。美国提出实施的“新丝绸之路”，西起汉堡、摩洛哥，东止河内、孟买。然而，这是一项宏伟工程。该工程的关键目前在阿富汗，阿富汗仍像“瓶中之塞”一般阻碍了陆地运输，如公路、铁路、油气管道以及电力传输线路，而且没有起到战略性交通枢纽的作用。② 实际上，“新丝绸之路”复兴大中亚区域的经济，同时也是一条未来运输军事力量的交通线，美国和北约军队在未来需要重新回到阿富汗和中亚的时候能够起用这条线路。

（二）实施贸易政策，加强阿富汗与南亚、中亚国家区域市场

美国在阿富汗进行长达十年的军事战争。这是时间最长的一次海外战争，战争的结果并没有完全消灭深居巴基斯坦、阿富汗的“塔利班”和“基地”组织。阿富汗反恐战略重点在军事打击和能源管道合作建设问题，忽略了贸易经济方面的政策。阿富汗与南亚、中亚国家的贸易关系并没有得到有力推进和实施，反倒是毒品贸易成为阿富汗民间贸易的命脉并严重泛滥。随着美军2014年撤离阿富汗，用什么来替代和补充反恐军事战略以继续保持阿富汗的国家稳定？考虑在军事政策之外配合以市场政策，这是美国反恐战略讨论

---

① ［美］罗丝·威尔逊：《美国对中亚政策》，2012年7月24日，华盛顿，美国国会研究处网站。http：//foreignaffairs. house. gov/112/HHRG – 112 – FA14 – WState-WilsonR – 20120724. pdf.

② http：//www. isdp. eu/images/stories/isdp-main-pdf/2010_starr-kuchins_key-to-success. pdf.

的一个根本问题。美国国际战略研究中心俄罗斯和欧亚项目主任、资深研究员安德鲁·库钦斯说，“如果军事行动不能和经济计划密切联系，在阿富汗最大规模的增兵行动将失败。阿富汗政府强烈支持大陆贸易，阿富汗理想的地理位置使其在大陆贸易中拥有举足轻重的地位。通过促进大陆贸易，有助于美国及其合作伙伴更好地治理喀布尔，而且阿富汗人也会支持，因为他们将会直接从中受益。”① 由于塔利班与极端恐怖组织势力多活动于阿富汗的南部国家巴基斯坦和北方邻国乌兹别克斯坦之间。为此，美国促进阿富汗与周边国家的市场贸易联系，其中在阿富汗南方推进与巴基斯坦的跨境贸易关系，在阿富汗北方推进与中亚国家（乌兹别克斯坦、吉尔吉斯斯坦）的跨境贸易关系。通过贸易繁荣使阿富汗和周边国家的人民生活得到改善，复兴就业市场，赢得民心，培育美国能够长期立足阿富汗的社会环境。2010 年 1 月 21 日，美国国务卿希拉里·克林顿公布《阿富汗和巴基斯坦地区稳定战略》。这一战略旨在通过加大对阿富汗和巴基斯坦两国的长期民事援助力度，支持两国政府应对境内的极端主义威胁。这一战略由美国阿富汗和巴基斯坦问题特使理查德·霍尔布鲁克办公室制定，其突出特点是对美国在阿巴两国的民事援助作了纲领性规划。根据这一战略，美国在阿富汗将加大对以农业为先导的重点产业的援助，以创造就业机会，限制“塔利班”通过罂粟交易融资。在巴基斯坦，美方将在未来 5 年内向巴政府提供 75 亿美元民事援助，帮助巴方克服经济发展中面临的困难。此外，根据该战略，美国还准备动员其他国家，以构建一个“尽可能广泛的”联盟，支持美国在阿富汗和巴基斯坦开展的行动，帮助两

① 安德鲁·库钦斯：《在阿富汗获得成功的关键——现代丝绸之路战略》，2010 年 5 月，http：//www. isdp. eu/images/stories/isdp-main-pdf/2010_ starr-kuchins_ key-to-success. pdf.

国实现稳定和繁荣，以抵抗极端势力的威胁。”①

（三）帮助国家建设，训练阿富汗国家军队和健全警察体系

一个国家的安全最终要依靠自己的力量来保障。这是基本的国家主权能力。阿富汗依靠美国军事力量来帮助其维持国内安全，随着美国力量的撤离，阿富汗的安全能力建设成为后续的问题，这也是美国扶持起来的阿富汗现政权将要面临的严峻考验。美国政府帮助阿富汗政府建立自己的国家军队和完善的治安警察体系，这是美国军事战略的自身调整，即通过建立一支阿富汗军队来撤出美国军队。这是针对阿富汗的“国家安全能力建设”。“支持这一观点的人希望美国可以集中精力，专心训练阿富汗国家军队，然后立即撤军。当然，在去年的政策审议中，一些官员反对这样一个纯粹的军事做法。”同样，“在 2010 年的政策审议过程中，任何非军事的解决方案都马上被以‘国家建设’的理由拒绝。美国海军司令詹姆斯·康威提议，‘总统先生，请不要搞长期的国家建设’。奥巴马表示同意，并一再向我们保证他不是在搞‘国家建设’。”这是美国阿富汗反恐战略调整所争议的另一个关键问题。

“国家建设”是美国总统奥巴马面对阿富汗重建问题提出的一个新词。对“国家建设”的具体内涵有不同理解。美国中亚问题专家斯塔尔说，“这到底意味着什么呢?‘国家建设’是个流行词，它能让人想起在越南的那些最糟糕的日子，‘国家建设’也是个人人避之唯恐不及的口号，大家害怕被它套住。但是，阿富汗的国家已经存在，并不需要人们去建立。值得回顾的是，即使阿富汗在苏联占领期间以及国家内战中失去了 1/10 的人口，也没有哪个团体提出要脱

① 《美国公布对阿富汗和巴基斯坦长期民事援助方案》，新华社华盛顿 1 月 21 日电，记者蒋国鹏、王丰丰，2010 年 01 月 22 日，来源：新华社。

离这个国家。"[①]"国家建设"一词往往被容易解读为，第一是阿富汗的统一问题，第二是阿富汗的长期建设问题。"国家建设"概念比较模糊，超出了美国实施反恐的军事战略目的，会成为一个长期的问题，不仅美国国防预算难以支持，也将影响到美国关注其它地区问题的能力。但是，从2012年5月1日阿富汗总统卡尔扎伊与美国总统奥巴马签署的美阿《战略伙伴关系协议》内容看，美国支持阿富汗实现"国家建设"的奥巴马理念已在协议中明确表达："《战略伙伴关系协议》是两国政府签署并执行的具备法律效力的行政协定。美国总统签署该协定的目的在于明确阿富汗政府在过渡时期承担的责任以及实现美军全面撤出阿富汗的目标。总统今天签署的协定详细阐述了如何实现美阿两国的伙伴关系正常化，以及负责任地结束战争。通过这一协定，我们希望能够巩固与阿富汗的长期伙伴关系，这一关系将有利于实现阿富汗的主权独立，政局稳定以及经济繁荣，同时也有助于实现我们的共同目标：消灭"基地"组织及其下属的极端主义分子。我们在该协定中保证维护阿富汗的主权、独立、领土完整和民族团结。该协定不仅是美国对阿富汗长期承诺的体现，而且表明我们珍视对彼此的承诺，对双方关系以及阿富汗的未来有着共同的愿景。美国承诺支持阿富汗经济社会发展，保障其安全，维护其现有制度，鼓励其参与地区合作，与此同时，阿富汗承诺加强问责机制，提高透明度，强化监管以及不分性别，保障所有阿富汗人的人权。战略伙伴关系协定还包括的共同承诺如下：保护并推广共同的民主价值观，推动长期和平与稳定，加强地区安全合作，社会经济发展，完善阿富汗的政治体制与政府治理。"[②] 该协定同时

① ［美］弗雷德里克·斯塔尔：《走出国家建设迷雾的阿富汗：给经济策略制定一个机会》，2011年1月，http：//www. isdp. eu/images/stories/isdp-main-pdf/2011_starr_ afghanistan-beyond-the-fog. pdf.

② 《美阿战略伙伴关系协议》，http：//www. whitehouse. gov/the-press-office/2012/05/01/fact-sheet-us-afghanistan-strategic-partnership-agreement.

规定美阿两国可以协商起草一个双边安全协定来取代目前的《驻军地位协定》。巩固阿富汗与北约组织的特殊关系，美国为阿富汗提供长期安全保障。该协定承诺美国每年将谋求从国会拨款用于支付阿富汗国家安全部队培训、装备、顾问和维护费用，以及为阿富汗提供社会经济援助。美阿《战略伙伴关系协议》确立了执行安排与运作机制，以保证相互能有效地实现对彼此作出的承诺。为保证《战略伙伴关系协议》有效实施，将建立阿美双边委员会，主席为两国外交部长或由他们指定人选担任。美军将帮助训练阿富汗军队并清剿“基地”组织残余等。

三、美国阿富汗军事战略与市场战略并用的几点思考

今后相当一段时期，中国的周边国际环境仍然会处于敏感状况。相对于东部地区，中国西部边疆的周边环境和趋势比较稳定。这得益于20年来实施与中亚国家间睦邻友好外交方针的积极结果。不论美国在阿富汗及中亚地区的反恐战略如何变化，都不会在大局上损害中国利益。相反，如果美国政府能够推动阿富汗和大中亚区域贸易，坚持推动以阿富汗为关键的“新丝绸之路愿景规划”，对中国实施向西开放战略将出现有利的一面。因此，我们应当积极主动地参与阿富汗安全与发展事务，为西部地区大发展赢得良好的发展环境和安全空间。

第一，加强与阿富汗的安全合作，共同维护区域安全。阿富汗是中亚地区安全的关键，阿富汗的稳定有利于中国新疆地区的稳定。2012年3月24日，国家主席胡锦涛在与阿富汗总统卡尔扎伊的会谈中，提出了五个方面着力构建中阿睦邻互信、世代友好的全面合作伙伴关系，其中的“4. 在安全警务方面，双方要密切配合，加大力

度，综合施策。继续打击“三股势力”和跨国有组织犯罪，维护本国和本地区的和平与稳定”。[①] 需要关注的是，2014 年后随着美国力量撤出阿富汗，阿富汗“塔利班”和中亚地区恐怖主义势力复燃增强，该地区安全问题将重新成为一个突出问题。美国伯纳德学院政治学教授亚历山大·库利说，“撤离阿富汗也带来了一个风险：美国和其他外部势力也许会被卷入许多地区性纠纷和不断升级的区域性斗争。在以往的 10 年中，为了证明他们的反恐成果以及和俄罗斯、中国以及美国开展安全互助的必要性，中亚各国领导人一直在强调叛乱分子从阿富汗扩散到其他地方的可怕后果。西方国度的撤离会进一步助长叛乱分子的气焰，区域安全问题会成为国内镇压、引渡政治反对派以及边境局势升级的借口。”[②] 作为阿富汗的邻国，中国如何参与阿富汗的地区安全与发展是需要具体专门研究的问题。同时，这也将是对上海合作组织作为区域性组织在维护地区安全问题上的能力考验。应当加快推进阿富汗与上海合作组织的合作，并倡议阿富汗成为该组织成员国。美国研究中国的学者中有人说，“北京在未来几十年中不可能拥有美国今天所提供的公共安全和经济稳定的能力。中国希望建立自身的远洋海军，但距离实现这一目标仍然有很大差距。中国的社会除了其经济和商业成功之外，对其它国家没有任何吸引力。”[③] 这是对中国参与国际社会公共事务能力和思想的质疑，这是美国学界部分人对中国与阿富汗双边关系的发展状况的不了解和歪曲，对中国和平崛起的排斥。据报道，“自 2002 年以来，中方已向阿富汗提供了 9 亿多元人民币的重建援助。去年中国

---

① 新华网北京 3 月 24 日电（记者谭晶晶）：《胡锦涛与阿富汗总统卡尔扎伊举行会谈》，2010 年 03 月 24 日，来源：新华网。

② ［美］亚历山大·库利：《继阿富汗之后一场新大博弈》，http：//www. nytimes. com/2012/08/22/opinion/after-afghanistan-a-new-great-game. html。

③ ［美］埃伦·佛罗斯特：《中国在亚洲的商业外交——希望还是威胁》，载：［美］威廉·W. 凯勒托马斯·G. 罗斯基编：《中国的崛起与亚洲的势力均衡》刘江译，朱峰校，上海人民出版社 2010 年 1 月，第 97 页。

政府又宣布，今后5年将再向阿富汗提供7500万美元援助。”① 阿富汗总统卡尔扎伊在2012年3月24日访问中国时向国家主席胡锦涛说，“阿中两国建交以来特别是过去8年来，中国向阿富汗提供大量支持和援助，阿富汗人民对此深表感谢。在国际社会和中国帮助下，阿富汗和平重建取得新的进步和成就。阿富汗对拥有中国这样的朋友和邻国深感荣幸，愿进一步拓展与中国的全面合作伙伴关系。”② 实际上，中国长期实施睦邻福邻的外交政策，实践着地区大国的责任。同时，我们也需要展示面对全球性、区域性问题参与和治理的国际政治思维。由此看来，中国的中亚国际研究任重道远。

第二、深化与阿富汗的开放合作，主动参与“新丝绸之路”计划。中国实施向西开放战略中，中国与阿富汗的贸易合作将有利于形成中国新疆南疆地区向西发展的国际贸易的市场空间，这是我们拥有的地缘经济战略优势。美国重返亚洲，清楚地知道美国在西太平洋的利益要远大于在阿富汗及中亚区域的市场利益，将经济与贸易政策的重点放在东亚，已经比较顺利地倡导环太平洋经济合作论坛。由于已经存在一个上海合作组织，美国在大中亚（阿富汗、中亚国家）已经没有机会建立一个由其主导的大中亚区域经济合作组织。实际上，美国也没有一个明确参与中亚区域经济合作组织的经济战略。这是美国的阿富汗反恐战略规划的不足。另外，美国学界忧虑，上海合作组织在经济、贸易关系领域已经成为主导该地区的区域经济组织，对美国在中亚地区的经济贸易利益产生着冲击。美国的“新丝绸之路”计划从拉脱维亚、俄罗斯、哈萨克斯坦通向阿富汗、巴基斯坦，并到达印度洋，是连接亚洲内陆大中亚地区南北贸易的重要交通运输线。中国的现代丝绸之路从东亚太平洋西海岸，

---

① 新华社记者王岩张宁：《综述：阿富汗总统访华——中阿合作新契机》，2010年03月23日，来源：新华网。

② 新华网北京3月24日电（记者谭晶晶）：《胡锦涛与阿富汗总统卡尔扎伊举行会谈》，2010年03月24日，来源：新华网。

经中国新疆、吉尔吉斯斯坦、哈萨克斯坦、土库曼斯坦等通向土耳其，到达地中海，连接欧洲，是亚洲到大西洋的贸易交通运输线。我们设想，中国新疆南疆铁路（喀什铁路）如果能够通过与阿富汗交界的瓦罕走廊地带到达阿富汗某一个城市，中国与美国的两条丝绸之路在阿富汗实现连接，实际上解决了中国从陆路通向伊朗南部的交通问题。从地图上看，这条交通线是中国直接通向西亚地区（波斯湾）的一条关键的交通线，连接了中国西部（新疆、青海、四川、重庆、贵州等省区）通向西亚地区的贸易和石油的陆路油罐火车的路线，这条线路经过伊朗到巴基斯坦、进入阿富汗到达中国新疆，是安全的，从战略上对中国非常有益。因此，我们应考虑如何参与到美国人的“新丝绸之路”计划中，成为参与建设并分享这条交通线的伙伴国。

第三，开展与阿富汗的人文合作，构建两国地缘文化互信与安全。开展与邻国的人文交流也是保障国家安全的一个非常重要的方面，文化交流促成国家间共同地缘文化的软环境，构建文化互信，为地区安全提供多元文化认同的保障。中国新疆地区与阿富汗相邻，具有伊斯兰宗教文化的共同性。中国与阿富汗作为丝绸之路上的邻国，不仅带来商品市场的贸易繁荣，也相互促进各民族的文化繁荣。当代国家间积极开展文化外交活动，人文领域交往已经非常频繁。大学在促进国家间交往、了解过程中扮演着积极角色，各国大学都具有跨国界、跨文化对话的能力，能够为深入交往和对话提供共同性知识，国家间通过相互招收留学生，大学共同举办学术研讨会，互派访问学者，开展文化影视电影节，以增进相互了解。为此，可考虑在西部（新疆）大学专门设立中国阿富汗研究基金，加强对阿富汗当代社会的研究。哈萨克斯坦采取的政策是在教育领域合作，为阿富汗培育人才。中国也应当考虑此策略，与阿富汗达成文化交流的多层次协定，在中国北京、上海、广州等城市指定安排专门高校接受阿富汗留学生和访问学者，中国派遣多学科的访问学者赴阿富汗大学和研究机构开展交流，以此增进阿富汗与中国在人文领域的了解，构建中国与阿富汗两国间的文化互信，加深彼此的民间了解，这有利于双边地缘文化共同安全环境的持久建立。

美国与印度安全战略关系中的反恐合作与挑战

蔡裕明

［实践大学（高雄校区）博雅学部助理教授］

一、前言

“9·11”事件过后11年，恐怖组织与攻击行动亦历经各种转变。“基地”组织尽管从领袖本·拉登到部分高级领导人相继死亡，[①] 仍旧有能力威胁美国国内与海外利益。“基地”组织的分支机构与追随者仍持续增加活动范围与能量。例如，在也门活动的“基地”组织阿拉伯半岛分支、“基地”组织伊斯兰马格里布分支、博科圣地组织（Boko Haram）、索马里青年党（al-Shabaab）、东非活动的“基地”组织分子及在西奈半岛逐渐增加的“基地”组织。[②] 其中南亚地区为美国全球反恐的重要基础，美国与印度的反恐合作成

① “基地”组织的高阶领袖在美国全球反恐下相继死亡，包括：本·拉登（Osama Bin Laden，1957—2011）、扎卡维（Abu Musab al-Zarqawi，1966—2006）等人，“基地”组织现任领导者为扎瓦赫里（Ayman al-Zawahri）。

② 中央社，《多起攻击，西奈恐成盖达温床》，2012年9月30日。

为华盛顿与新德里安全合作的最后项目，也是重要之基石（keystone）。

美国总统奥巴马强调美国与印度之间的关系为21世纪决定性的伙伴关系，认为美国与印度基于共同利益与价值观，可以合作建立一个稳定与安全的世界。美国也希望印度能够在国际体系当中承担更多的义务与区域领导者的责任。同时，印度持续经济增长亦提升其国际地位。亚洲开发银行、世界银行或IMF公布的《全球经济展望报告》皆预测印度在2020年前经济增长率可达8.7%至9.1%，[①] 此等经济增长率亦让印度更自信地在全球寻求提升其国际地位，让经济实力转化为其他国家承认印度战略地位。美国2010年度的《四年防务评估报告》认为印度应在印度洋扮演更为重要的角色。印度也试图走出南亚地缘政治限制，希冀在国际政治上扮演更为重要角色，[②] 而在反恐政策方面，印度也面临国内外恐怖主义之威胁，希冀以与美国间反恐合作为双边战略关系之基础，缓解印度国内外恐怖主义之威胁。美国与印度之间的民用核协议以及发生于2008年11月26日至29日的孟买恐怖攻击事件，更让美印两国针对恐怖主义威胁采取更为紧密的合作，以对应区域与全球恐怖主义之威胁。本文旨在从美印安全战略关系出发，讨论美国对南亚反恐政策及发展趋势，探究美国在南亚反恐政策发展与转变。本文首先概述近来印度所面临恐怖主义之威胁状况，再者探究美国与印度间反恐合作与问题，最后为结论与未来发展。

① Zee News, "IMF Lowers India's 2012 Growth Forecast to 4.9%", October 09, 2012, http://zeenews.india.com/business/news/economy/imf-lowers-india-s-2012-growth-forecast-to-4-9_61960.html; The Conference Board, "Global Economic Outlook 2011," http://www.usinnovation.org/sites/default/files/Global-Economic-Outlook%20_The-Conference-Board.pdf.

② Bhabani Sen Gupta, "India in the Twenty-first Century", *International Affairs*, Vol. 73, No. 2 (April 1997), pp. 207-314.

二、近来印度所面临恐怖主义之威胁状况

恐怖主义缘起于法国大革命的概念，被视为使用暴力造成恐惧来对抗国家（或政党、政治团体、特定族群），以达到政治目的之破坏性方法。恐怖行动常通过杀害或伤害非战斗人员来尽可能地宣传行动或巩固理念。[①] 然而至今仍然未有国际社会所公认的对于恐怖主义的确切定义。2004 年 10 月 8 日联合国安理会第 1566 号决议，将恐怖主义界定为："以在公众或某一群体或某些众人中引起恐慌、恫吓人民或迫使政府或国际组织采取或不采取行动为宗旨之犯罪行为，包括意图造成死亡或严重身体伤害、或劫持人质等"。[②]

美国国家反恐中心（U.S. National Counterterrorism Center, NCTC）将恐怖主义描述为"预谋；由非国家或秘密代理人；政治动机或文化、历史、教育、宗教、哲学、文化之象征性动机；暴力或侵害非战斗目标"。[③] 此外，美国国防部则将叛乱（insurgency）定义为"通过使用颠覆和武装冲突之方式推翻一个合法政府的组织运动"。前任印度调查分析局官员同时也是恐怖主义研究者的拉曼（Bahukutumbi Raman）说明恐怖主义与叛乱组织之区别："叛乱团体寻求控制领土，建立类似军队的专业组织，由他们控制领土并建立行政权力。而恐怖分子实行非传统的战斗方式散播恐惧与威胁，并

---

① S. Ashford, *Encyclopedia of Applied Ethics*, Second Edition, ed. D. Callahan, P. Singer and R. Chadwick (Academic Press, 2012), pp. 334 - 342.

② United Nations Security Council, Resolution 1566 (2004), S/RES/1566 (2004), October 8, 2004, http://daccess-dds-ny.un.org/doc/UNDOC/GEN/N04/542/82/PDF/N0454282.pdf? OpenElement.

③ Office of the Director of National Intelligence, 2011 National Counterterrorism Center Report on Terrorism, March 12, 2012, http://www.fas.org/irp/threat/nctc2011.pdf, p. V.

且避免控制领土”。[①]

印度与所在南亚地区是全世界受恐怖主义与激进主义为祸最烈地区之一。2008 年美国国务院公布的 2007 年国家恐怖主义报告即指出，印度面临恐怖主义、分裂主义和极端主义之威胁。印度作为拥有全世界多元种族、语言与宗教之国家，过去曾面临许多分裂与叛乱运动，包括 20 世纪 80 年代旁遮普邦（Punjab）的锡克教徒的起义以及重新崛起的巴巴尔·哈尔萨（Babbar Khalsa），查谟克什米尔（Jammu Kashmir）的穆斯林分离主义运动威胁，东北部各州民族分离主义运动，以及少数的泰米尔猛虎解放组织（Liberation Tigers of Tamil Eelam，LTTE）。此外，印度政府也正面临左翼极端主义运动威胁，包含毛派（Maoist）和纳萨尔派（Naxalite）在印度东部和中部的农村地区扩散。这些恐怖组织或极端主义组织不仅威胁印度安全，也危及美国区域利益。因此印度新任总统普拉纳布·慕克吉（Pranab Mukherjee）2012 年 7 月就职演说时表示，打击恐怖主义是继冷战之后的第 4 次世界大战，印度早已在战争前线。[②]

（一）来自伊斯兰极端主义的恐怖主义威胁

从区域层面而言，美国与印度都已将南亚诸多恐怖组织与巴基斯坦划为等号。这些组织大多吸纳“基地”组织的目标、愿景与动机。这些恐怖组织包括哈卡尼网络（Haqqani Network，HQN）、虔诚军（Lashkar-e-Taiba，LeT）、巴基斯坦塔利班运动（Tehrik-e Taliban Pakistan，TTP）、伊斯兰圣战运动（Harakat Ul-Jihad-I-Islami，HuJI）、穆罕默德军（Jaish-e-Mohammad，JEM）、伊斯兰圣战联盟（Islamic Jihad Union，IJU）、乌兹别克伊斯兰运动（Uzbekistan Islamic Movement，IMU）等，这些组织多在伊斯兰的意识形态下进行战

① Bahukutumbi Raman，“There Is No MacCounter-Terrorism”，November 16，2008，http：//ramansterrorismanalysis. blogspot. com.

② The Hindu，“Fight against terrorism is 4th World War：Pranab”，July 25，2012.

术与战略合作。虽然有许多恐怖组织针对印度或美国或其他西方国家在巴基斯坦的军队、运输路线或基础设施进行攻击，但仍有许多组织将巴基斯坦视为避风港，藉此扩大其组织网络并威胁印度与美国利益。

虔诚军创建于20世纪90年代，作为巴基斯坦的伊斯兰原教旨主义的军事分支机构，旨在协助塔利班对抗苏联入侵阿富汗。虔诚军也似与巴基斯坦的情报机构三军情报局（Inter-Services Intelligence，ISI）过从甚密，后来转为期望终结印度在克什米尔地区的管治，也积极协助穆斯林极端分子于印度境内发动攻击，并如同其他几个穆斯林激进团体，遵循严格的伊斯兰原教旨主义，或瓦哈比教派（Wahhabi）的神学传统。而尽管虔诚军创设的主要目的是与塔利班并肩作战，但后来转变为驱逐在克什米尔地区的印度军队，使该地区改由伊斯兰哈里发统治，期望将伊斯兰教义扩展到华盛顿、特拉维夫（Tel Aviv）与新德里。而现在虔诚军不仅期望要在全印度实施穆斯林律法，更是采取全方位反西方的作法，团结全球穆斯林的“圣战道路”，从非穆斯林的统治当中解放穆斯林，特别是从民主国家。对此，虔诚军承认于2008年在孟买泰姬酒店（Taj Hotel）发动了针对西方民众的恐怖攻击行动。

除虔诚军有能力攻击印度外，其他穆斯林组织亦同样有能力于印度发动恐怖攻击，例如哈卡尼网络。哈卡尼网络成立于20世纪70年代，并与“基地”组织前领袖本·拉登和塔利班组织有合作关系，创始人为贾拉鲁丁·哈卡尼（Jalaluddin Haqqani），目前领袖为西拉杰丁·哈卡尼（Sirajuddin Haqqani），活跃于巴基斯坦和阿富汗之间的北瓦济里斯坦（North Waziristan）地区。虔诚军亦从巴基斯坦情报单位三军情报局获得支援，巴基斯坦也乐于提供援助而得以扩张在阿富汗之影响力与势力。由于哈卡尼网络被视为巴基斯坦的一部分，巴国政府不愿对瓦济里斯坦采取大规模的军事行动。该组织参与了2010年喀布尔酒店恐怖攻击事件。美国为顾及与巴国之间的反恐合作关系，一直到2012年9月才将哈卡尼网络列为外国恐怖组织（foreign terrorist organization）。

第三个恐怖组织则为伊斯兰圣战运动。20世纪80年代伊斯兰圣战运动创立之初的目的是对抗苏联入侵阿富汗，后转而攻击印度在克什米尔的军事势力与利益。伊斯兰圣战运动在该地区扮演促进各个激进组织之间合作的角色。伊斯兰圣战运动原由卡什米里（Ilyas Kashmiri）所领导，他曾经参与在巴基斯坦的特种部队并于阿富汗境内协助对抗入侵的苏联军队，还曾试图暗杀前巴基斯坦总统穆沙拉夫，之后则带领克什米尔地区的军队，并且在一连串攻击印度的恐怖攻击当中，展现全方位的训练与策划能力并展开全球圣战。为此，他与数个伊斯兰激进组织建立合作关系，包括：虔诚军、哈卡尼网络、巴基斯坦塔利班运动、乌兹别克伊斯兰运动以及“基地”组织的高阶领导者，每个组织都看重他的行动能力。他可将每个计划转为实际的攻击行动，[①] 也曾经参与2008年孟买恐怖攻击行动。卡什米里于2011年被美军无人驾驶飞机炸死。[②]

（二）印度境内的恐怖主义与恐怖组织

尽管印度民众对于政府廉洁与治理能力有所质疑，但整体而言，印度恐怖主义与叛乱运动正逐渐减弱。2010年共有1902人因为恐怖主义或叛乱行动而死亡，死亡人数远较2009年的2232人以及最高峰2001年的5839人。对于印度而言，最为关键性的问题则是印度共产党（Communist Party of India）[③] 与20多个左翼激进组织（Left Wing Extremist，LWE）。[④] 2010年与纳萨尔组织有关的死亡人数达

① The Daily Beast，“Al Qaeda Commander Ilyas Kashmiri Killed in U. S. Predator Strike”，Jun 4，2011.

② 中国时报，《巴基斯坦恐怖组织，首脑被击毙》，2011年6月5日。

③ 也被称为毛派（Maoist）组织。

④ 也被称为为纳萨尔派武装组织（Naxalite）。

1180 人，超过其他所有恐怖主义与叛乱组织在全国所造成死亡人数之总和。而由巴基斯坦所支持的恐怖组织于 2010 年在查谟克什米尔地区年共造成 375 人的死亡。印度东北部死亡人数下降至 2010 年的 322 人，较 2009 年的 853 人与 2008 年的 1051 人数减少许多。曼尼普尔邦（Manipur）和阿萨姆邦（Assam）的冲突死亡人数也有下降，2009 年死亡人数分别为 416 和 391，2010 年分别减至 138 和 158 人。而由巴基斯坦所支持的恐怖攻击行动于 2010 年有显著减少趋势。仅是在 2008 年 11 月 26 日孟买攻击行动当中就死亡 166 人。2010 年最严重的恐怖攻击行动发生于浦那（Pune）的一间德国面包房，造成 17 人死亡。印度情报与安全单位也意识到一个新兴右翼极端主义，名为印度教恐怖主义（Hindutva terrorism）之威胁。[①]

虽然印度并未证明近来恐怖攻击事件为何恐怖组织所为，但印度情治单位间接表示土生土长的恐怖分子介入其中，从而转变过去仅关切来自巴基斯坦恐怖组织之态度。印度本土逐渐增加的恐怖主义威胁为印度圣战者（Indian Mujahideen，IM）、印度回教学生运动（Students Islamic Movement of India）、孟加拉国伊斯兰圣战运动（Harkat-ul-Jihad al Islami）与巴基斯坦所支持的虔诚军（Lashkar-e-Tayyaba）之威胁。其中印度圣战者于 2010 年 6 月 4 日被印度政府根据 1967 年颁布的非法活动（预防）法（Unlawful Activities（Prevention）Act）宣布为恐怖分子团体，直指印度圣战者、虔诚军与巴基斯坦的三军情报局有所关联。[②] 印度全境 636 个地区当中有 310 个地区遭受不同程度冲突，包含颠覆、叛乱和恐怖集团之威胁。20 个州的 223 个地区面临毛派活动威胁，另在查谟与克什米尔的 20 个地区受到巴基斯坦所支持的伊斯兰分裂主义影响，而在东北地区有 20 个

① SATP，“India Assessment - 2011”，http：//www. satp. org/satporgtp/countries/india/index. html.

② The India Express，“Indian Mujahideen Declared Terror Outfit”，June 4，2010，http：//www. indianexpress. com/news/indian-mujahideen-declared-terror-outfit/629547/.

地区受到以种族为基础的恐怖主义和叛乱运动的影响。

(三) 印度境内恐怖攻击对南亚安全的影响

2008 年 11 月孟买遭受长达 60 小时的恐怖袭击，造成 166 人丧命，300 多人受伤。印度政府将此归咎于回教激进组织虔诚军以及巴基斯坦的三军情报局（Inter-Services Intelligence）在背后主导此次事件，这导致印度和巴基斯坦两国关系恶化。直至 2011 年初，两国才开始恢复对话。2011 年 6 月印巴举行 2008 年孟买袭击以来的首次和谈，两国外交部已经同意讨论如何使印巴关系正常化、促进双边贸易和旅游，以及克什米尔地区问题等。

印度近来所遭受恐怖攻击证明，印度亟需进行相关反恐能力建设阻止可能的恐怖攻击。2008 年孟买恐怖事件后，印度承诺投资加强反恐能力建设及沿海安全能力，新德里吓阻恐怖攻击能力略有改善，然而印度所欠缺的是由中央与州政府密切合作并协调多机构联合打击恐怖主义的国家战略。[①] 2008 年 12 月印度建立国家调查局（National Investigative Agency，NIA），调查恐怖行动之威胁，授权高阶国家调查局官员调查全国各地恐怖主义事件，解决印度各邦独立司法权的挑战，但是印度也面临不同的情报机构与各州之间信息分享的挑战。印度政府在 2008 年孟买恐怖攻击事件后受到极大批评。在恐怖攻击前四个月，印度法院曾经遭受规模较小的恐怖攻击，但是之后政府并未在该地区重要机关大楼安装监视器或金属探测器。尽管印度从 2008 年以来努力改进应对恐怖主义的能力，并且配合当地警方行动，但是并未配备充足资源以满足反恐的需求。

由上述所描绘南亚与印度恐怖主义威胁现状可得出三项结论。首先，南亚地区的安全威胁制约美国与印度国家权力与行动自由。

---

① Sahibzada Amer Latif，"U. S. – India Counterterrorism Cooperation：Deepening the Partnership"，Statement before the House Foreign Affairs Committee，Subcommittee on Terrorism，Nonproliferation，and Trade，CSIS，September 14，2011.

其次，民族国家的政策与相互关系并未激化地区形势，也没有改善相关关系，但恐怖组织或跨国组织等非国家行为者之意图与行为正在威胁区域安全。最后，国家本身的社会、政治和经济状况成为非国家威胁扩散之根源与解决问题之根本，已超过任何单一国家所能解决之问题。据此亦形成美国区域反恐政策。首先，美国需要与其他区域有能力并且有意愿国家共同解决恐怖主义问题。再者，美国与其他国家不仅需要发展结合情报、准军事部队、传统部队与警察之新战略，更需要建构国家与国家之间以及与国际组织之间的连结。最后，为减轻美国本身的财政负担，美国与盟国需要情报信息以打击有价值的恐怖主义目标，增加情报与军事单位的灵活度与杀伤力。

三、美国与印度间反恐合作

维护区域秩序稳定有两种途径：一是该区域有着维护该地区和平与稳定的重要的主导力量，并可对该区域其他国家提供公共产品（public goods），例如在北美洲的安全体系中，美国扮演合法的区域霸权角色。二是两个权力相近的大国扮演权力平衡角色，而在权力转移的过程当中不至于威胁整体秩序。南亚并非上述所述的理想类型（ideal type）。[①] 1985 年斯里兰卡内战爆发之初，印度的英迪拉·甘地（Indira Gandhi）曾提出印度版的“门罗主义”，除非需要否则印度不会介入区域内国家的内政，同样也不会容许外来国家干预南亚事务，倘若区域内国家需要解决内部问题，则应先寻求区域国家之协助。[②] 往后十年间印度扮演着对较小国家提供公共产品的提供者

① Mohammed Ayoob，“South Asia's Dangers and U. S. Foreign Policy”，*Orbis*，Volume 45，Issue 1（Winter 2001），p. 126.

② Pervaiz Iqbal Cheema，“What is the Indira Doctrine?”，*The POST*，January 17，2007，http：//ipripak. org/articles/newspapers/indira. shtml.

角色。这样的政策之后成为古杰拉尔主义（Gujral Doctrine）之基础，[①] 该论点基于对南亚的认同感以创造紧密合作气氛，新德里愿提供不求周边国家回报的协助，仅希望周边国家不要破坏两国关系或支持印度的利益。在此项外交原则下，印度冀求周边国家能认知印度善良霸权之本质，从而提高在该地区作为区域霸权国的合法性。然而，由于20世纪50年代到20世纪60年代印度与周边国家关系之阴影，以及20世纪90年代印度进行核试爆，印度与周边国家关系发展受挫，新德里遂寻求与美国合作来提高印度在南亚的地位。与此同时，美国也需要拉拢印度维护美国在南亚地区的利益。

1997年美国克林顿当局决定将印度作为美国南亚政策的重点国家，开始强化彼此间双边关系并淡化印度核试爆问题。1997年12月美国与印度官员开始进行战略对话，并开始进行反恐领域合作，但之后由于1998年印度再次进行核试爆以及美国对于印度的经济制裁而中断。2000年美印之间建立联合反恐工作组（US-India Joint Counter-Terrorism Working Group），目标在于将过去模糊的双边关系转化为明确的双边关系，反恐合作成为两国之间在安全议题上易于成功并有效果之领域，这也标志着美国在面临更多恐怖主义之威胁时，希冀以国际反恐合作解决美国所面临之威吓。新德里也乐见以反恐合作开启与华盛顿间之战略对话，特别是印度关切美国与巴基斯坦之间的反恐合作，印度认为跨界恐怖主义以及来自巴基斯坦所支助的恐怖攻击行动是造成印巴双边关系恶化的主因。2009年11月美国总统奥巴马与印度总理辛格所发表的联合声明表示，美印反恐合作已有长久发展，未来仍待发展。事实上，美印的反恐合作仅在战术层次。2010年10月，美国总统奥巴马访问孟买时，呼吁美印两国进一步加强反恐关系。2011年5月美国国土安全部部长纳波利塔

---

① See Devin T. Hagerty, "India's Regional Security Doctrine", *Asian Survey*, Vol. 31, No. 4 (April 1991), pp. 351 –363.

诺（Janet Napolitano）访问印度再强调启动美国和印度的国土安全对话，目的是加强双方有关反恐的联系。[①] 美印反恐合作已成为促使双边关系提升至战略关系最为主要的推动因素，两国并希望能够合作调查发生于2008 年 11 月的孟买恐怖攻击事件，并将该事件视为反恐新合作关系的起点。

（一）美印安全合作关系

从“9·11”事件迄今，美国与印度间之战略安全关系涌现快速转变进展。从1995 年开始两国开始强化军事合作关系，后因印度于1998 年进行核试爆造成美国对印度进行经济制裁。之后华盛顿与新德里之间透过战略对话、军事演习、国防贸易、人员交流、先进技术转移与军备合作强化彼此间安全战略关系。

2005 年美国与印度签署 10 年期国防合作框架协议，并且成为两国国防关系之基础。主要内容涵盖扩大联合军事演习、提高国防有关之贸易及建立一个国防采购小组。由美国国防部负责政策的副部长与印度国防部副部长所共同成立的国防政策小组（Defense Policy Group，DPG）作为双方指导与咨询机构，并将双方共同关切的核心议题列为优先合作的项目，每年审查进展并做必要的调整。例如，2006 年扩大打击海上安全威胁，包括跨国犯罪（海盗、走私和非法贩运）、海上大规模杀伤性武器扩散之威胁、对于船舶与船员威胁（航行安全、搜索和救援）、环境恶化和自然灾害。2010 年 7 月 23 日美印两国签署反恐合作倡议（U. S. – India Counterterrorism Cooperation Initiative，CCI），并强化两国海上安全的交流与合作，共同处

① 中央广播电台，《美国与印度强化反恐策略》，2011 年 5 月 24 日，http：//news. rti. org. tw/index_ newsContent. aspx？ nid = 298412。

理海上海盗和恐怖主义之威胁。[①] 2011 年国防政策论坛乃以海上安全人道主义援助/灾难救援与反恐合作列为优先合作项目，并且在国防政策论坛之下，另设有讨论和推进国防贸易、服务合作、技术合作、技术安全等七个小组。

美国与印度之间军事演习的规模、范围与复杂度也有显著增加，并且定期举行。2010 年，美国太平洋司令部与印度三军综合防御参谋部（Indian Integrated Defense Staff，IDS）于阿拉斯加进行联合军事演习，强化双方在人道主义援助和救灾（HA/DR）领域的合作。美国海军与海岸警卫队也每年定期与印度举行联合军事演习，包含马拉巴尔（Malabar）、蛇神（Habu Nag）、射毒眼镜蛇（Spitting Cobra）与代号“SALVEX”联合军演。其中马拉巴尔演习为年度双边进行的海上演习，以加强海上战术、技术和程序（tactics，techniques，and procedures，TTPs），参与国家包含日本、澳洲和新加坡的海军，也结合人道主义援助和救灾演习。蛇神为海军两栖演习，射毒眼镜蛇则为破坏爆炸物的演习，代号“SALVEX”则为潜水与营救行动方面之演习。这些专业演习让两国的专业人员熟悉防空/反导防御、反水面战、反潜作战、海军特种作战能力与形式。此外，除每年太平洋舰队与印度海军的执行指导小组（Pacific Fleet-Indian Navy Executive Steering Group）召开会议外，两国的海军也举行正规海军的双边人员会谈、港口访问以及各种层级的军事人员交流，美国海岸警卫队也开始与印度海岸警卫队进行交流与培训。

美国陆军从 2004 年来每年与印度举行代号为“YUDH ABHYAS”联合军演，[②] 以交换双方在特殊地带作战之经验和技能，目前已从连级野外训练演习扩展为营级实弹演习与旅级指挥所演习，并

---

① U. S. Department of Defense，Report to Congress on U. S. – India Security Cooperation，November 2011，http：//www. defense. gov/pubs/pdfs/20111101_ NDAA_ Report_ on_ US_ India_ Security_ Cooperation. pdf.

② 印度当地语言“Yudh Abhyas”为“准备战争”之意。

且共同关切应付简易爆炸装置（improvised explosive devices）的挑战。尽管印度没有类似美国海军陆战队的部队，新德里仍希望发展两栖作战能力，从2010年开始两国藉由“Shatrujeet”演习共同发展两栖作战准则与战术。

“印度对抗”（Cope India）演习则为两国之间每半年的空军联合演习，此外，印度空军2008年首次参加美国发起的红旗（Red Flag）演习。红旗军演为联合训练演习，培养不同作战平台的相互操作性，包括拦截、空中优势、防空压制、空运、空中加油和侦察，并且藉由参与美国太平洋空军与印度空军执行指导小组（Pacific Air Forces（PACAF） - IAF Executive Steering Group）对于机场工程、情报、武器和战术、飞行安全进行交流与讨论。在特种部队方面，美印两国藉由联合交流训练（Joint Combined Exchange Training，JCET）任务，以及在马拉巴尔、“YUDH ABHYAS”、“印度对抗”、瓦吉拉·普拉哈尔（Vajra Prahar）针对特种作战演习进行交流合作。这些演习包含步枪射击、战斗射击、近距离作战、直升机空降、医疗后送、联合训练规划等等。

表1　　近年来美国与印度之间的军事演习

美国与印度军事演习	形式	内容	开始年份
印度联合演习（Joint Exercise India，JEI）	人道主义援助和救灾之联合演习	美国太平洋司令部（USPACOM）与印度三军综合防御参谋部（IDS）于2012年进行指挥所演习（command post exercise）	2010
马拉巴尔（Malabar）	海军演习	2007年美印以及日本、澳洲、新加坡举行联合军演，又由于中国反应遂改为双边演习	1993
蛇神（Habu Nag）	海军演习	海军两栖作战（包含人道主义援助和救灾）	2006

续表

美国与印度军事演习	形式	内容	开始年份
射毒眼镜蛇（Spitting cobra）	海军演习	海军爆破演习	2010
"SALVEX"联合军演	潜水与营救行动		2005
SHATRUJEET	两栖作战理论与行动	由美国海军陆战队与印度陆军联合进行	2006
"准备战争（Yudh Abhyas）"军演	陆军演习	两国军队在特殊地带作战的经验和技能，包含野战训练演习与指挥所演习	2004
"印度对抗（Cope India）"演习	空军演习	重点在于空运项目之演练，主要科目内容包括人道援助和灾害救援	2004
红旗演习（Red Flag），拉斯维加斯北郊的内利斯空军基地（Nellis AFB）①	空军演习	训练飞行员的战斗意识与飞行技巧	2008
瓦吉拉·普拉哈尔（Vajra Prahar）演习	特种作战	美国特种部队与印度陆军之间演习	2003

资料来源：U. S. Department of Defense，Report to Congress on U. S. – India Security Cooperation，November 2011，pp. 3 – 4，http：//www. defense. gov/pubs/pdfs/20111101_ NDAA_ Report_ on_ US_ India_ Security_ Cooperation. pdf.

（二）两国的反恐合作内容

在"9·11"事件之后，美国全球反恐包含四项内容：预防恐怖融资、限制大规模杀伤性武器（WMD）与轻小型兵器扩散、管控边界以及军事干预，② 或利用无人飞机攻击恐怖组织根据地。③ 在

① The Hindu， "IAF's First Ever Participation in Exercise 'Red Flag'，" July 7，2008.

② Barak Mendelsohn，*Combating Jihadism*：*American Hegemony and Interstate Cooperation in the War on Terrorism*（Chicago：The University of Chicago Press，2009）.

③ Sydney J. Freedberg，"Drone Strikes：'Least Horrible' Choice In Pakistan，Yemen"，*Aol Defense*，August 21，2012.

"9·11"恐怖攻击事件前，美国与印度并无反恐合作的机制与政策，仅有有限的情报与调查合作。2000年印度外长辛格与美国副国务卿塔尔博特于伦敦会晤时，同意建立反恐联合工作组（Joint Working Group on Counter-Terrorism），并且每年进行一次定期会晤交换恐怖主义相关威胁的信息。2002年美国副国务卿阿米蒂奇建议成立美国与印度网络安全论坛，后来印度质疑美国中情局试图藉此论坛将势力深入印度国家安全委员会秘书处（National Security Council Secretariat）。2009年11月印度总理辛格访问华盛顿时，美印两国再就反恐合作倡议（Counterterrorism Cooperation Initiative，CCT）达成共识，两国表示在运输安全、洗钱、伪造货币和恐怖融资、海事、港口和边境安全、网络安全和大城市治安问题上达成合作，包含港口和边境安全经验与专业知识之交流分享，以及反恐单位与国家安全卫队（National Security Guard）之间联络与培训，之后2010年美国与印度签署反恐倡议之谅解备忘录（Memorandum of Understanding），再促进美印双方于反恐、情报分享与能力建设的合作关系，这使得美国驻印度大使蒂罗默（Timothy J. Roemer）形容该备忘录为打击恐怖主义不可或缺的伙伴关系（indispensable partnership），[①] 并作为两国法律授权与制度化的合作架构。此外，印美两国也合作调查2008年孟买恐怖攻击事件，之后又于2011年美国与印度第二轮战略对话时，美国国家情报总监也访问印度共同签署网络安全与恐怖主义分享情资之协议。

美印反恐合作旨在强化两国反恐关系，为两国战略伙伴关系重要部分。这些合作包括：交换反恐工作技术能力，分享最佳反恐方法，就所关切议题之调查技术发展，打击洗钱、伪造货币及资助恐怖主义程序，促进法医科学实验室之间的合作，交换轨道交通和铁

① The Hindu，"India，U. S. Sign Counter-terrorism Initiative"，July 23，2010，http：//www. thehindu. com/news/national/article529983. ece.

路安全的最佳做法，海岸警卫队和海军之间提高海上安全之间的交流，包含反恐单位（Counter Terrorism Units）、国家安全卫队以及港口和边境安全的联系与培训。[①]

1. 传统反恐能力建设

20 世纪 80 年代里根政府时期，美国中央情报局与印度职司搜集外部情报的印度调查分析局（Research and Analysis Wing）曾在处理人质问题上进行合作训练，两国也就防止和处理劫持航空飞机等航空安全等进行合作，之后将传统合作扩展到检查爆裂物装置。

2. 非传统领域的建设

两国之间非传统领域的合作始于 2001 年小布什政府时期。[②] 美国政府协助印度维护网络安全，之后扩及到其他领域，包含港口与货柜的海上安全，以及防止恐怖分子使用大规模毁灭性武器等灾难性恐怖主义行为。

3. 恐怖主义案件调查和起诉的法律互助

美国联邦调查局从里根政府时期开始在印度政府请求下协助调查 1985 年印度陆军参谋长（Chief of the Army Staff，COAS）瓦依达（A. S. Vaidya）将军遭受喀里斯坦（Khalistani）恐怖分子暗杀事件。美印两国在克林顿政府时期合作减少，美国情报机构只在 1993 年孟买恐怖攻击事件后得到邀请参与调查。之后在小布什政府与奥巴马政府时期，美印两国反恐合作才有所增加。在奥巴马政府时期，美国联邦调查局协助调查 2008 年孟买恐怖攻击事件，并且这是第一次美国联邦调查局官员通过视频方式于印度法院进行作证。[③]

---

① Embassy of India，“India-US Sign Counter Terrorism Cooperation Initiative”，July 23，2010，http：//www. indianembassy. org/prdetail1560/-india-us-sign-counter-terrorism-cooperation-initiative.

② 美国国务卿鲍威尔（Colin Powell）与印度内政部部长阿德瓦尼（L. K. Advani）于 2001 年 10 月 19 日签署两国在刑事事件之法律协助协议。“U. S. Signs Treaty Bolstering Anti-terrorism Cooperation with India,” *Aerospace Daily*，October 19，2001，p. 7.

③ 在这之前，美国联邦调查局官员不能于印度法院进行作证。

4. 协助防护易受攻击机关

在2006年7月孟买市郊火车遭受攻击后，美国协助改善城市交通的安全性。

5. 情报共享

在2008年11月26日孟买恐怖攻击事件之前，美国几乎没有与印度分享相关的预警情报。然而在孟买恐怖攻击事件之后，媒体报导美国联邦调查局曾掌握虔诚军计划从海上攻击泰姬玛哈酒店（Taj Mahal hotel）之情报。但是这些情报并不具体，新德里认为倘若印度官方能够强化饭店等机关的实体安全，或许能够预防恐怖攻击的发生。此外，美国与印度曾经分享从恐怖分子嫌犯处截获的文件。例如，2001年美军进入喀布尔（Kabul）后，美军接到印度政府请求，要求审视与1999年坎大哈劫持事件的相关文件，美国却不太情愿。印度政府也请求参与对孟买恐怖攻击事件巴裔美籍罪犯赫德利（David Coleman Headley）之审判，他在攻击前曾多次进出孟买，协助虔诚军侦察攻击目标。虽然美国联邦调查局曾与印度分享孟买恐怖攻击行动相关情报，但无助于印度进行预防。虔诚军在2000年时即被美国列为外国恐怖组织（Foreign Terrorist Organizations，FTO），美国政府可以逮捕任何与外国恐怖组织有接触的个人或组织，赫德利显然已违反美国政府禁止与外国恐怖组织接触的法律，但美国联邦调查局并未将赫德利拘留、调查和起诉，致使后者协助虔诚军于印度境内发动恐怖攻击。

6. 反恐军事合作

美国太平洋司令部为强化在南亚反恐能力，在包含印度在内的五个国家部署特种部队。①

① 这五个国家为：尼泊尔、孟加拉国、斯里兰卡、马尔地夫以及印度。

四、美印反恐合作之问题

当美国的中央情报局以无人飞机攻击巴基斯坦西北边境省份的恐怖分子，从而造成美巴关系紧张后，美国与印度反恐安全合作已逐渐成为美国南亚反恐政策之基石。从2008年孟买恐怖袭击事件后，美印逐渐增加反恐方面之合作。美国太平洋司令部司令罗伯特·威拉德认为，巴基斯坦需要为发生在印度的多起恐怖攻击事件负责，特别是2008年的孟买恐怖攻击事件，美军认为总部设于巴基斯坦的虔诚军与"基地"组织和其他恐怖组织有关联，虔诚军参与并支持了阿富汗对抗西方国家的恐怖攻击。[①] 南亚对于美国有着重大安全利益。南亚是美国到中东与亚洲的能源与贸易的重要海上交通线，而且南亚也面临传统安全与非传统安全挑战，包含印度与巴基斯坦的核对抗、跨国恐怖团体与组织犯罪，跨边界的毒品、人口贩运，轻小型武器交易，边界争议，以及印度、尼泊尔与斯里兰卡的叛乱运动。美国与印度之间虽然逐渐强化安全合作以及反恐合作之层级，但仍面临官僚体制之限制、威胁认知不同以及情报分享之疑虑等问题。

（一）官僚体制之限制

印度与美国之间的反恐合作是两国安全领域合作最为主要的部分，然而主要挑战一直存在。其中最主要挑战在于印度与美国的官僚机构需要加强对话与合作。目前美方反恐工作组的成员（或机关）散布于美国各个行政组织，包含国土安全部、国务院、财政部与国防部，各个机构之间彼此有对话与沟通机制，以及不同领域之间的

---

① "Counter-Terrorism: US Special Forces Stationed in India, Reveals Pentagon", *The Times of India*, March 2, 2012, http: //timesofindia. indiatimes. com/india/Counter-terrorism-US-special-forces-stationed-in-India-reveals-Pentagon/articleshow/12107378. cms.

合作，但美国却欠缺与印度之间不同领域的对话机制。而且两国之间对话机构存在重叠，这使美国产生应该由哪个机构主导两国反恐合作之质疑。

印度有限的官僚能力及中央过于集权也成为美印双方反恐合作的挑战。印度中央集权的决策削弱了美国不同部门与印度之间的反恐合作。对于印度而言，恐怖主义与恐怖攻击属内政部（Home Ministry）职责范围的国内执法问题，而在与美国国防部讨论合作计划与项目时，印度内政部会回避与美国国防部的相关计划，印度也没有与美国类似的协调机构处理各项反恐领域的合作。[①]

最后则为印度中央政府与各邦间关系。在2009年和2010年间，印度死于恐怖攻击与武装叛乱的人数分别为2232人和1902人，说明印度为全球受恐怖主义危害最严重国家之一。根据印度宪法规定，邦政府需要担负执法之责，为达此目的，邦政府有权逮捕嫌犯并在恐怖攻击时做出反应。在2008年孟买恐怖攻击事件之前，印度政府已有调查报告建议建立全国反恐协调机构。2011年印度内阁安全委员会决定成立国家反恐中心（NCTC），印度内政部于2012年向各邦政府发出通知。印度国家反恐中心隶属国家情报局，最大的特点是拥有独立的调查取证和逮捕权，并可以要求印度几乎所有情报机构和调查部门以及包括国家安全卫队在内的7大中央武装警察部门协助配合调查和共享信息。由于被赋予如此强大的权力，印度国家反恐中心有可能提升印度的反恐能力，却也将打破印度现有国家情报司法权力体系，尤其是各邦在此领域享有的特权，从而招致地方政府势力的担心和疑虑。[②]

---

① Sahibzada Amer Latif, "U. S. - India Counterterrorism Cooperation: Deepening the Partnership," Statement before the House Foreign Affairs Committee, Subcommittee on Terrorism, Nonproliferation, and Trade, CSIS, September 14, 2011.

② 《印度欲成立国家反恐中心，引强烈"削藩"质疑》，《文汇报》，2012年2月23日。

2011 年 7 月 13 日印度孟买接连发生 3 起恐怖攻击事件（后简称“7 · 13 事件”）。虽然印度内政部部长奇丹巴拉姆表示此次的攻击事件不能归咎于情报失灵（intelligence failure），但也触发对印度是否有从 2008 年的“11 · 26 事件”吸取教训的质疑。印度的恐怖组织数量与活动范围日增，而且也试图寻求更为精致的武器，恐怖组织除攻击软性目标外，也逐次修正恐怖攻击之手段，让印度的情报与安全部门难以全面处理来自恐怖分子的威胁，使得印度的反恐政策与制度出现“延宕”或“规划中”的情况。例如，在“11 · 26 事件”后，印度拟成立国家反恐中心并计划于 2010 年年底之前运作，但是支持国家反恐中心的国家情报网络（National Intelligence Grid）于 2011 年 6 月才核准设立，国家技术研究组织（National Technical Research Organisation，NTRO）也尚未核准可以作为监督机构以拦截与取得相关信息。即使国家调查局（National Investigation Agency）成立之后，该单位调查的恐怖主义相关案件也有限。此外，印度政府也在新德里与其他地点建立国家安全卫队（National Security Guard，NSG），成立反恐与反叛乱之学校，警方也增强相关设备与建立相关部门，并强化海岸安全，但是这些措施似嫌不足，单位之间整合与情报分享也未竟全功。

2012 年 3 月，印度有 10 多个邦政府首席部长反对建立全国反恐中心，中央政府同意重新商议决定暂时搁置反恐中心的运作。目前印度中央执政为国大党联盟，而反对党或地方政党则反对建立全国反恐中心。反对党提出两项反对理由：第一，中央政府未与邦政府进行沟通。第二，根据宪法，法律与秩序为邦政府层级事务，中央政府所成立全国反恐中心权力过大，有违“联邦主义”之精神。之后，中央政府承认未就全国反恐中心议题与邦政府协调，但是强调反恐并非一般性的法律与秩序问题，现有法律已为中心运作提供足够依据，中央情报机关有权直接逮捕与搜查恐怖分子嫌疑犯，并与邦政府的警方合作，并不存在中央政府侵犯邦政府的权力问题。因此，印度中央与邦政府之间的问题也成为美印反恐合作的问题。美国安全与反恐单位与印度政府合作时需要先经由中央政府才能与邦政府合作，这显然延宕了情报传递时效。

（二）威胁认知之不同

美印反恐合作的另一挑战为两国对于恐怖主义威胁之认知不同。美印两国都认为需要处理恐怖主义问题，但是新德里更为关切华盛顿与伊斯兰堡之间的关系。对于印度而言，巴基斯坦为印度恐怖威胁主要来源，而且华盛顿需要施压于伊斯兰堡，说明并切除三军情报局（Inter-ServicesIntelligence，ISI）与虔诚军之间的关联性。对于美国而言，美国需要巴基斯坦巩固阿富汗南方反恐战线，并让巴国政府强化在联邦直辖部落地区（FATA）与北瓦济里斯坦（North Waziristan）的统治能力，破坏“基地”组织与塔利班在联邦直辖部落地区的活动能力，并且美巴军事情报合作是美国本土安全的生命线，印度无法取代美国与巴基斯坦间的情报合作。美国未经巴基斯坦同意擅入巴国境内猎杀本·拉登、使用无人飞机于巴国境内狙击恐怖分子并同时杀害无辜巴国民众，[①] 亦让美国与巴国关系紧张。

印度虽为经济发展快速国家，但是与安全相关的基础建设却不足。印度政府明白，高质的警察部队以及高效的行动能力，才能对抗任何对法律与秩序之威胁，特别在基层警察局的层次。无论是恐怖攻击、毛派的叛乱或火灾的第一线应付者，有效的预防措施取决于警方的讯息网络。然而，地方警察单位最易被忽视。一般警察一天需工作 12 至 14 个小时且工资微薄，而且需要执行一些所谓“道德”事项，例如突击检查酒吧，看是否仍有女性员工超过晚上九点

① 从九一一恐怖攻击事件后，巴基斯坦从美国获得数十亿美元的金援，美国则获得对于其盟国与军队后勤供应路線。“U. S. Drone Strikes Resume in Pakistan; Action May Complicate Vital Negotiations,” *Washington Post*, April 29, 2012.

仍在工作，让警察无法侦破重要案件或追缉恐怖分子。[①] 印度警方只在2010年开设过反恐课程，之后没有进行反恐与情报搜整之训练，更缺乏国家层次的犯罪与恐怖分子的数据库，此等皆为印度警方的严重问题。

全球平均每十万人有270名警察，但是根据印度官方数字显示，印度每十万人仅有140名警察，比全球平均标准少一半，显见印度警方人力不足的状况。而印度主要的情报机构情报局（Intelligence Bureau）仅有5000名工作人员，却需负责12亿人口的相关情况。2008年的“11·26”事件之后，政府也创立民众情报网络（Citizen Intelligence Network，CIN）希望让一般民众也肩负情报搜集的工作，并已由内阁安全委员会（Cabinet Committee on Security）所批准，希望以人力情报（HUMINT）辅助技术情报，但后来也形同虚设。[②]

（三）情报分享之疑虑

情报分享为反恐合作重要的基础。2010年印度副总理安萨里（Hamid Ansari）表示印度需要与国际合作打击在“安全避难所”（safe havens）的恐怖分子。[③] 美国与印度之间反恐合作的障碍为情报无法共享，并且由于美国的南亚政策也不甚透明，让新德里质疑美国与印度之间的反恐合作。以犯下2008年孟买攻击事件的赫德利

---

① “Politicians With no Roots in City Dictate Its Future”, *Khaleej Times*, July 17, 2011, http://www.khaleejtimes.com/displayarticle.asp?xfile = data/international/2011/July/international_ July818.xml&section = international&col.

② Pandalai, “The 2011 Mumbai Serial Blasts and India's ‘Resilience’”, July 19, 2011.

③ 他并呼籲要强化全球打击恐怖主义的法律制度与共识，包含通过联合国《全面制止国际恐怖主义公约》（Comprehensive Convention against International Terrorism）。“Hamid Ansari Seeks International Cooperation to Eradicate Terrorism”, *Daily News and Analysis*, June 9, 2010, http://www.dnaindia.com/india/report_ hamid-ansari-seeks-international-cooperation-to-eradicate-terrorism_ 1394160.

（David Headley）为例，美籍巴裔赫德利被美国抓获后，印度派一个4人专家小组到芝加哥参加审讯却未获得美国首肯。印度也质疑美国情报的透明度，美国国家情报总监克拉珀（James R. Clapper）下令调查赫德利事件后发现，在孟买恐怖攻击事件前，美国情报官员已得知相关讯息，但缺少赫德利与恐怖攻击直接的连结证据。印度战略决策官员则认为，美国选择拒绝公布相关恐怖主义情报，主要是为了避免破坏美国与巴基斯坦之间关系。①

美国情治单位也质疑印度职司搜集外部情报的印度调查分析局（Research and Analysis Wing）的情报搜能力，以及它与苏联时代克格勃（KGB）之间关系。2012年5月印度调查分析局发布恐怖攻击警讯指出，5名年龄介于25到30岁的巴国恐怖组织虔诚军（Lashkar-e-Taiba，LeT）分子，已持伪造身分证件渗透孟买，正伺机攻击重要设施。后经证明这些人皆为普通百姓并非恐怖分子。② 印度调查分析局与苏联情治单位之关系，让美国情报机构在与印度分享情报时有所疑虑。再者，美国境内的锡克教（Sikh）社群反对美国政府协助印度政府压制喀里斯坦（Khalistani）的恐怖分子，并且美国政府限制与印度政府分享在查谟和克什米尔的恐怖主义等相关情报。美国政府仅与印度分享除查谟和克什米尔外，针对印度境内，并由圣战组织所计划的恐怖攻击情报，且不能牵连巴基斯坦或导致煽动印度敌视巴基斯坦。因此只要华盛顿与伊斯兰堡共同处理阿富汗的局势并重视巴基斯坦的战略地位，美国与印度之间的情报合作将会出现停滞。

① Sahibzada Amer Latif, "U. S. - India Counterterrorism Cooperation: Deepening the Partnership," Statement before the House Foreign Affairs Committee, Subcommittee on Terrorism, Nonproliferation, and Trade, CSIS, September 14, 2011.

② 中国评论新闻网，《印度情报系统又乌龙，误传虔诚军渗透》，2012年5月11日。

五、结论与未来发展

印度于2001年卷入美国所主导的全球反恐战争后，进入一个不确定的时代。印度为全球受到恐怖主义威胁最严重的国家之一，无论是“基地”组织或是塔利班相关的组织，皆在印度国内或国外针对印度发动多起恐怖攻击，这些组织也反映着不同的意识形态与目标。而印度受到地缘政治影响，受到南亚的经济、社会政治与区域治理多重因素影响，与周边国家政经发展密切相关，反之而言，印度政经发展亦会影响南亚地区其它国家。[①] 由于印度为中亚权力竞赛的参与者之一，新德里对喀布尔挹注数百万美元以防止塔利班组织掌权，并把阿富汗当作反印度的避风港。随着美军即将撤出阿富汗，印度更为关切国际维和部队离开阿富汗后的安全状况以及对于印度安全之作用。

美国虽已表示美国与印度之间战略与经济关系极为重要，但也表示不能损及美国与巴基斯坦间反恐合作关系。美印两国之间战略关系主要基于从波斯湾石油出口的互惠利益、反恐合作以及打击大规模毁灭性武器与轻小型兵器扩散、[②] 印度洋与南亚地区的安全与稳定以及对于中国的战略遏制，印度的地理位置为日本经巴基斯坦到沙特阿拉伯的轴心，印度也将与美国间之结盟关系视为崛起象征，并且威慑输出恐怖主义邻国，特别是巴基斯坦，印度与美国也愿搁

① Sundeep Waslekar and Semu Bhatt, “India's Strategic Future: 2025”, *Futures*, Volume 36, Issues 6 – 7 (August – September 2004), p. 811.

② Mohammed Ayoob, “South Asia's Dangers and U. S. Foreign Policy”, *Orbis*, Vol. 45, Issue 1 (Winter 2001), p. 134.

置彼此间重大争议达成共同目标。[①] 在安全合作内容方面，美国与印度之间安全合作内容包含联合军事演习、情报分享与反恐行动，印度也另与美国进行打击恐怖主义、防止大规模毁灭性武器与轻小型兵器的扩散、毒品与人口贩运等相关合作，华盛顿也协助新德里强化军事设施。除了美印两国正进行的反恐合作之外，两国也正进行反恐情资分享以及执法部门等合作，未来将进行反恐方面之战术、技术与程序方面的合作、打击激进伊斯兰组织、关键基础设施保护（critical infrastructure protection）等不同层次合作面向。

当印度将战略方向转向海权时，表示新德里已将地缘战略关注点从周边关系朝向海洋，美国也将印度视为“在印度洋与周边地区的伙伴与净安全提供者（a partner and net provider of security in the Indian Ocean and beyond）”。根据美国国防部于 2012 年 1 月所公布的新国防战略当中，表示美国仍持续挹注与印度之间的长期合作关系，做为区域经济之锚，印度也将与美国之间的战略合作关系视为印度—太平洋经济与政治关系整合之驱动力，特别是 2005 年两国所签署的核协议结束了两国隔阂关系，开启两国之间各种层次战略合作关系。然而，两国的反恐合作困局在于，两国之间的互信基础不足，并且美国需要考虑巴基斯坦的意见。就在 1984 年英迪拉·甘地被暗杀后，印度与英国建立针对喀里斯坦的印英反恐合作渠道（Indo-UK Back Channel For Counter-Terrorism Cooperation），由于两国之间的信任关系，印度与英国建立情治机关的热线与高层官员定期会晤机制。以此观之，未来美国在南亚反恐政策的实效，恐取决于美国与印度之间反恐合作的信任关系。

---

① Sundeep Waslekar and Semu Bhatt, “India's Strategic Future: 2025,” *Futures*, Volume 36, Issues 6 - 7 (August - September 2004), p. 819.

美国反恐怖战略调整与缅甸恐怖活动走势

张金平

（云南民族大学哲学与政治学学院教授）

缅甸是东南亚地区的一个重要国家，东南亚的第二大国（面积约67.85万平方公里，是世界上第40个最大的国家，西北与印度和孟加拉国为邻，东北与中国接壤，东南邻国有泰国与老挝）。由于长期处于军政府统治之下，缅甸一直备受国际社会的关注。2008年颁布新宪法以来，缅甸内政和外交都开始了重大的转型。2008年奥巴马就任美国总统后开始较大幅度地调整美国的反恐策略，也较大幅度地调整对缅甸的政策。缅甸的政治转型和美国的反恐策略调整，对美国的缅甸政策，对缅甸的恐怖与反恐怖局势，可能产生长期的影响。

缅甸长期存在着恐怖主义活动。美国反恐策略调整以及美国对缅甸政策的调整，与缅甸政局变化相叠加，可能引起恐怖组织活动空间的变化，进而对缅甸的恐怖活动产生直接和间接的影响，也会影响中国的反恐斗争和更为广大范围的国际恐怖主义与反恐怖斗争。

一、缅甸主要存在三类恐怖主义活动与威胁

缅甸地区存在三种类型的恐怖主义活动。

第一类，是缅甸国内矛盾诱发的恐怖活动。

2005年，缅甸发生了一系列炸弹爆炸事件。3月（两起炸弹爆炸）和5月（三起连环炸弹爆炸），仰光发生了炸弹袭击事件，其中5月的爆炸导致23人死亡，150多人受伤。4月，缅甸第二大城市曼德勒市发生炸弹爆炸事件，两人死亡，15人受伤。

为此，2006年5月4日，缅甸政府首次通过官方媒体发布恐怖袭击警报，并公布了恐怖分子的基本特征，呼吁军、警、民共同防范恐怖分子可能在仰光、曼德勒和毛淡棉三大城市发动的恐怖袭击。缅甸政府宣布，位于缅泰边境地区的恐怖组织在2006年3月曾先后派遣16名恐怖分子潜入仰光、缅甸北部的曼德勒市和缅甸南部的毛淡棉市。4月20日，仰光发生了5起小型炸弹爆炸事件，没有造成人员伤亡。

相关的恐怖组织，其政治身份与活动形式很复杂。在缅甸实施恐怖活动的国内反政府势力的组织，往往进行其他形式的暴力反政府活动、跨国非政府活动及一些公开与合法的获取行为能量的活动。每当缅甸处于重大政治活动与事件的关头，恐怖活动就会明显活跃。2010年4月，缅甸也连续发生恐怖暴力袭击事件。

国际社会将缅甸的“若开人团结组织”（RSO the Rohingya Solidarity Organization）宣布为恐怖组织。该组织与东南亚的一些与“基地”组织联系密切的组织有复杂的联系。①

① 中国现代国际关系研究院反恐怖研究中心：《国际恐怖主义与反恐怖斗争年鉴：2003》，北京：时事出版社，2004年版，第215页。

第二类，是国际恐怖主义针对缅甸的恐怖压力。

2012 年 5 月到 6 月，缅甸的若开邦发生佛教信众与穆斯林民众的持续冲突。若开邦有信奉佛教的若开族和缅族，有信奉伊斯兰教的罗兴亚人，以及其他民族。缅甸的民族宗教冲突及其长期积累的矛盾，导致了若开邦在事件发生后迅速陷入混乱并持续数月，引起国际社会的关注。尤其是在人权组织公布了缅甸军人任意射杀、强暴罗兴亚人的报告之后，许多伊斯兰国家乃至塔利班等恐怖组织都表示高度关注甚至发出威胁。印尼、埃及、沙特、巴基斯坦、马来西亚等国都对缅甸若开邦局势表示关注，并对缅甸政府提出批评。土耳其也对罗兴亚人的遭遇表示关注，土外长达武特奥卢专程访问缅甸，认为关于缅甸宗教冲突的信息十分“矛盾”，缅甸政府坚称死伤者为数百人，但当地穆斯林给出的数字却多达上千人。达武特奥卢此行的主要目的是提供医疗用品，惠及面涉及因冲突而流离失所的 5 万穆斯林和 2 万佛教徒，“确保他们得到及时援助”。

而巴基斯坦塔利班等国际恐怖组织则向缅甸发出恐怖威胁，誓言将报复缅甸对罗兴亚穆斯林所犯下的罪行。正在监狱服刑的印尼极端伊斯兰组织领袖还写信给缅甸总统，威胁其如不妥善对待罗兴亚人，就要在缅甸进行暴力活动。

事实上，在印尼巴厘岛、菲律宾、泰国等国家发生重大事件的 2005 年，缅甸也发生系列恐怖暴力。2005 年 5 月 7 日，仰光发生了 3 起连环爆炸，造成 60 多人死亡，200 多人受伤，成为军政府执政 40 多年间最严重的恐怖事件。该事件的发生，成为东南亚国际恐怖袭击浪潮中的组成部分。

第三类，是周边国家的恐怖势力在缅甸的存在。

缅甸周边国家存在严重的恐怖暴力，周边国家的恐怖组织有时会跨境进入缅甸或隐匿、或组织恐怖活动。如印度的阿萨姆统一解放阵线（United Liberation Front of Assam，ULFA），以缅甸作为活动基地向印度发起恐怖袭击。2010 年，就有较大规模的印度恐怖势力向缅甸迁移的现象，其中包括 the National Liberation Front of Tripura（特里普拉邦），the Karbi Longri National Liberation Front（KNLF）[①]等组织。虽然缅甸政府多次表示将驱逐印度的反政府暴力组织，但事实上缅甸政府无力做到。

在缅甸存在的一些跨境民族武装组织，有的针对中国，图谋以暴力实现分裂和其他政治目的，是潜在的恐怖暴力因素。

二、缅甸恐怖活动的两个关联特点及其原因

缅甸的恐怖活动呈现相互关联的两个特点：一是与印度、巴基斯坦和泰国等周边国家相比，与印尼、菲律宾等东南亚恐怖主义活动的重灾区相比，缅甸的恐怖活动不算严重；二是缅甸恐怖活动存在加剧与恶化的风险，国际国内局势的变动对恐怖活动的影响具有复杂影响。

在缅甸周边的国家中，有不少是恐怖主义的重灾区，如印度和巴基斯坦。泰国南部的恐怖事件也时有发生。再远一点，印尼、菲律宾和阿富汗等国家，也是恐怖主义的重灾区。虽然缅甸也不时有一些恐怖暴力袭击的发生，周边的恐怖组织向缅甸的渗透现象也存在，但与这些恐怖活动的重灾区国家相比，缅甸恐怖活动是较轻的。

缅甸当前的恐怖活动比较轻微的原因，主要有三个层面。一是缅甸政府对国家与社会的严厉控制，特别是军政府的高压控制。高压政策大大压缩了恐怖分子的活动空间。二是缅甸少数民族地区的

---

① 《印度阿萨姆邦发生爆炸9人受伤》，2008年12月7日，环球时报。周六发生在印度东北部阿萨姆邦一家市场的爆炸已造成9人受伤。印度警方怀疑是激进武装组织 Karbi Longri 民族解放阵线制造了这次爆炸。在周二，该组织曾宣布对一起造成30多人伤亡的爆炸案负责。Karbi Longri 民族解放阵线多年来一直试图让阿萨姆邦脱离印度独立，周六是该组织的成立纪念日。

“民地武势力”具有较大的生存空间，“民地武势力”能够以各种形式实际控制本民族本地区的事务，不需要以极端暴力与政府对抗。三是缅甸国家对外联系相对较少，国家对外事务相对封闭，外部人员往来限制措施比较严格。这样，国际恐怖组织向缅甸的渗透就十分困难。

显然，一旦缅甸国家局势发生重大变化，上述条件就可能随之发生根本性变化。那么，缅甸的恐怖活动状况可能发生重大变化。

缅甸当前的恐怖活动呈现较为轻微的现象，并不意味着缅甸遭受的恐怖活动压力也轻微。这种潜在的压力，有三个层面的表现：

首先，缅甸周边国家有许多国际恐怖组织活动的重灾区，稍有不慎，国际恐怖主义的活动就可能扩散到缅甸。事实上，已经有一些国际恐怖组织在缅甸建立据点。加之缅甸与孟加拉国等国存在边境问题上的矛盾，缅甸与周边国家的跨境安全治理比较薄弱。一旦缅甸政局发生变化，周边的恐怖组织积极向缅甸进行大规模渗透就可能成为现实。

其次，缅甸国内存在着严重的民族与宗教矛盾，及影响社会发展的诸多问题。缅甸政局变化中，如果处理民族宗教矛盾出现重大失误，可能会诱发极端暴力的抬头。国际恐怖组织也可能借此兴风作浪。巴基斯坦的恐怖组织就因若开邦的冲突向缅甸发出威胁。一些武装组织因政局变化而发生分裂后，可能会走上恐怖暴力的道路。中东地区有不少先例。

再次，美国对缅甸政策的特征及其霸权外交的实质，可能激化缅甸国内的矛盾，也可能加剧东南亚、南亚与中东地区的矛盾。缅甸处于这三个地区的政治地缘的交汇带，三个地区的恐怖活动都比较活跃。这有可能将缅甸置于一种国际恐怖活动的交汇点。随着美国对缅甸事务干预的深入，国际上针对美国的恐怖势力也可能跟随而入，将缅甸开辟为反对美国的恐怖战场。

三、“9·11”以来国际反恐态势下缅甸的反恐策略

“9·11”以来，美国的全球反恐策略和东南亚、南亚反恐策略的变化，与缅甸的反恐策略和国家发展战略变化，有相互关联的影响。

“9·11”事件爆发后，反恐斗争成为影响美国与东南亚各国关系的一个基本要素。“9·11”事件和反恐战争改变了美国对东南亚的看法，美国非常重视东南亚的国际第二反恐战场。美国通过一系列改善与东南亚各国关系的措施，强化了与东南亚国家的国际反恐合作，把是否支持其反恐行动作为美国对东南亚国家提供援助的基本条件。美国在阿富汗迅速取得其反恐战争的阶段性胜利，宣布其反恐战争进入第二阶段，东南亚成为美国反恐战争的“第二战场”，加强了与东南亚国家的反恐合作。

“9·11”事件发生后，东南亚国家一致谴责这一恐怖袭击事件。不仅旗帜鲜明地支持美国的国际反恐行动，同时借助国际反恐态势在国内也积极开展反恐斗争。菲律宾不仅第一时间声援美国，更同意美国飞越菲律宾领空、允许美国使用菲律宾的军事基地进行反恐行动。

在“9·11”事件后国际反恐斗争的大背景下，缅甸向联合国表明了反恐的决心，签署了《制止向恐怖主义提供资助的国际公约》等6项国际反恐公约。

“9·11”后的国际反恐斗争引发了一个时期的恐怖主义活动反弹，一段时间里，国际恐怖主义在东南亚的活动也呈现蔓延和加剧的态势，巴厘岛恐怖爆炸袭击是一个重要的典型。面对严峻的恐怖主义现实威胁，东南亚各国的反恐斗争立场日趋坚决，在采取了严

厉措施打击恐怖势力的同时加强了国际反恐合作。[①] 2002 年 11 月，东盟第八次首脑会议再次发表了反恐联合声明。

缅甸军政府在国际反恐的大背景下积极在国内以反恐的名义进行打击行动。2001 年底，缅甸军政府以反恐名义对若开邦的两个镇区的 9 个穆斯林难民营和仰光等 14 个大中城市的穆斯林进行了严密监控，严防国际恐怖组织"基地"人员进入缅甸，与缅甸的势力汇合；与此同时，缅政府还取缔了 6 个穆斯林学校和 3 个穆斯林组织。2002 年 6 月 17 日，缅甸政府颁布了《控制洗钱法》，为切断恐怖组织的资金做努力。

缅甸军政府的反恐行动与举措，与美国的国际反恐行动事实上形成了一定的呼应，缅甸的国内国际反恐目标还有想打破与美国关系的坚冰的意图。但当时美国的重点是国际反恐，缅甸不是恐怖主义重灾区，缅甸零星的恐怖活动还没有对美国产生实际威胁。缅甸与美国的合作在国际反恐环境下没有发生明显变化。

美国在东南亚加强国际反恐斗争的同时，希望加强在东南亚的军事存在，包括重建军事基地；而东南亚国家主要是强化与美国的合作、增强打击恐怖主义势力的能力。因此，双方的反恐战略存在分歧和矛盾。如东南亚各国对主权问题比较敏感，而且民间存在强烈的反美情绪。东南亚的穆斯林相对比较温和，明确反对恐怖主义

---

① 原来与美国不太合拍的印尼、马来西亚等国则趁反恐的机会，改善和加强与美国的关系。新加坡和马来西亚政府在 2001 年底逮捕了 20 多名恐怖组织"伊斯兰祈祷团"成员。马哈蒂尔在访美时，再次表示愿意积极配合美国打击国内的伊斯兰教极端分子。当时的马来西亚副总理巴达维也表示，为了确保国家安全将采取一切必要措施打击恐怖主义。2002 年 10 月 12 日的巴厘岛爆炸案后，印尼加大了反恐力度，梅加瓦蒂总统于 2002 年 10 月 18 日签署了两项打击恐怖主义的紧急政令，为警方迅速有力地打击恐怖分子提供了法律依据。印尼警方次日就逮捕了伊斯兰圣战者大会主席阿布·巴希尔（伊斯兰祈祷团的幕后主脑），并成立反恐特遣队和反洗钱委员会，扩大了金融领域的国际反恐合作。参考，李晨阳：《论"9·11"之后美国与东南亚国家关系的变化》，载《当代亚太》2004 年第 8 期；曹云华：《美国与东盟：重度"蜜月"?》，载《世界知识》2003 年第 4 期。

行径；但东南亚的穆斯林反对美国的霸权反恐政策。包括缅甸在内的东南亚国家的穆斯林普遍反对美国对阿富汗动武，常会出现大规模的反美游行示威，甚至抵制美国货物。一些激进者甚至提出本国政府应该同意他们去阿富汗参加反美“圣战”要求。

四、组织能量是观察恐怖活动的一个重要参量

恐怖组织的组织能量，是观察、判断恐怖活动及其走势的重要参量。[①] 恐怖组织的能量，决定着其恐怖活动的规模、趋势等。恐怖组织的能量，包括组织存在、组织网络、组织理念及其策略、组织的环境。现在从埃及恐怖组织在萨达特时期的成长及其活动、“基地”组织成长及其活动的历史现象中，对其组织能量与恐怖活动的关系进行分析，以便为观察缅甸的国际恐怖活动走势提供参照。

“组织存在”是恐怖活动的重要条件。这里的组织存在，包括走向恐怖之前的组织存在，也包括该组织的活动恐怖化之后的组织存在。组织存在，具有一种历史的延续性。组织能量，能够从组织的历史延续中如历史记忆等获取行为能量，如进行组织动员的旗帜、组织基础等。

埃及总统萨达特时期，曾经一度鼓励宗教组织的发展，特别是给曾经在纳赛尔时期遭到打压的穆斯林兄弟会以很多组织活动的方便，一些极端宗教组织就在穆斯林兄弟会的组织框架下获得迅猛发展。后来行刺萨达特总统的恐怖组织，就是从这一时期的极端组织中转化而来的。

“基地”组织，是在苏联入侵阿富汗战场的反苏活动中组建的，

① Parameter，参量，是借用自然科学的一个术语。其他函数可以表示为其函数的一个独立的变量；其数值能确定一个系统的特征或行为的一组物理性质中的任何一个性质。

并获得了巨大的组织存在。后来，借助在阿富汗战场形成的组织框架而积聚了巨大的能量。

显然，组织存在是恐怖活动借以积聚活动能量的基本条件，在组织的框架下方可积聚组织能量。一些极端组织的存在，是缅甸恐怖活动的基本条件。

“组织网络”，是指组织的规模、存在的区域范围、存在的方式、外围组织和社会基础、人员与资金的吸纳方式等。“基地”组织在全球范围的网络存在是其恐怖活动全球化的重要原因与条件。埃及恐怖组织具有一些外围组织和社会基础，因此能够长期存在并进行恐怖袭击活动。埃及的恐怖分子在遭到穆巴拉克总统政府的严厉打击后，不少恐怖分子逃到也门匿藏起来，后来又转到阿富汗等地活动。埃及社会，甚至整个中东地区都具有埃及恐怖组织活动的空间，是其组织活动能量得以不断聚集的一个重要原因。

“组织环境”，指的是其组织存在的国际（国家）环境，主要是指其组织的政治生态与社会生态。埃及的极端势力及其组织在萨达特时期获得了较为宽松的政治环境，而伊斯兰教的传统与埃及和中东的社会发展矛盾与阿以冲突，给极端势力存在提供了较为有利的社会生态环境。“基地”组织不仅在阿富汗战争时期获得了较为宽松的国际环境，而且后来的冷战结束（这一进程中膨胀起来的极端思潮等）、科索沃战争等都为“基地”组织聚集获得能量提供了有利的国际环境。苏丹与阿富汗的冲突和国家状态，为“基地”组织的能量聚集提供了有利的社会环境。

组织环境有两种特殊的表现：

一种是明显的宽松环境。在这种环境下，极端组织的能量会膨胀性地扩张，其极端思维同时得到强化。以上的情形还有近期伊拉克战争后的国家混乱状态、西亚北非剧变下的社会动乱状态，都是明证。

另一种是极端组织面临巨大的政治压力和社会压力，其组织目标严重受挫，其组织存在面临巨大挑战等。萨达特总统与以色列的和解，就让极端组织感到其组织目标严重受挫；海湾战争，也让“基地”组织感受到某种程度的目标受挫。一旦目标受挫，极端组织可能就转向恐怖化。

“9·11”之后国际社会的反恐怖态势及其所形成的国际环境，给包括“东突”恐怖组织在内的国际恐怖组织以较大的国际压力。这时，恐怖组织的能量聚集可能出现比较复杂的情形。“基地”组织在“9·11”后国际恐怖活动与反恐怖斗争的大环境下，一度十分疯狂。后来，又呈现本土化和符号化的特征。

“组织理念及其策略”，主要指一些极端组织的目标，动员旗帜，手段的选择等。意识和理念比较极端的组织当其目标无法得到实现时，往往会转向诉诸恐怖手段。苏联解体后中亚地区恐怖浪潮的形成就与众多极端组织的存在有关系。当其极端社会与政治目标无法依赖正常的政治渠道得以实现时，极端组织就纷纷走向恐怖主义。“基地”组织和埃及的恐怖组织由组织形成、走向恐怖都与其极端理念和手段策略的选择有关。

在缅甸，已经有一些恐怖活动存在，自然也有一些恐怖组织（或有恐怖倾向的极端组织）存在。关注一些极端组织（组织存在、极端理念）的组织存在形式、组织网络及其发展走向，是把握缅甸恐怖主义的一个基本方法。而极端组织的恐怖化和恐怖主义组织势力的膨胀，都与其组织所处的“组织环境”有极大关联。在其他条件存在的情形下，组织环境直接影响恐怖主义的走势。

美国的反恐策略调整对缅甸的影响、美国与缅甸关系的变化及其走势、缅甸政局的自身变化，如何影响恐怖活动的组织环境？

五、美国的反恐策略调整态势下的美缅关系

这种“组织环境”变化是国际反恐斗争的态势和国际环境的变化。

美国奥巴马政府对布什政府的反恐策略逐渐进行了调整，主要表现为：

1. 美国逐渐停止战争反恐的行动，从伊拉克和阿富汗逐步撤军，将重点地区的反恐斗争任务主要交由该地区的国家政府，美国对配合其反恐斗争的国家予以反恐援助。因此，美国与缅甸政府在反恐斗争中的合作可能会有一个深入的发展态势，给在缅甸（或意图向缅甸渗透）的恐怖活动及其组织形成新的压力，有利于国际反恐斗争；

2. 美国在恐怖主义活动泛滥的重点地区，在加强和保持国家层面的反恐合作的同时，会大幅度增加无人机打击恐怖组织的频度和力度。从巴基斯坦和也门的实际情形来看，无人机反恐活动与战争反恐活动相比，无论从物资成本还是社会负面影响来说，都大大减少。无人机的打击行动确实让一些重要的恐怖头目丧命。但无人机袭击也存在误伤、危害国家主权等方面的问题。但目前来说，美国尚不会在缅甸进行无人机打击，因为缅甸还没有形成国际恐怖主义特别是针对美国的恐怖活动的据点；

3. 美国在反恐斗争中将继续采取“双重标准”。对威胁美国的恐怖活动，美国强力打击甚至不惜以违反人权和国际法的方式进行打击，但对威胁其他国家的恐怖组织及其活动，美国的态度有别，可能忽视其存在甚至予以方便或者支助。在缅甸的反恐问题上，美国也可能会体现出“双重标准”，对一些恐怖活动不予关注，甚至可能借此向缅甸政府施加压力，向中国、巴基斯坦等缅甸周边国家施加压力；

4. 美国依然是国际恐怖组织袭击的重点目标。当缅甸在反恐中的影响迅即增加的时候，国际恐怖组织可能也会关注美国在缅甸的利益及行动，策划打击美国的相关目标。如果缅甸局势出现某种动荡，恐怖组织特别是国际恐怖组织可能乘机兴风作浪，开辟缅甸战场。国际恐怖组织在南亚、东南亚、中东有据点，因地缘便利，能够对缅甸形成某种包围态势。

缅甸政治转型开始后，美国对缅甸的政策发生了变化，这种变化与美国的反恐策略调整同时发生并具有一定的关联性。美国不再把反恐作为压倒一切的任务，而是开始强调美国的领导权。反恐斗争的战略收缩与美国在东亚战略的强化，是美国对缅甸政策调整的战略背景。

美国对缅甸政策的改善，表现为：1. 人员往来的增加和层次的提升。[①] 2011 年 11 月 31 日，希拉里对缅甸进行了“历史性访问”。这次为期 3 天的访问，是 50 多年来美国国务卿对缅甸进行的首次正式访问。以此为标志，美缅“冰冻的关系”开始融解。2012 年 1 月，美国宣布与缅甸互派大使。美国总统奥巴马连任后首访选择了缅甸（2012 年 11 月 19 日），也是历史上首位访缅的在任总统。9 月，缅甸总统访问美国，是 46 年来首位访问美国的缅甸总统，昂山素季也访问了美国。2. 放松对缅甸的一系列制裁，[②] 为双方关系的进一步发展做了铺垫。3. 在一些领域的合作开始强化。如美国逐步建立与缅甸的军事合作。[③] 缅甸积极回应西方的要求，在 2012 年 1 月 13 日宣布大赦，释放 651 名在押人员，其中至少有 200 名政治犯。

---

① 2010 年 12 月 7—10 日，美国副助理国务卿约瑟夫·云在缅甸大选后仅一个多月即访问缅甸，说明美国未对缅甸放弃接触政策。2011 年 5 月 18 至 20 日，美国助理国务卿帮办约瑟夫·云访问缅甸。6 月初，美国参议员麦凯恩访问缅甸。欧盟也派代表团于 6 月中下旬访问缅甸。美欧举动显示，其在一定程度上愿意与缅甸新政府接触。

② 2012 年 6 月，美国取消禁止美国企业在缅甸投资的限制。7 月 11 日批准美国企业对缅甸投资（美方宣布解禁企业对缅投资前几个小时，22 年来首位美国驻缅甸大使德里克·米切尔在缅甸首都内比都递交国书），与国营缅甸石油天然气公司合作。2012 年 9 月 19 日，美国取消对缅甸总统吴登盛和缅甸联邦议会人民院议长吴瑞曼的制裁。9 月 26 日，美国务卿希拉里·克林顿当天在与吴登盛会面时宣布，美国将取消禁止进口缅甸货物的限制。这是美国对缅甸最后一个重大贸易制裁的解禁。

③ 2012 年 9 月，美国与缅甸就重启培训项目和两国军方交流等问题进行了会谈。美国打算邀请缅甸 2013 年参加“金色眼镜蛇”联合军事演习，缅甸宣布将首次以观察员身份参加 2013 年 2 月的“金色眼镜蛇”军演，该演习是美国在亚太地区主导的最大规模多国联合军演。“金色眼镜蛇”联合军事演习是美国和泰国举办的东南亚地区最大规模联合军事演习，有 20 多个国家参与。自 1982 年以来，该演习每年举行一次，由于军演会给参与国提供新颖的军事体验和经验，所以多个国家希望通过该军演提高军事能力。缅甸政府有意参加美国与泰国共同举办的“金色眼镜蛇”军事演习。此前有分析认为，美国邀请缅甸参加联合军演，是美缅恢复军事关系的第一步，也是缅甸与西方国家重建关系的一块里程碑。

美国在今后一段时间内，将会积极帮助缅甸推进政治、经济转型。双方关系的良性发展，有利于国际反恐斗争的大环境建设。

但缅甸今后的转型及其与国际社会的合作之路依然很艰难。美国、欧盟的民主、人权标准甚高，对缅甸大选和新政府仍不满意，继续施压缅甸。在民族问题上，美国等西方国家也可能对缅甸施加压力。缅甸对美国寄予希望，希望美国帮助缅甸推进政治转型和社会经济发展，包括推动美国扩大对缅甸的投资，也希望美国帮助政府处理与反对派的关系。但在民主进程中，美国如何处理政府和反对派的关系，也可能存在变数。美国等西方国家对缅甸的压力也可能会损害反恐斗争的合作，甚至给恐怖活动提供某些空间。

六、若开邦的民族宗教冲突与恐怖活动

从2011年10月21日开始，缅甸若开邦又发生了大规模的民族冲突，导致67人死亡，95人受伤，32231人无家可归，5351间房屋被毁，18个宗教建筑被毁坏。联合国报道说骚乱导致了11万难民，出现了严重的人道主义灾难。[①] 2011年5月和6月，若开邦就发生了

① 联合国难民署设立的难民营内的空间、庇护所以及诸如食物和饮用水等基本物资严重短缺；与此同时，当地粮食价格已经翻了一番，而且没有足够的专业医务人员可以为伤病者提供治疗和服务。数支联合队伍为流离失所者提供食物、饮用水和紧急医疗援助，但各类干扰已经延伸至包括“无国界医生”的长期医疗项目在内的多项人道主义援助。联合国人道协调厅发言人雷克表示，民众需要粮食、住所和其他基本生活必需品。自6月当地爆发暴力冲突后，威胁和恐吓使国际医疗救援组织“无国界医生”的行动严重受阻，只能提供有限的服务。“无国界医生”自1994年起在缅甸若开邦工作，目前有约300名员工在若开邦工作。去年进行了487000次诊症，其中有近75000例为疟疾个案，以及近24000例与孕产妇健康有关的个案，也为超过600名艾滋病人提供赖以活命的抗艾滋病毒治疗。医疗项目暂停后，数以千计的之前受惠于长期基层医疗护理项目的病人难以获得医疗护理。当前，缅甸若开邦很多人在失去家园和财物后变得极为脆弱，他们的健康可能会迅速恶化。若开邦的骚乱中，有的还针对" 无国界医生" 等国际组织，导致这些组织无法提供卫生等援助，因为国际组织根本无法接触到难民等应该被救助的人们。

两个民族间的持续骚乱，导致50人死亡，54人受伤，2000多间房屋和14座宗教建筑被烧毁，6万多人沦为难民。上次动荡还未能完全得到平息，新的骚乱便接踵而至。

缅甸政府的调查说，此次骚乱是有人蓄意煽动制造的，政府认为参与制造和煽动骚乱者包括部分个人和一些政治组织、与政府实现和解的前地方武装组织、国外势力。政府称已经掌握了重要的证据表明骚乱有向武装冲突转变的迹象，政府在骚乱中查获了180支枪支，抓获了部分涉案的嫌疑人。若开邦政府要求民众在11月3日之前上缴其所持有的非法枪支和刀具。缅甸政府表示要进行全面的调查并将追究操纵骚乱的组织和个人的责任。

若开邦的主要居民是若开人，信仰佛教，也有80万罗兴亚人，①信奉伊斯兰教，两个族群长期存在冲突。② 缅甸穆斯林人口占全国总人口的4%，若开邦有全国穆斯林的一半。吴努政府（1948年至1962年）时期承认罗兴亚人是缅甸的一个土著民族（当时缅甸议会中有罗兴亚人的代表，政府中有罗兴亚人任职。1948年缅甸独立

---

① 罗兴亚人是阿拉伯穆斯林、阿富汗人、摩尔人、波斯人、土耳其人和孟加拉人等的后裔，在缅甸若开邦居住的历史已经超过1300年。他们以务农为主，小部分人从事渔业和商贸。两个族群的恩怨最早可以追溯到英国殖民时代，孟加拉国当时在英属印度统治之下，跟随英国殖民者的脚步，罗兴亚人大量移民到同样是英属殖民地的缅甸。二战中，罗兴亚人站在英国一边，而若开族则和缅族一起，站在日本一方，双方在历史上的争斗已经为彼此的仇恨埋下了祸根。罗兴亚人在缅甸之外主要居住在孟加拉国、巴基斯坦、沙特阿拉伯、阿联酋、马来西亚和泰国等，海外人口总数在100万至200万之间。从1962年到1990年，这个族群曾几次因故大规模逃离缅甸到海外，主要是孟加拉国。后来，在国际社会的压力下，在联合国机构的协调下，缅甸军政府与孟加拉国政府达成协议，同意接收这些穆斯林难民。缅甸先后共接收了20多万人，安置在孟都等地区。联合国难民机构数据显示，大约80万罗兴亚人生活在若开邦；大约100万罗兴亚人生活在其他国家，其中大约30万生活在孟加拉国的难民营。Crimes against Humanity in Western Burma: The Situation of the Rohingyas, Irish Centre for Human Rights 2010.

② Burma repression, discrimination and ethnic cleansing in Arakan, *International Federation of Human Rights Leagues*, April, 2001. p. 6.

后，罗兴亚人要求实行民族自决。1951 年 6 月在孟都举行会议，要求在若开邦北部成立单独的穆斯林省，享受与若开族人一样的平等权利）。从 1962 年通过政变上台的奈温政府到现在，缅甸政府改变了立场，一直公开否认罗兴亚人是缅甸的一个土著民族。特别是 1982 年的新《缅甸公民法》导致长期在缅甸居住而又没有按照 1948 年颁布的《缅甸联邦入籍法》领取身份证的罗兴亚人成了非法侨民（“无国籍民族”）。

1938 年和 1961 年，分别发生过佛教徒与穆斯林之间的流血冲突。两个族群之间的敌对非常严重，骚乱只能让敌对氛围进一步加剧。若开邦本来就存在恐怖组织（参看本文的第一部分），动乱将为恐怖活动提供活动空间。联合国官员评论称，社会秩序的破坏、居民群体之间的互不信任，正在为极端分子所利用。国际恐怖组织早就扬言要到若开邦进行恐怖活动。

国际社会对若开邦问题非常关注，如土耳其就非常关注该地区罗兴亚人的命运，并积极提供人道主义援助。[①] 罗兴亚人问题一直是缅甸与孟加拉国关系中的阴影。[②] 西方媒体常常批评缅甸政府偏袒若开人，对罗兴亚人保护不力。缅甸若开邦冲突中的宗教矛盾、民族隔阂交织在一起，使得这一问题越发复杂并可能进一步复杂化和显性化，甚至引起国际社会对缅甸改革进程和社会转型的担忧。

除若开邦外，在缅甸许多地区，民族矛盾和冲突都比较严重。在缅甸有 135 个民族，少数民族武装割据的局面将继续影响统一和

---

① *Bangladesh*：*Analysis of Gaps in the Protection of Rohingya Refugees*，the UN Refugee Agency，2007.

② Dr. Syeda Naushin Parnini，*Non-traditional Security and Problems of Rohingya across the Bangladesh - Myanmar Borders*，University of Malaya，Kuala Lumpur，Malaysia：Department of International & Strategic Studies，Faculty of Arts & Social Sciences，2012. p. 286.

稳定。[1]“人权观察”组织认为缅甸的民族冲突十分严重，人权继续受到侵害，国际社会不应该轻信缅甸政府的表面作为。1988 年缅甸全国动荡，新政府逐步与果敢同盟军、佤邦联合军、克钦独立军等 26 支少数民族地方武装达成停火协议，在民族地区设立特区，结束内战。吴登盛政府提出民族和解，与少数民族武装进行和谈，有 10 支与中央政府的和谈取得不同程度的重要进展。但缅甸政府与反对派都感到民族问题十分棘手，并且对国际关系的影响也不小。[2]

在国际社会的敦促下，缅甸与罗兴亚人的关系可能会有所改善；缅甸在融入国际社会、促进本国经济发展等方面可能会有较大的进步。如果随着缅甸与国际社会融入的深化和社会经济的发展，缅甸中央政府与地方民族的关系得到缓和，那么民族与宗教矛盾的缓和、社会经济的发展，会有助于缅甸和国际社会反恐斗争的深入。但一旦民族与宗教矛盾在社会转型时期大规模地激化，可能会导致灾难性后果。[3]

缅甸周边，有不少恐怖活动的重灾区。一旦缅甸局势在国家转型和美国介入的过程中失控，缅甸可能被传染恐怖主义，甚至形成一个国际恐怖活动的新中心。

---

① 缅甸政府与克钦独立军的冲突使缅甸北部局势再度紧张。缅甸政府在过去几十年中采取过武力围剿与和谈等多种方式，都未能彻底消除少数民族武装。政府 2009 年开始推动新一轮整编，成效不大，反而引发政府军与少数民族武装的长期军事对峙，并酿成 2009 年 8 月的“果敢冲突”。新政府成立后，政府军近期与克伦民族解放军和北掸邦军的小冲突不断。2011 年 6 月 9 日，政府军与第二大少数民族武装——克钦独立军发生双方停火 17 年以来的最激烈冲突，冲突持续数天。双方紧张局势短期难以解除，未来仍可能发生摩擦。而且，政府与佤邦联合军目前释放的和解善意仅仅处在隔空喊话阶段，能否推动整编谈判出现实质性进展尚待观察，毕竟双方积怨太深。双方未来即便谈判，也将十分艰难，甚至还会出现激烈斗争。

② ［缅甸］黄振顺（HTWE HTWE WIN）：《缅甸民族问题与对外关系研究》，载刘稚主编：《另一种眼光看世界——云南大学国际关系研究院留学生论文集》，昆明：云南大学出版社，2012 年版，第 58—59 页。

③ Mohammed Ashraf Alam, Marginalization of the Rohingya in Arakan State of Western Burma, January 2011.

七、缅甸的恐怖活动发展趋势对中国的影响

美国的反恐策略调整下的对缅甸政策变化、缅甸的社会转型，可能带来一些不明朗的因素，存在恐怖活动激化的潜在因素。缅甸在中国国家安全中，从传统安全到非传统安全的影响都可能发生相应的变化。

从传统安全看，“缅甸的渐进改革进程正在为华盛顿奉行奥巴马的亚洲重心战略提供新的机会”。[①] 美国通过改善与缅甸的关系强化其亚洲战略，增加对中国的压力，其意图是明显的。美国在中国东部形成的安全压力与在缅甸形成的压力，可能产生安全连锁互动效应，东部与西部的安全一旦同时恶化，将产生倍增的压力。

奥巴马在2012年11月19日开始对缅甸进行访问，成为首位在位期间访缅的美国总统。奥巴马宣布向缅甸提供1.7亿美元援助。19日，日本27年来首次贷款给缅甸，数额为500亿日元，以援助其民主化进程。11月，美国事实上撤销对缅甸的主要经济制裁措施。缅甸地处印中之间，在地缘政治上的重要性自不待言。

美国反恐策略调整下对缅甸政策的变化，会对中国与缅甸关系产生深远的影响。尽管美国和西方其他国家与缅甸关系有改善，西方媒体却常常对中缅关系进行歪曲和不实的报道。[②] 缅甸的民众中情

① 新加坡东南亚研究院资深研究员伊恩·斯托里：《缅甸版大博弈》，美国《华尔街日报》网站10月22日。

② 中缅关系蒸蒸日上，而西方却被自己的制裁政策束缚手脚，无缘缅甸丰富资源和5000多万人口的市场，存在“酸葡萄”心里。因此，一些西方主流媒体往往避而不谈中缅互惠合作，却经常发布一些耸人听闻的新闻，企图破坏中缅友好关系。如英国《金融时报》近期炒作中国企图控制缅甸经济，称在2010—2011财年，中国对缅甸投资100亿美元，占到该国所有外国投资的三分之二。这不仅令西方政客们担忧，也让缅甸自身忧虑。西方政客担心自己在争抢缅甸自然资源的竞争中正落于下风。此报道意在诋毁中国形象、离间中缅互信关系。英文媒体占领全球舆论阵地，导致类似不实言论在缅甸也广为流传。众口铄金，积毁销骨。

绪化的认知可能对中国产生压力，而缅甸政府为了推动与美国关系的迅速深化，可能做一些“亲美”的姿态，[①] 对国际舆论和国内舆论产生即时效应。这些效应，可能引起一些政治波纹。

从非传统安全看，如果缅甸的恐怖活动剧增，中国的西部将被国际恐怖主义活动包围，新疆地区、西藏地区的恐怖威胁压力与缅甸国际恐怖活动的压力连成一片。一旦缅甸的恐怖活动增加，就在中国周边增加了一个新的国际恐怖集散地，中国的西南地区将直接承受国际恐怖活动的压力，甚至“疆独”与“藏独”恐怖分子也会借机进行活动。还有，美国可能支持一些武装势力和其他政治势力在缅甸策划有针对性的恐怖活动。

云南省的一些跨境民族如佤族、傣族（掸族）、景颇族（克钦族）与缅甸的同一跨境民族的往来一直都很密切。缅北少数民族武装的存在以及缅北局势的紧张会波及中国的边境稳定。[②] 从经济安全看，缅甸解决经济落后和民生问题是一个长期性的过程，也是一个

---

① 《缅甸在奥巴马到访前大赦囚犯向美方释放善意》，《环球时报》2012 年 11 月 16 日。缅甸政府在 15 日宣布释放 452 名犯人，包括政治犯和一些外籍囚犯。有评论称，缅甸政府在美国总统奥巴马到访数天前实施大赦，明显是在向美方释放善意。

② 一是中缅两国政府不能完全控制边境活动，边境存在大量边贸，其中一些边贸属于无证贸易，无证货物从边境地区运到缅甸曼德勒，再销往缅甸内陆。边境还存在人口贩卖、毒品走私、跨境赌博、艾滋病传播等问题。这些问题将长期干扰两国关系。二是缅北少数民族武装问题不解决，中缅关系就容易受到影响。如 2009 年的“果敢冲突”曾造成 3.7 万缅北边民涌入云南避难。缅方 3 发炮弹射入我境内，造成我边民 1 死 2 伤，同时另有 14 名中国边民在境外伤亡（其中 1 死 13 伤）。缅甸政府军与克钦独立军 6 月的冲突再度使中缅边境局势紧张，中国在克钦邦的一些工程项目（如太平江水电站）和人员安全受到波及，滇缅边贸受到影响，一些缅甸边民逃至云南避难。参考宋清润：《缅甸大选及新政府成立对未来政局及中缅关系的影响》，《东南亚纵横》2011 年第 7 期。

很大的难题。[①] 中国积极参与缅甸的经济生活发展进程，但在经济领域也存在一些摩擦。[②]

尽管如此，缅甸的社会转型从根本上来看是符合缅甸民众的愿望和国际社会发展潮流的，其总体发展趋势是积极的。美国在反恐策略调整下对缅甸外交的变化，必须符合缅甸民众的愿望和国家利益。缅甸欢迎美国总统的到来是为了促进缅甸的社会转型顺利进行。美国虽然与缅甸开始了军事合作的关系，然而美国全部取消对缅甸的制裁还是一个漫长的进程。美国为全部取消经济制裁设定了一些条件，包括要求缅甸实现真正的政治和解，结束民族冲突。而这些条件涉及传统和宗教矛盾，予以满足可能成为恐怖活动的诱因，成为恐怖组织积聚能量的有利环境。中国与缅甸的历史和现实联系，一直比较广泛而深入。中国完全可以在缅甸转型中实现与缅甸关系的结构性改善。

对于与缅甸局势相关的可能恶化的恐怖活动，中国需要从“组织能量”上关注恐怖活动的潜在因素，防止国际恐怖主义的蔓延。

---

① 缅甸1987年开始沦为世界最贫穷国家之一，又遭受西方国家长期制裁，至今仍未“摘帽”。2010年农业产值占国民生产总值的40.2%，农业劳动力1890万，约占全国总就业人口的70%。2010年GDP总额为383亿美元，人均GDP约648美元。外债累计67亿美元，外汇储备约40.41亿美元（2008/2009财年）。官方汇率为1美元=5.5080缅元，但市场汇率为1美元≈830缅元（2011年1月），汇率严重扭曲。国家教育和科学技术落后，基础设施较差，尚未建立门类齐全的工业体系，产业结构极不合理，支柱产业主要是石油、天然气、矿产资源等原材料出口行业。如果缅甸政府短期内不能迅速发展经济，解决民生问题，联邦巩固与发展党赢得下次大选将变得困难，甚至可能引发社会不稳定。宋清润：《缅甸经济改革的前景》，《东方早报》，2012年7月31日。马燕冰：《缅甸政治经济改革前景及对中国影响》，载《亚非纵横》2012年第3期。

② 如中国部分商人在缅北地区破坏性开采资源，大量非法劳工越境问题。中缅贸易额尽管迅速增长，但贸易结构却失衡。缅甸主要向中国出口木材、油气、矿产、玉石等资源性产品，从中国进口大量工业制成品，如通讯器材、机械设备、汽车、化肥等。缅甸有人担忧中国工业品的涌入冲击其脆弱的民族工业，缅甸在与中国的经济交往中变成中国的原料基地。参考，宋清润：《缅甸大选及新政府成立对未来政局及中缅关系的影响》，《东南亚纵横》2011年第7期。

第四部分

美国反恐战略调整对中国的影响

美国反恐战略调整及其对中美关系的影响

朱新光

（上海师范大学亚洲学研究中心主任、博士生导师）

一、“9·11”后美国反恐战略的三次调整

“9·11” 事件是美国有史以来遭受的最严重恐怖事件，震动美国朝野。为防止重蹈覆辙，美国在该事件后，先后三次出台《美国国家安全战略》报告，调整反恐战略，应对全球恐怖主义势力的挑战。

2002 年 9 月，美国小布什政府向国会提交一份《美国国家安全战略》报告。该报告全面阐述 “9·11” 后美国国家安全所面临的空前危机，第一次把恐怖主义视为美国主要威胁，强调打击恐怖主义、防止大规模毁灭性武器扩散对美国国家安全的重要意义。报告指出，在对付恐怖分子威胁上，美国须动用军事力量、国土防御能力、司法制度、情报等各种手段，“破坏和摧毁全球的恐怖组织，并且打击它们的领导人，破坏它们的指挥、控制和通信，切断对它们的物资供应，断绝它们的财源，这样就能做到瘫痪恐怖分子的计划

和他们实施恐怖行动的能力”[①]。报告主张，美国应摒弃过去在反恐问题上的被动“反应”姿态，采取先发制人的军事打击手段和单边主义的行动，“在威胁真正形成之前将其摧毁，并将这种思想作为一种共识和自卫的手段”[②]。报告还分析阿富汗发动对美国大规模恐怖袭击的原因，在于阿富汗的贫困、制度落后和腐败，为阿富汗恐怖分子在其境内形成恐怖网络提供温床。报告建议，美国可通过鼓励自由贸易、开拓自由市场，以及支持和促进发达国家对贫困地区投资等形式，促进世界经济的均衡发展和消除贫困，以改善美国的安全环境。[③]

2006 年 3 月，鉴于国际反恐形势发展需要，小布什政府又推出第二份《美国国家安全战略》报告。报告回顾近 4 年来美国反恐的经验教训，并根据反恐形势变化对美国反恐战略的手段和途径作适度调整。主要侧重于：一是继续奉行对恐怖主义“先发制人”的军事打击策略。报告重申，由于大规模杀伤性武器袭击的潜在危险，美国不能坐视其变成现实，“先发制人”仍是美国国家安全战略的首选。二是开始重视多边合作，以共同应对恐怖主义的挑战。报告声称，美国的反恐实力不仅来自雄厚军备力量，而且取决于同强大同盟、友好国家和国际组织的合作。[④] 这就要求美国在制定反恐战略时，务必考虑加强与盟国的关系，尤其要赢得北约和联合国的支持。针对大规模杀伤性武器和恐怖主义的威胁，美国更倾向运用外交途径加以解决。三是积极协调与大国间的反恐立场。报告肯定中国对全球繁荣作出重要贡献，认为美中的共同利益可以指引两国在反恐、

① The National Security Strategy of the United States of America, Washington: The White House, 2002, http://www.whitehouse.gov/nsc/nss/2002/.

② Ibid.

③ Ibid.

④ The National Security Strategy of the United States of America, Washington: The White House, 2006, http://www.whitehouse.gov/nsc/nss/2006/.

防扩散等方面进行合作。美国还期望俄罗斯、印度等国在反恐领域发挥重要作用。

2010年5月，美国奥巴马政府发表《美国国家安全战略》报告，对美国反恐战略作第三次调整。此次调整较前两次有明显变化。一是淡化对恐怖主义“先发制人”军事打击。报告虽提及美国武力打恐的必要性，但对动用武力作出更多限制，强调慎用武力、争取国际社会支持的重要性，明确提出军事打击只是作为美国外交努力无效情况下的最后手段。二是深刻反思恐怖主义的本质。报告放弃“全球反恐战争”的提法，避免使用“圣战分子”、“伊斯兰分子”等敏感术语，重申美国反恐目的不是摧毁一种抽象的意识形态，而是消灭具体的恐怖分子即“基地”及其附属组织。报告还把美国境内的恐怖分子活动纳入国家安全范畴，指出美国本土所面临的恐怖主义危险不亚于“基地”组织的威胁，本土反恐至关重要，建议美国情报部门加强与居民社区的协同配合，防范本土恐怖主义的蔓延。[①] 三是积极推进“全面接触”的反恐策略。报告多次表示，美国“要与各种力量保持接触”。一方面要巩固与传统盟国的关系，深化同中国、印度、巴西等新兴经济体的反恐合作，保持同“敌对国家”的密切接触，促其转变对恐怖主义的态度。另一方面要加强与世界各国民众的接触，发挥非政府组织在反恐中的独特作用。四是注重反恐的制度化建设。报告坦言，国际恐怖主义的扩张已呈现出多元化和分散化的趋势，美国须通过国际反恐合作渠道，建构多边框架内的国际反恐机制，来分担国际反恐责任，共同抵御恐怖主义威胁。[②]

① The National Security Strategy of the United States of America, Washington: The White House, 2010, http://www.whitehouse.gov/nsc/nss/2010/.

② Ibid.

二、调整后的美国反恐战略新变化

通观美国反恐战略的三次调整，不难看出，美国对恐怖主义认知在悄然发生转变，反恐的重心、方式、路径等也更加灵活多变，表明美国反恐战略正走向成熟。调整后的美国反恐战略呈现以下新变化：

一是美国反恐认知从主观判断向客观理性转变。关于恐怖主义的界定，一种观点认为，恐怖主义是行为人采取非法手段故意致使他人重伤或者死亡，公共或私人财产包括公用场所、国家或政府设施、公共运输系统、基础设施或环境严重受损，而此种损害可能造成重大经济损失，或者迫使某一国际组织或某国政府做出或者不做出某种行为。[①] 另一种观点则认为，按照伊斯兰纯洁世界的教义，伊斯兰本质上就和恐怖主义交织在一起。[②] 显然，把恐怖主义与伊斯兰教相联系的做法，是对恐怖主义的歧义。对此，有学者指出，对恐怖主义标准的不统一，造成了西方与伊斯兰极端主义之间关于谁真正在制造恐怖的争吵日益激烈，美国也并没有在恐怖主义界定上取得伊斯兰世界的认同和信任，这成为误解和不信任感的一大来源。[③] 因此，调整后的美国反恐战略，在恐怖主义诠释上趋于客观和理性。它基本上摆脱亨廷顿“文明冲突论”[④] 的束缚，抛弃对伊斯兰文明的偏见，把恐怖主义与伊斯兰教严格区分开来，理性认识和把握恐

---

① 《联合国文件》(中文版)，A/C. 6/56/L. 9，2001 年 10 月，第 12 页。

② Rowan Scarborough，“Obama&Co. Give Pass to Radical Islam”，*Human Events*，June 28/2010.

③ Adam Lankford，“Do Past US Acts Constitute Terrorism? Implications for ounterterrorism Policy”，*International Criminal Justice Review*，Nov. 13/2010.

④ [美] 塞缪尔·亨廷顿：《文明的冲突与世界秩序的重建》，周琪等译，新华出版社 2002 年版，第 230—231 页。

怖主义的演变规律，努力“在美国和穆斯林世界之间寻求一种全新的开端，双方应学会倾听彼此、互相学习、相互尊重、寻求共识”①，最大限度争取伊斯兰国家对美国反恐战略的支持，确保美国主导下的反恐战争胜利。

二是美国反恐重心从海外转向国内。打击全球恐怖主义是美国一以贯之的战略目标。然而，美国境内恐怖主义活动并未因美国打恐而减弱，反而更加猖獗，本土恐怖事件进入高发期，纽约地铁袭击未遂案、胡德堡枪击案、圣诞炸机未遂案、纽约时报广场爆炸未遂案等恐怖事件频发，暴露美国反恐战线的薄弱环节，也折射出其反恐战略的制度缺陷。基于国家安全利益考虑，美国接二连三调整反恐战略。从调整后的反恐战略看，美国明显有将反恐重心从全面反恐逐步向局部反恐收缩的意图，旨在利用“9·11”后持续高涨的反恐情势，整合已有反恐资源，调动非政府组织和民众的反恐积极性，打一场全民反恐战争，扭转美国本土反恐的被动局面。这些变化，一方面反映出美国领导下的全球反恐战争收效甚微，未能从根本上剪除恐怖主义毒瘤、实现美国国家安全一劳永逸的愿景，反而使美国在保卫国土安全和海外利益上耗费巨资，国家安全的过度安全化也侵犯了个人自由和隐私，美国陷入越反越恐的安全困境，对这场全球反恐战争能否取得最后胜利缺乏信心。另一方面表明美国本土反恐形势依然严峻，一味将反恐战线拉得过长，加重美国的军事负担，无益于防范美国境内恐怖分子对国家安全的冲击。况且，美国本土化的恐怖分子本来就因其隐蔽性高和杀伤性强而难以甄别，对美国安全的隐患远胜于外部恐怖势力，稍有疏漏，后患无穷。这就要求美国转变传统反恐观念，从国内外的反恐实际入手，探索一种立足美国本土，兼顾海外的内外联动、标本兼治的反恐新模式，

① 程群：《奥巴马政府与美国外交军事化趋势》，载《现代国际关系》2009年第10期，第7—12页。

使反恐形势朝着美国所预期的方向发展。

三是美国反恐方式从单一型向多元型拓展。“基地”等恐怖组织作为国际社会的一大诟病，“已蓬勃发展成一种意识形态，而不仅仅是一个组织”，并不断吸引越来越多的极端分子加入进来，使该组织“像肯德基一样迅速扩展，不断授权在世界各地设立分支机构”①。现代信息技术的扁平化又进一步增强各分支机构的自主性和独立性，把“基地”组织结构渐渐从单一的总部——分支型发展为多头的网状节点型恐怖组织，“独狼”式恐怖袭击成为恐怖分子从事恐怖活动的主要手段。美国总统奥巴马指出：“美国最有可能面临的恐怖威胁不再是类似‘9·11’那种大规模、高度协调的袭击，而是‘独狼行动’，即某个人拿着可以实施大规模屠杀的武器行凶。”② 这意味着，如果美国仍继续沿用传统军事打击手段对付恐怖主义，反恐效果势必大打折扣，调整反恐战略也就成为美国国家安全的必然选择。转变后的美国反恐战略，在反恐方式上大大降低单一军事打击的使用频率，除非万不得已，尽量少动用或不动用军事反恐，把更多精力放在非军事手段的综合运用上，充分发挥政治、经济、外交、社会力量等多种组合拳的作用，全方位、多层次打击恐怖势力，清除恐怖主义滋生土壤。这种多管齐下的反恐方式，体现美国反恐立场上的实用主义作风，并在美国外交实践中屡见成效。近年来，美国奥巴马政府在对外政策上多次表态，要用培育“民主”、“良政”、“合作”等手段取代军事打击的愿望就是最好佐证。2009 年 7 月，奥巴马访问加纳时一再表示，美国希望通过推进非洲的民主和良政，加快非洲经济改革，增大对非援助和投资，改善基础设施，加强劳

① Noam Chomsky Interviewed by Gabriel Mathew Schivone, “United States of Insecurity”, *Monthly Review*, http://www.chomsky.info/interviews/20080519.htm, May, 19/2008.

② “‘独狼式’恐怖袭击成美国心腹大患”, http://www.chinanews.com/gj/2011/08-18/3267462.shtml.

动技能培训等，帮助非洲国家发展经济，铲除恐怖主义的根源。同年8月，希拉里造访非洲，也明确表示，美国给予非洲国家商品进入美国市场免税的优惠政策等，以换取非洲国家对美国反恐的支持。

四是美国反恐路径由遏制对抗回归多边合作。“9·11”以来，美国在围绕如何消解恐怖主义威胁的路径选择上可谓煞费苦心，先后提出“先发制人”军事打击反恐战略、军事干预和多国结盟并举反恐战略、“全面接触”反恐战略等，逐渐形成从军事遏制到多国结盟、再到全面合作的反恐格局。2002年，受“9·11”事件影响，美国在反恐问题上态度强硬，扬言采取先发制人的单边军事行动来对付恐怖分子。后经多次反恐实践证明，这种反恐方式的效果并不理想，表明美国推行单边主义反恐战略不合时宜。为此，美国在2006年调整其反恐战略，一改先前反恐姿态上的强势做法，尝试采用军事实力与多国结盟双轮驱动的方式，联手谋划反恐大业。该战略被国际社会视为美国反恐战略转型的重要信号，受到许多国家的欢迎，也取得了一些成效。为进一步完善美国的反恐机制，2010年，美国发表国家安全战略报告，其核心是要通过美国主宰下的多边合作反恐，建立国际反恐统一战线，让各国成为反恐阵营的“利益攸关者”，合力打击恐怖主义势力，根本解决制约美国反恐机制中的瓶颈问题。至此，美国多边合作反恐机制基本定型，最终实现从遏制对抗反恐向国际合作反恐的历史性跨越。

三、美国反恐战略调整的动因

不言而喻，美国反恐战略的三次调整，是在国际反恐情势显著恶化，其面临经济、政治、双边关系等不确定环境下展开的。美国之所以把打击恐怖主义势力作为其国家安全战略的重中之重，是国内外一系列政策相互作用的结果。

从经济环境看，美国近年来经济增长能力减弱，持续反恐的动能不足。作为反恐的动力源泉，强大的经济后盾，不仅能为反恐源源不断提供人力物力，更重要的是还可保障反恐的广泛性和持久性，直至最后胜利。因此，经济与反恐关系密切。美国学者米特·费里顿认为，恐怖袭击与国防开支间存在着单向关系，即恐怖袭击会导致国防开支的增加，而增加国防开支不会减少恐怖袭击的次数。从这个意义上说，减少恐怖袭击不能单纯依靠国防建设，更多有赖于经济社会的相互协调才能实现。[①] “9·11”后，由于全球经济的衰退，美国经济增速放缓、金融动荡加剧，经济形势不容乐观。在此背景下，美国仍不遗余力地使用包括军事力量、国土防御能力、司法制度、情报等各种手段打击恐怖活动，以图摆脱恐怖主义的困扰。然而事与愿违，美国依旧处于国际恐怖主义的安全困境当中，在国外深陷阿富汗和伊拉克两个战场的泥潭，国内恐怖袭击事件也有增无减。2008 年金融危机后，美国经济更是雪上加霜，财政吃紧，军费压力增大。这种前所未有的糟糕经济现状对美国反恐来说无疑是致命的，因为美国要想实现反恐的全面胜利，就必须依仗支撑其地位和现状的经济能力的增长高于美国维持反恐的经济成本。否则，美国会因“维持国际现状的经济成本比支配国用于支撑其地位和现状的财政能力上升得更快”[②] 而陷入反恐绝境。迫于美国疲弱经济形势的压力，美政府只得改弦易辙，调降反恐战略和反恐预期，集中精力解决国内经济问题。

从政治环境看，美国小布什与奥巴马的权力更迭，造成反恐理念发生改变。在美国历史上，因总统换届而导致外交战略转变的现

① Mete Feridun, Muhammad Shahbaz, “Fighting Terrorism: Are Military Measures Effective? Empirical Evidence from Turkey”, *Defense and Peace Economics*, 2010 Vol. 21 (2).

② ［美］罗伯特·吉尔平：《世界政治中的战争与变革》，宋新宁等译，上海人民出版社 2007 年版，第 161 页。

象比比皆是。例如，汉密尔顿主张美国要有全球战略，以确保美国的全球利益；威尔逊从理想主义出发，在民主和人权方面张扬美国的全球战略；而杰斐逊则坚决反对美国在外交上奉行的所谓干预政策，要求美国管好自己份内的事就够了；杰克逊在对外战略上更是一个典型的怀疑主义者等。[①] 可见，不同外交风格对美国外交战略的走势至关重要。2009 年，美国政坛适逢小布什和奥巴马的总统换届，新老总统交替时常因为总统外交风格不同，难免会出现差异化的外交战略。作为共和党的代言人，小布什的外交风格属于强硬派，在对外政策上致力于美国的全球战略和全球利益。“9·11” 事件打破了美国的安全神话，小布什认为美国最大安全隐患来自恐怖主义威胁，主张把军事打击恐怖主义视为美国安全的首要任务，宣布全球反恐战争。后因美国财力不济，才不得已对其反恐战略作适度微调，即从“典型的汉密尔顿派被迫转向威尔逊式”[②]，但始终未放弃“先发制人” 的单边军事反恐战略。而作为民主党代言人，奥巴马的外交风格属务实派，在对外战略上相对较谨慎，倡导反恐手段的多元化，倾向于通过提振美国经济，并借助民主和人权，即“杰斐逊派和威尔逊式的结合”[③]，来实现美国的反恐夙愿。正是双方这种泾渭分明的外交风格，形成不同类型的外交模式，因而造成他们的外交战略缺乏连贯性，调整反恐战略也就顺理成章了。

从美欧关系上看，美国与欧洲国家的反恐分歧扩大，双方的战略反恐同盟出现裂隙。欧洲是美国的传统势力范围和重要盟友，长期以来，双方在政治、经济、军事等领域相互配合、互利双赢，美欧关系一直呈现良好发展态势。随着阿富汗战事逐步升级，美欧在反恐问题上摩擦不断、危机四伏，伊拉克战争更是将这种紧张关系

---

① Walter Russell Meade, “The Carter Syndrome”, *Foreign Policy*, January/February 2010.

② Ibid.

③ Ibid.

推至白热化程度。早在伊战前夕，德国总统约翰内斯·劳就公然谴责美发动对伊战争，声称这场战争是强国对弱国领土主权的践踏行为。法德领导人也明确表示，伊拉克战争是美国典型的单边主义军事行动，用此方式进行反恐是西欧国家所不能接受的。并指出，美国在伊战中不仅抛弃二战后建立起来的西方联盟阵营，而且其行为严重违背国际社会公认的国际法基本准则，并与法德期望在国际机构及国际法授权范围内对世界秩序维护和调整的预期相距甚远。瑞典首相佩尔森则极力主张，通过欧盟自身的外交政策建设，增强欧盟的国际反恐实力，使其成为世界上少有的未来可以抗衡美国统治世界的组织，彻底摆脱欧盟在国际反恐话语权中的附庸地位。总之，欧洲国家是不认可这场由美国主导的反恐战争，美欧反恐同盟面临崩溃的危险。美欧关系渐行渐远所引发的国际反恐格局剧烈震荡，美国自然不会等闲视之。在反恐问题上，美国有自己的价值判断和反恐标准，绝不会因欧洲的不同声音而中途改变其反恐的既定路线图。然而，美国也不愿意把自己孤立于国际社会之外。美国深知要在全球范围内打一场全面的反恐战争，仅凭美国等少数国家的力量难以为继，必须依靠欧洲国家的认同和支持方能实现，否则难逃失败的厄运。因此，美国在确保反恐领导地位的同时，一直希望能通过反恐战略的适度微调，来迎合欧洲的反恐偏好，缩小美欧之间的反恐分歧，巩固其同盟地位，共享权力来打击恐怖主义威胁。

从美国和伊斯兰国家关系上看，双方存在严重的反恐隔阂与不信任感。伊斯兰国家历来对美国的单边反恐行动持谨慎和怀疑态度，双方在阿富汗与伊拉克战争上分歧颇多，少数伊斯兰国家甚至公开抵制美国发动的反恐战争，严重影响彼此关系。近年来，由于美国对恐怖主义的偏激认识，不仅招致伊斯兰国家保守势力的反对，而且连这些国家的改革势力也被削弱，“许多过去在他们国家号召政治改革的阿拉伯人不相信华盛顿，现在已削弱了他们的声音并给予反对改革者以声誉。支持改革的阿拉伯人，拥护在阿拉伯世界实现美式民主，如今被视为美国的傀儡”。[①] 在伊斯兰国家，“许多穆斯林把（美国的全球反恐战争）误读为向伊斯兰教宣战”[②]，并引发中东等地的宗教极端主义势力迅速膨胀，穆斯林民众的反美示威活动也持续不断，更加剧该地区的动荡局势。中东等地乱局的此消彼长，重创美国在该地区反恐领导能力的道义基础，也阻碍美大中东战略的顺利推进。这是美国最不情愿看到的结局，由此触发关于美国现行反恐战略体系的种种争论。一些反恐问题专家建议，美国“应将反恐纳入整体中东战略的一部分，反恐不应再度充当美国中东政策的主驱动轮”。[③] “即使只为我们自身的安全考虑，美国也必须作出更多实质性的努力，以阻止宗教狂热主义和恐怖主义在中东民众中的繁殖，目标不应是尽可能实现选举，也不应是不加批评地支持目前的独裁政权。”[④] 强调将美国的反恐重点放在加强地区反恐能力建设上，强化对“失败国家”的制度建设。美学者克劳力指出，在美国与伊斯兰国家关系方面，美国首要任务是要尽可能同化它们的制度，同时也务必分清这些国家国内的某些问题是否涉及本国利益，以及关注伊朗的影响等。[⑤] 由此可见，美国要获得反恐战争的胜利，关键在于如何确立美国与伊斯兰国家的关系，以诚相待，妥善处理双方在政治体制、反恐理念、民族宗教、地区事务主导权等敏感问题上的分歧。而要做到这一切，唯有调整美国反恐战略方能实现之。

---

① Mohamed El-Bendary, *The Ugly American in the Arab Mind: Why Does Arabs Resent America?*, Virginia: Potomac Book, 2011, p. 137.

② ［美］约瑟夫·奈：《被弱者袭击十年后的反思》，载《公共外交》（季刊）2011 年冬季号，第 77 页。

③ 刘中民：《和平与反恐：奥巴马政府中东政策面临的双重挑战》，载《外交评论》2009 年第 5 期。

④ ［美］蔡爱眉：《起火的世界——输出自由市场民主酿成种族仇恨和全球动荡》，中国大百科全书出版社 2005 年版，第 307 页。

⑤ Michael Crowley, “An Obama Doctrine?”, *Time*, Apr, 11/2011.

四、美国反恐战略调整对中美关系的影响

中美作为两个世界级大国，在国际社会的作用不容低估。“9·11”后，出于反恐的共同需要而走到一起，反恐合作日益增多，相互影响越来越大，有利于推动两国关系的改善。因此，美国反恐战略的调整对中美关系影响深远。

首先，美国反恐战略调整增进了中美关系的互信度。一般而言，“9·11”事件是中美关系的分水岭。之前，美国视中国为战略竞争者，对华采取“遏制”战略。而后，由于国际反恐战事扩大和美国单边军事打恐受挫，美国开始意识到多边合作反恐的重要性，在对华关系上启用“接触”战略，来取代“遏制”战略。在美对华“接触”战略的驱动下，中美在反恐等诸多领域搭建一系列对话与磋商机制。通过这些机制，美国不仅可就反恐等议题同中国进行沟通交流，协调彼此立场，达成共识，完善反恐策略，而且还能在双方共同利益的前提下，倾听中国的诉求，进一步提升中美的互信度。显而易见，美国调整反恐战略的真实意图，是指望能借助反恐之名，尽快引导中国纳入全球体系，参与更多国际事务和发挥更大作用。“一个积极融入世界的中国，而非钻入民族主义的窠臼的中国，既有利于亚太地区的稳定与安全，也有利于美国的安全利益。”[①] 需要指出的是，在中美关系良性互动的同时，也不乏有所谓“中国威胁论”、“中国崩溃论”等杂音的干扰，美国学者米尔斯海默认为，中国崛起不可能和平，中国持续发展将导致美中激烈竞争并可能引发战争，因为“最强大国家企图在本地区建立霸权，并力保无其他大

---

① David Shambaugh, “Sino-American Relations Since September 11”, in GuoliLiued, *Chinese Foreign Policy in Transition*, New York, Walter De Gruyter, 2004, pp. 198 – 200.

国统治另一地区，各大国的终极目标是尽量扩大自身的世界实力并最终统治这一系统”。[①] 但是，美国主流观点并不以为然，他们认为，当下中国尚无具备挑战美国的实力，其发展规模也不足以威胁到美国安全。正如美学者柏拉克所言：“随着苏联的瓦解，美国不再面临一个全球性的政治军事对手。而需围绕它来组织力量并合理地考虑自己的战略需要。很少有观察家相信中国（对美国）构成这样的威胁。”[②] 可以预见，伴随美国反恐行动不断升级和反恐战略进一步调整，中美“双方都要维持业已展开的战略合作”[③]，必将推升两国在反恐等诸多领域的相互依存和信赖度，从而使中美关系更加稳定和持久。

其次，美国反恐战略调整拓宽了中美反恐合作的渠道。中美反恐合作主要表现在：一方面协调双方的反恐立场。“9·11”恐怖事件发生后，中国政府多次发表外交声明，强烈谴责恐怖主义的暴行，支持美国的反恐行动，配合美国冻结恐怖组织的资金，向美国提供有关伊斯兰极端分子的情报等。另一方面，双方建立反恐磋商机制，加强反恐合作。2002 年 8 月美国宣布将“东突厥斯坦伊斯兰运动”列入恐怖组织名单。2003 年 10 月，中美双方合作击毙“东突厥斯坦伊斯兰运动”头目艾山·买合苏木。2004 年 4 月，美国联邦调查局在北京成立办事处，协助双方开展反恐合作工作。同年 10 月，美国联邦调查局宣布将招收中国学员，并将派专家与中国联合制订 2008 年奥运会的安保计划等，反恐合作成效显著。应该看到，双方

① John Mearsheimer, “The Rise of China Will not be Peacefui at All”, *The Australian*, November 18, 2005.

② Jonathan D. Pollack, “American Perceptions of Chinese Military Power”, in Herbert Yee and Ian Storey eds, *The China Threat: Perceptions, Myths and Reality*, London, Routledge Curzon, 2002. p. 49.

③ Kenneth Lieberthal, *The New Chinese Leadership: Challenges and Opportunities After the 16th Party Congress*, Cambridge and New York: Cambridge University Press, 2004, p. 197.

的反恐合作也不是一帆风顺，诸如美国在反恐合作中经常使用双重标准，中美双方反恐合作的技术不对称等，在一定程度上制约合作的顺利展开。值得一提的是，近年来，美国通过反恐战略调整，重新把综合国家利益的实现放到首位，并加速推进世界民主化进程。美国深谙民主是消弭恐怖主义根源的利器，也坚信“中国的兴起，与美国接替英国成为世界强国的平和过程比较接近，而非如20世纪初德国在欧洲的强势兴起……中国经济快速增长的同时，也在朝美国的政治、社会体制迈进”。[①] 为此，美国经常把反恐与民主两个不相干的问题相提并论，千方百计利用中美合作反恐的合法渠道，潜移默化向中国输送西方民主价值观和制度模式，图谋改造中国的现行政治制度。我们必须保持高度警惕。

第三，美国反恐战略调整强化了中美关系的全球共识。中国的崛起已成为当下国际社会的热议话题，一些美国学者甚至提出一种中美共治的制度性领导结构，把中国的全球身份提升到全球责任和全球治理的高度。G2论的出笼，显示美国有意联手中国、共担全球治理成本的预谋。这些论调的出现，反映出中国综合实力增强和国际地位上升的既成事实，表明美国反恐战略开始由重视单边军事反恐转向关注其整体利益，反恐战线收缩已成定局。在这种情势下，中美关系若继续维持在经济领域和地区事务，不但与两国的大国身份不符，而且有悖于国际社会的期待。实际上，针对近年来美国反恐战略的调整，中国的外交战略也表现出更加灵活务实的态势，尤其在一些重大国际事务上，更愿意表现出一种负责任大国的形象。中国在北非问题上的立场就充分说明了这一点。据路透社2011年3月1日报道：“中国表示支持联合国安理会制裁利比亚领导人卡扎菲及其亲信，这看起来与中国不干涉他国内政的传统立场有些背离。”

① 徐琳：《2004年中国全球影响力相对于美国上扬》，载《华盛顿观察》周刊2004年第47期，http://www.washingtonobserver.org/showtemp.cfm.

尽管中国的国际责任近期不会有显著增长，但中国的全球责任会随着美国全球责任的推卸而日益显现，中国的全球身份被美国“绑架”的现象会越来越多。对此，我们在中美关系上要具备一定的风险意识，对美国提出的所谓负责任大国，我们应保持清醒头脑，准确定位中国的全球身份，以国家利益为基准，谨慎灵活处理中美关系中的敏感话题，力所能及地在国际社会发挥作用和承担责任。只有这样，中美关系才能在全球共识的氛围中健康发展。

美军撤出后的阿富汗形势及其中国的对策

张家栋

（复旦大学美国研究中心主任助理、副教授）

2001年“9·11”事件以后不久，美国就发动对阿富汗塔利班政权的袭击。2001年11月14日，仅仅是“9·11”事件发生2个月后，阿富汗反塔利班联盟就在美军空军的支持下占领了首都喀布尔；2001年12月7日，塔利班放弃了坎大哈，本·拉登领导的基地组织也在一周以后放弃了托拉·博拉地区的山洞，撤向巴基斯坦境内。按照米歇尔·哈农（Michael O'Hanon）的说法：“阿富汗抵抗运动，布什当局，它的国家盟友，美国军队和美国中央情报局，完成了将被记忆为21世纪最伟大军事胜利之一的军事行动。”① 但十多年过去，阿富汗并没有走上美国设想的道路，美国反而被迫撤离。2012年5月21日，北约28国和阿富汗战争伙伴国领导人在美国城市芝加哥结束为期两天的会议并发表声明，确认北约驻阿部队定于2013年中期结束作战任务，向阿方移交安全主导权，随后转入培训和顾问角色，并将于2014年撤出绝大部分部队。而与此同时，阿富汗安

① Michael O'Hanlon, “A Flawed Masterpiece”, *Foreign Affairs*, vol. 81, no. 3, May/June 2002, p. 63.

全局势并没有好转，反而有恶化趋势，美军和联军遭受的“内部”（insider，or green on blue）袭击数量也在上升，2012年比上一年增加了75%。[①] 这表明美国在阿富汗苦心经营十多年，现在连最重要的政策支柱——培养阿富汗安全部队——也遭到严重的冲击。在这种情况下，2014年北约撤退以后的阿富汗局势向何方发展，就是一个重要的问题。总体来看，未来阿富汗局势，将取决于这样几个因素：

第一，北约及其阿富汗战争伙伴国对阿富汗的支持力度及其方式；

第二，阿富汗现政府的行为能力及其被认可度；

第三，阿富汗塔利班及其他地方武装的力量及其政治态度；

第四，阿富汗社会经济发展形势；

第五，阿富汗周边国家的政策及其相关措施。

一、北约及其阿富汗战争伙伴国对阿富汗的支持力度及其方式

美国在阿富汗最多时部署了10万部队，目前已死亡2000多人，消耗战争经费4000多亿美元。与此相比，阿富汗的GDP在2009年时只有100亿美元。但如此巨大的人力和财力投入，不仅没有稳定阿富汗局势，实施美国所预想的国家重建目标，被美国推翻的塔利班反而重新崛起，有再度问鼎阿富汗政权的趋势。2014年美国和北约部队撤出以后，美国及其盟国对阿富汗以及阿富汗现政权的支持将出现以下趋势：

① “Foreign troops killed in Afghanistan”, *Al Jazeera English*, 16 September 2012.

（一）支持力度将逐渐下降

截止2012年11月，国际安全援助部队（ISAF）50个成员（北约为主）在阿富汗还有大约10万4000名军人，其中68000人为美军。这些人在2014年结束前将以“逐渐和负责任”的方式撤出大部分，并且这一过程是“不可逆转”的。从2014年开始，驻阿联军将不会从事“作战任务”。但是，即使是在2014年以后，根据美国与阿富汗于2012年5月1日达成的《美阿战略伙伴关系协议》(U.S. - Afghanistan Strategic Partnership Agreement)，联军特别是美国和英国，仍然将以各种形式在阿富汗保留一定数量的军队。这一军队的规模现在没有确定，但应该在2—2.5万人左右，[①] 否则将难以兑现美国所计划的培训与训练目标，将不能阻止塔利班重新掌握阿富汗政权，更难以在阿富汗和巴基斯坦实施特种作战等反恐怖任务。2012年11月15日开始，美阿两国正式就2014年以后美驻阿军队的法律地位问题进行谈判，主要焦点是阿富汗政府是否给予驻阿美军豁免权。[②]

2014年以后的阿富汗，更加严重的挑战是政府和安全部队的运行成本由谁来支付。美国估计，阿富汗未来的安全费用每年大约需要41亿美元，美国承诺负担一半，希望其他盟友提供每年大约13亿美元。现在，德国政府承诺每年出资1.9亿美元，英国和澳大利亚各出1亿美元，意大利出1.2亿美元，土耳其出2000万美元。北约给法国的指标是每年2亿美元，但法国总统奥朗德只表态原则上会讨论这一问题。根据美国的安排，阿富汗政府一开始要每年承担5

① “10 Facts About US Withdrawal from Afghanistan”, http: //countdowntodrawdown.org/facts.php, 2012 - 11 - 22.

② “Afghanistan, U.S. start tough talks on post - 2014 troops”, http: //in.reuters.com/article/2012/11/15/afghanistan-usa-security-idINDEE8AE05Q20121115, 2012 - 11 - 22.

亿美元，然后逐渐增加，到2024年前全部自立，美国及其盟国到那时将会对阿富汗安全部队完全断奶。考虑到在过去11年中，联军及阿富汗政府投入了如此巨大的人力和物力都没有解决阿富汗的安全威胁问题，在未来10年能否奏效，还是一个疑问。更重要的是，无论是美国还是盟国，对阿富汗安全局势的兴趣都在减弱，政治精英们更关心的是失业率与欧元危机问题。[①] 现在出于撤军需要而达成的安全费用分担协议能维持几年，还是一个疑问。加拿大政府就曾表示，可能会承诺2014年后每年出资大约1.08亿美元，但目前只能确定3年的期限。

（二）支持方式将会发生变化

虽然美国及其阿富汗战争伙伴已经在阿富汗投入了巨大的人力、物力和财力，但远远没有实现稳定阿富汗局势这一基本目标。一个重要原因是：无论是联军官方还是非政府组织，普遍没有把阿富汗政府和各地方当局视为一个平等的合作伙伴，而是一个需要批判、有待改造的对象。人类学家托马斯·巴菲尔德（Thomas Barfield）发现，一些非政府组织视阿富汗政府为一种困扰与问题，特别是当涉及到援助项目的时候。这不仅削弱了阿富汗人管理这些项目的能力，反而增加了相关成本。更重要的是，这种姿态削弱了阿富汗政府在民众视野中的合法性与威信，使其更难于在阿富汗实现基本的管理与统治目标。[②] 并且，援助国家往往也乐于采取体外循环的模式、而不是通过阿富汗政府系统对阿富汗进行援助。在2010—2011财年，在157亿美元的外国对阿援助中，有138亿美元（为总额88%）是援助国自己或通过合作伙伴通过外部预算（external budget）直接进行援助

① Joseph J. Collins，“No time to go wobbly in Afghanistan Focus on stability，not exit deadlines”，http：//www. armedforcesjournal. com/2012/09/10922600，2012 - 11 - 22.

② Barfield，T.，*Afghanistan*：*A Cultural and Political History*，Princeton University Press：Princeton NJ，（2010），p. 316.

的，只有19亿美元（为总额12%）被纳入到阿富汗政府核心预算（core budget）之内。[①] 如果国际社会对阿富汗的援助，继续延续目前体外循环为主的模式的话，对阿富汗形势的帮助将不会太大。

另外，美国及其盟国在阿富汗的政策目标，一直在短期安全保障与长期国家建设目标之间摇摆，缺少一致性。特别是自奥巴马总统上台以后，美国已经基本上放弃了在阿富汗的民主建设目标，主要目标成为如何防止塔利班在阿富汗重新上台和如何顺利地从阿富汗脱身。如果要实现在阿富汗的民主建设目标，美国必须反对已经与地方军阀关系密切的卡尔扎伊政权，但事实上美国对卡尔扎伊的每次施压，都使得他更加倾向于地方军阀。2009年8月，奥巴马总统向卡尔扎伊施加压力，要看到一次公正的、自由的选举，但卡尔扎伊的回应是提名北方联盟代表穆罕默德·法希姆（Muhammad Fahim）为其副总统候选人。反之，美国会继续加强与地方军阀之间的联系，增加对这些军阀的支持，以使其能够抵抗塔利班的进攻。结果，国际社会对阿富汗的援助主要被用于收买阿富汗政府官员和地方实力派，基本上是英国当年"大棒与胡萝卜"战略的翻版，既一方面保持与喀布尔政治精英的良好关系，另一方面通过提供补贴和支票的方式来使地方军阀顺从美国和阿富汗中央政府的意志。[②]

2014年以后，驻阿美军如果仅仅从事培训与支持行为的话，对阿富汗安全局势的影响还不会大。但如果这些数量不小的联军不从事具体的安全保障行为，反而借反恐之名在阿富汗境内继续从事武装袭击活动的话，则将不仅不是阿富汗安全形势的稳定性力量，反而会成为一个破坏性因素。

---

① The World Bank, "Afghanistan in Transition: Looking beyond 2014", volume 1: Overview, May 2012, p. 1. http://siteresources.worldbank.org/INTAFGHANISTAN/Resources/Vol1Overview8Maypm.pdf, 2012-11-22.

② Rubin, Barnett., *The Fragmentation of Afghanistan: State Formation and Collapse in the International System*, 2nd ed. New Haven, CT: Yale University Press, 2002.

二、阿富汗现政府的行为能力及其被认可度

自从美国入侵阿富汗以来，美国扶持之下的卡尔扎伊总统已经在阿富汗连续执政多年，但是其执政基础却仍然有限。卡尔扎伊总统本人是一个外交官，可以讲一口流利的英语，至少在口头上支持西方发展模式。为了强化这一印象，卡尔扎伊在上任之初任命了好几名专家治国论者（technocarats）为其内阁成员。阿希拉夫·甘尼（Ashraf Ghani）曾在世界银行工作多年，被任命为财政部长；阿里·贾拉利（Ali Jalali）曾在美国之音（Voice of America）工作过20年，于2003年被任命为内务部长（interior minister）。考虑到美国的顾虑，北方联盟的新一代领导人也纷纷表示自己是现代的、自由的、亲西方的力量。例如，外交部长阿卜杜拉（Abdullah）和内务部长尤纳斯·奎纳尼（Yunus Qanooni）等，在不同场合纷纷表达自己的政治意愿，表示将配合卡尔扎伊，建立一个更有代表性的、有广泛民众基础的新阿富汗。但是不久以后，卡尔扎伊与北方联盟领导人的关系就恶化了，阿卜杜拉（Abdullah）和奎纳尼等人被解职，跟随卡尔扎伊回国的专家们也在2—3年内离开了阿富汗。反而是那些老军阀们地位依然巩固，并且从国际援助和毒品贸易中获得丰厚的回报。据说，国际援助中的35%—50%被这些军阀们以各种手段获得。① 从总体来看，阿富汗总统与军阀之间的力量关系在朝着对总统有利的方向发展。两大传统军阀杜斯塔姆（Adbul Rashid Dostum）和伊斯梅尔·汗（Ismail Khan）的力量被大大削弱，阿里成为巴尔克省省长，事实上成为北方联盟中最有权力的人物，是卡尔扎伊用

① Delesgues, Lorenzo and Yama Torabi, Reconstruction National Integrity System Survey: Afghanistan 2007, London: Tiri, 2007., p. 28.

来打压杜斯塔姆等老军阀的工具。伊斯梅尔·汗被提升为阿富汗工业与电力部长，失去了赫拉特省省长职位，为其竞争者阿马纳拉赫·卡罕（Amanullah Kahan）提供了空间。同样，古尔希尔扎伊被调出坎大省，为卡尔扎伊总统的弟弟阿赫穆德·瓦利·卡尔扎伊（Ahmed Wali Karzai）在地方的发展留下空间。但是，卡尔扎伊总统的力量优势，并不是以现代政治手段获得的，反而出现了军阀化趋势。这表明，阿富汗政府虽然是以西方模式为基础建立的，但最终被迫向阿富汗的政法传统妥协。

另外，阿富汗的种族状况仍然困扰着阿富汗政府的运行。虽然卡尔扎伊总统是一个普什图人，但由于塔利班在阿富汗南部和东部的影响，卡尔扎伊的执政基础却主要是北部的少数民族，在阿富汗并不占多数。在2009年的总统大选中，他虽然勉强在第一轮获得50%以上的票数，但据独立选举委员会（Independent Election Commission）称，其中有三分之一是卡尔扎伊造假的结果。[①]

阿富汗国家安全力量（ANSF，包括ANA和ANP）的规模虽然在不断扩大，但内部团结状况和行为能力也不容乐观。从2011年6月到2012年6月，阿富汗国民军的数量从27.6万增加到34万人，增加了23%，但是阿富汗国民军官兵的忠诚度却存在问题。据《长期战争杂志》（THE LONG WAR JOURNAL）报道，阿富汗蓝绿（阿富汗军队蓝色服装，北约绿色）相残事件逐渐上升。2008年两起，北约死亡2人；2009年5起，北约死亡12人；2010年5起，北约死亡16人；2011年15起，北约死亡33人；2012年1—9月33起，北约死亡53人。过去两年，联军的死亡人数的15%是阿富汗军人造成的。由于最近5名美国士兵被阿富汗士兵打死，9月2日美国特别行动司令部取消了对1000名阿富汗新兵的训练计划。9月17日，美军

① Tavernise, Sabrina, and Helene Cooper, "Afghan Leader Said to Accept Runoff After Election Audit". *New York Times*, 19 October 2009, http://www.nytimes.com/2009/10/20/world/asia/20afghan.html?ref1/4world (accessed 19 October 2009).

取消了美阿军人联合巡逻。9月18日，北约宣布取消大部分营级以下的联合作战行动。现在，美军司令艾伦（John Allen）下令，所有北约军人在任何时刻枪不离身，以防万一。[①] 这已表明阿富汗安全部队官兵往往不是服从上级指令，而是服从于自己或自己所在部族的判断。未来即使美军撤出，这一问题也将是内部分裂的一个重要因素。与此同时，阿富汗国民军面临着外来经费支持和外来训练支持等不确定性因素的影响。2012年5月，北约国家认定，阿富汗国民军应该维持在22.85万人的规模，每年经费支持应该达到41亿美元。[②] 但是其经费来源能否保障，还是一个问题。在2011—2012年财政年度，阿富汗国家安全力量得到的外部资金支持是110亿美元，但北约要求把这一金额削减到2012—2013财年的56亿美元。而计划中的援助额度，也从2011年早期计划的每年70—90亿美元，下降到目前每年41亿美元。这表明国际社会对阿富汗安全力量的支持力度在下降。

美国长期要求卡尔扎伊同时追求两个相互矛盾的战略目标：第一，建设一个温和的、强大的自由民主国家，这要求卡尔扎伊要统一全国，打击地方军阀；第二，维持现有的军阀政治体系，以继续有效地打击塔利班。在美国和联军撤退以后，阿富汗政府面临的这一安全困境并不会自动消失。现在，越来越多的人对维持一个统一的阿富汗是否可能感到怀疑。2012年年中，英国外交部通过一项阿富汗分治以实现和平的计划（Partition of Afghanistan for Pcace）。[③] 这表明阿富汗政府包括安全部队在内的行为能力，在阿富汗国内外都

---

① 黄绮淑，"美国知难而退、阿富汗前景堪虞"，http://www.21ccom.net/articles/qqsw/qqgc/article_2012100868840.html，2012－11－27。

② NATO，*Chicago Summit Declaration on Afghanistan*，May 21，2012.

③ 这一计划要把阿富汗分为8块，分别为喀布尔（Kabul）、坎大哈（Kandahar）、赫拉特（Herat）、巴扎尔沙利夫（Mazar-e-Sharif）、昆都士（Kunduz）、贾拉拉巴特（Jalalabad）、科斯特（Khost）与巴米杨（Bamyan）。

越来越受到质疑与挑战。

三、阿富汗塔利班及其他地方武装的力量及其政治态度

阿富汗重要的武装组织有塔利班和哈卡尼网络等。这些地方武装组织的力量难以估算，但活动能力却有不断增强的趋势。据美国国防部2012年4月的报告称，阿富汗2012年安全形势有所好转，[①] 但是多数分析报告与学者并不认同这一分析。[②] 下面就分别分析阿富汗塔利班和其他地方武装的力量和政治姿态。

（一）阿富汗塔利班

阿塔是阿富汗最大的非政府武装组织，目前大约有6—7万名积极成员，但其中只有少数人被动员起来参与各种战斗行动，很多阿塔成员主要从事信息收集和后勤支持工作。[③] 与执政时期相比，当前的阿塔结构相对松散，由众多组织和不同动机的团体组成，已经难以实施当年那样的统一指挥。但是与其他武装组织如哈卡尼网络等相比，阿塔的结构却又更具有等级性特征，地方领导人的自主权和自治权相对较小。

第一，阿塔的中央领导机构比较完善。阿塔的领导机构可以分为最高、地区、省、县（district）和基层等5个级别。阿塔的最高

① Department of Defense semi-annual report to Congress, *Report on Progress Towards Security and Stability in Afghanistan*, April 27, 2012.

② Anthony H. Cordesman, "Afghanistan from 2012 - 2014: Is A Successful Transition Possible?" June 19, 2012, p. 7.

③ Stefanie Nijssen, "The Taliban's Shadow Government in Afghanistan", September 2011, p. 1. https://ronna-afghan.harmonieweb.org/Lists/Submitted%20Content/Attachments/3746/CFC_AFG_Shadow_Governance_September11.pdf, 2012-3-4.

领导机构是大协商会议，也称“大苏拉”（Supreme Shura），在阿富汗执政时期曾经有50名委员，其中常务委员7名，研究并决定重大问题。目前，该委员会约有14名成员，[①] 奥马尔（Mohammed Omar）仍然是大苏拉及其常务委员会主席，因此也是塔利班的最高领导人。由于塔利班领导人奥马尔及其高级顾问与助手住在巴基斯坦边境城市奎达（Quetta），塔利班最高领导层又被称为“奎达苏拉塔利班”（Quetta Shura Taliban，QST）。最高委员会之下，阿塔目前设有负责文化信息（Culture and Information）、军事（Military）、宗教（Ulema/Religious）、政治事务（Political Affairs）、情报（Intelligence）、财政（Finance）、研发（Research & Development）和训练（Central Training）任务的委员会（committee），与大苏拉一起构成阿塔的中央领导机构。[②]

第二，阿塔设立分工明确的地区部门。在中央领导机构之下，阿塔还成立了四个“地区军事苏拉”（regional military council/Shura，RMS）：奎达（Quetta）苏拉负责阿富汗南部和西部的活动，领导人为哈菲兹·马吉德（Hafez Majid）；白沙瓦（Peshawar）苏拉负责阿富汗东部和东北部的拉赫曼（Laghman）、卡比萨（Kapisa）和喀布尔（Kabul）等省份[③]，领导人为萨义赫·阿米纳拉赫（Sheikh Mohammed Aminullah）；米拉姆夏（Miramshah）苏拉位于北瓦济里斯坦（North Waziristan），主要负责阿富汗东南部帕克蒂卡（Paktika）、帕克蒂亚（Paktia）、霍斯特（Khost）等省份，领导人为哈卡尼网络

---

① Stefanie Nijssen, “The Taliban's Shadow Government in Afghanistan”, September 2011, p. 2.

② Thomas Ruttig, “How Tribal are the Taliban?: Afghanistan's largest insurgent movement between its tribal roots and Islamist ideology”, Afghanistan Analysts Network, April 2010; Antonio Giustozzi, “Negotiating with the Taliban”, The Century Foundation, 20 June 2010.

③ International Crisis Group, “The Insurgency in Afghanistan's Heartland”, *Asia Report*, No. 207, 27 June 2011, p. 13.

领导人希拉吉·哈卡尼（Siraj Haqqani）；吉迪让加尔（Gerdi Jangal）[①] 苏拉主要负责赫尔曼德和尼姆拉兹省的活动，领导人为阿布尔·扎克尔（Adbul Zakir）毛拉。[②] 根据阿塔的规定，军事委员会不仅仅负责军事行动，还是影子政府的上级领导部门。[③] 例如，白沙瓦苏拉不仅要管理各级军事指挥官、提供情报和行动咨询，还负责薪水发放、资金分配和相关监督工作。据报道，白沙瓦地区军事苏拉向每个在拉赫曼省的塔利班战士提供平均每月 240 美元的酬金；对每次针对诊所、水坝或学校的袭击，还另外提供 175—240 美元的补贴；如果直接袭击国际安全援助部队（International Security Assistance Force，ISAF），补贴则会更高。[④]

第三，阿塔还设立了层级完备的地方领导机构，形成了一个自上而下的准政府机构。除了中央领导机构和地区总部以外，阿塔目前设有省级领导机构、县级领导机构和基层活动小组。塔利班省级领导机构由影子省长（shadow governor）领导的政府和各类功能性省级委员会组成。这些省级委员会负责媒体宣传、自杀小组和财政管理等工作。在有些省份，特别是在阿塔势力强大的阿富汗南部省份如坎大哈（Kandahar）省，阿塔的省级机构更加复杂，还成立了一些负责政治、文化信息、监狱、难民、教育、人员招募与遣返等事务的专门委员会。阿塔大约从 2006 年开始任命县级领导机构的官员。县级阿塔机构或组织控制着当地情报信息系统，自治权比较大，主要根据当地情况和各种实时情报来做出决定与反应。在这一级别，

① 为位于俾路支斯坦（Bluchistan）的一难民营名。

② Bill Roggio，“Taliban appoint al Qaeda-linked commander to lead Peshawar shura”，January 9，2012，http：//www. longwarjournal. org/archives/2012/01/taliban _ appoint _ al_ q. php，2012 – 4 – 1.

③ Islamic Emirate of Afghanistan，*Code of Conduct*，Chapter 6，Articles 34 – 39，www. alemarah-iea. net，2012 – 4 – 5.

④ International Crisis Group，“The Insurgency in Afghanistan's Heartland”，*Asia Report*，No. 207，27 June 2011，p. 14.

阿塔在有些地方还会任命警察局长、法官等官员。塔利班基层活动小组一般处于半自治、半独立状态，多数为领导人自己招募成员，活动特征及其形式也非常多样，成员身份也十分复杂，往往兵民不分。

虽然在不同地区阿塔的活动能力和指挥控制体系差异很大，但是至少在其传统根据地坎大哈以及阿富汗首都喀布尔周边地区，阿塔高层领导人，至少是省级及其以上领导人之间拥有统一指挥和高度协调能力。但是在基层，特别是一些情况复杂的地区，如喀布尔省的苏罗比（Surobi）县，不同的阿塔指挥官之间有时也会出现权力竞争现象，[①] 但像伊拉克反叛组织那样的大规模内部斗争与竞争态势并没有出现。从总体看，阿塔的组织结构集中化程度足以保障其指挥和协调效率，同时又足够灵活与多样以适应各地不同的环境。

塔利班还拥有强大的资金筹集能力。据一份联合国最新报告推断，阿富汗塔利班在2011年3月至2012年3月的一年间，以征税、勒索和收取捐款等方式获得4亿美元资金。其中2.75亿美元流入塔利班领导层控制的金融委员会，另外1.25亿美元用于其他开销和地方一级开支。[②] 也正因为此，塔利班不仅没有被美国领导的联军摧毁，反而因能与43个国家同时作战而自豪，还在阿富汗34个省中建立了31个省级“影子政府”，[③] 活动能力也不断上升。

---

① International Crisis Group，“The Insurgency in Afghanistan's Heartland”，*Asia Report* No. 207，27 June 2011，p. 13.

② “报告称阿塔利班去年获4亿美元过半归领导层”，http：//finance. sina. com. cn/world/20120913/110613128764. shtml，2012 -11 -27。

③ 邱永峥、郝洲，“塔利班指挥官：我们为能与43国军队较量自豪”，http：//mil. news. sina. com. cn/2010 -06 -04/0934596022. html，2012 -11 -27。

表 1　阿富汗由武装非政府团体发动的袭击数（2007—2011）

	2007 年	2008 年	2009 年	2010 年	2011 年
袭击数	3448	5239	7445	12252	13983
增长率	无	52%	42%	65%	14%

Source：The Afghanistan NGO Safety Office，“ANSO Quarterly Data Report：Q.4 2011”，p.9.

注：本表数据主要包括阿塔、哈卡尼网络和阿富汗伊斯兰党所从事的武装袭击。

（二）其他地方武装

除了塔利班及其伙伴组织以外，阿富汗还活动着北方联盟等结构松散但是力量强大的地方组织。

北方联盟仍然是在阿富汗影响深刻的力量团体。早在 2001 年时，阿富汗唯一有可能挑战塔利班的力量就是马苏德领导的北方联盟（Northern Alliance），并得到美国官方特别是情报机构的大力支持。当年第一个进入潘杰西山谷（Panjshir Valley）的美国中央情报局（CIA）工作组，是为了处理基地组织暗杀北方联盟领导人马苏德（Masood）案件。随后，其他的 CIA 工作组和特种部队小组进入阿富汗，与北方领导下属的各地方指挥官进行联络，如赫拉特（Herat）附近的伊斯梅尔·汗（Ismail Khan）、马扎里·谢里夫（Mazari Sharif）附近的拉希德·杜斯塔姆（Rashid Dostum）和穆罕默德·阿塔（Muhammad Atta），以及巴米延（Bamiyan）附近的卡里姆·卡利利（Karim Khalili）等人。这些人及其身后的组织在塔利班以后的阿富汗政府中占据重要职位，并主导很多地方的政治与经济事务。

南方普什图地方军阀也是影响阿富汗局势的重要地方武装势力。在北方联盟的力量迅速发展以后，华盛顿又担心北方联盟中的塔吉克和乌兹别克少数民族在喀布尔掌权以后，将会助长塔利班在阿富汗南部的影响与民众基础。但是，美国阻止北方联盟进入喀布尔的企图没有成功，转而试图组建一个南方联盟以平衡北方联盟的影响，但最终也失败了。美国只好支持一些普什图地方军阀，试图借这些力量来平衡塔利班和北方联盟的影响。例如，美国在坎大哈附近支持的最强大的一支武装力量由古尔·希尔扎伊（Gul Agha Shirzai）领导。该组织于2001年12月6日开进坎大哈，并掌握了坎大哈省的政权。希尔扎伊依仗自己与美国密切关系，不服从卡尔扎伊总统的指挥，掌握了全省的美国援助支配权，掌握着一支比阿富汗国家警察装备、训练更好的军事力量。结果，该组织不仅没有起到平衡塔利班的作用，反而使民众更加怀念塔利班时期的次序与稳定。①

总体来看，这些地方武装虽然有时可以起到平衡塔利班的功能，但更多的是破坏中央政府的权威，破坏了中央政府的税收体系和反毒品等活动。有些组织自己还在从事毒品贩运等非法活动，破坏着阿富汗政府治理能力和国家重建进程。现在，这些地方军阀大多被卡尔扎伊政府“整合”进阿富汗行政体系之中。穆罕默德·阿塔（Muhammad Atta）被任命为巴尔克省（Balkh）省长，古尔·希尔扎伊（Gul Agha Shirzai）被任命为南嘎哈尔省省长（Nangarhar），伊斯梅尔·汗继续留任阿富汗工业与电力部长。不仅如此，很多地方职位也被优先授予给拥有武装力量的领导人，或与武装力量有密切联系的人。这些人和组织对中央政府的忠诚度低，更多地视自己为地方利益的代表。

为了对付塔利班等武装组织，驻阿联军和阿富汗军队采取了军事打击与经济利诱相结合的措施，可以说是又打又拉、恩威并重。一方面，联军和阿富汗军队对塔利班等进行了严厉的打击，已经通过夜袭等定点消除手段消灭了数千名塔利班分子，但其中重要的领导人很少，军事意义有限。另一方面，联军和阿富汗政府通过经济等手段引诱塔利班分子投诚。美国及其盟国在阿富汗设立了一个

① Chayes, Sarah, *The Punishment of Virtue: Inside Afghanistan after the Taliban*. New York: Penguin Press, 2006, pp. 43 - 62, 76 - 83, 159 - 71, 178 - 85.

9400万美元的“阿富汗和平与团结项目”（the Afghan Peace and Reintegration Program），在2011年使用了2000万美元，引诱了约3000名投诚者（reintegrees）。但是在这3000人中，基本是塔利班等组织的下层人员，很多只是普通的匪徒甚至是农民，在阿富汗南部的坎大哈省和赫尔曼德省，连一名投诚者都没有。该项目不仅不能削弱塔利班等组织的实力，反而为地方政府的腐败提供了机会，为地方武装的建立提供了资金。[①] 因此，塔利班肯定会成为2014年后影响阿富汗局势的重要力量，甚至可能是最重要的一支力量。目前，阿塔对是否参与阿富汗政治进程、如何参与政治进程还没有形成一致意见，与阿富汗政府以及联军的接触也多处于试探性阶段。但不管阿塔最终以何种方式介入阿富汗政治生活，肯定都会改变阿富汗政治面貌。

四、阿富汗经济社会发展趋势

据亚洲基金会（the Asia Foundation）的调查，有52%的阿富汗人认为阿富汗走在正确的方向上，比上一年提高了6个百分点，乐观的主要原因是安全状况改善（41%）、重建计划（35%）和女性入学（14%）。阿富汗认为不安全（28%）、失业（27%）和腐败（25%）是阿富汗面临的三大威胁。[②] 尽管这一数据看起来不错，但事实上只是亚洲基金会在相对安全的地区和村庄进行的调研，美化

① Gilles Dorronsoro，“Waiting for the Taliban in Afghanistan”，September 2012. http：//carnegieendowment. org/2012/09/20/waiting-for-taliban-in-afghanistan/e1f8#，2012－12－5.

② The Asia Foundation，“Afghanistan in 2012：A Survey of the Afghan People”，p. 5. http：//asiafoundation. org/resources/pdfs/Surveybook2012web1. pdf，2012－12－5.

了阿富汗的局势。[①] 虽然阿富汗当前的紧迫任务是安全与稳定，但是从长期来看，社会经济形势才是影响、决定阿富汗未来的主要因素。

首先，从社会构成来看，种族、部族和宗教界线，是影响阿富汗国家建设进程的重要因素。阿富汗的社会构成以及政治活动呈现高度的种族化、派别化和地区化，没有真正意义上的国家认同。阿富汗的种族构成非常分散，普什图人（Pashtun）占42%，塔吉克人（Tajik）占27%，哈扎拉人（Hazara）占9%，乌兹别克人（Uzbek）占9%，艾马克人（Aimak）占4%，土库曼人（Turkmen）占3%，俾路支人（Baloch）占2%，其他种族人口占4%。阿富汗的宗教状况也呈分裂态势。虽然有80%的人口是逊尼派穆斯林，但内部又因原教旨主义程度和部落差异而分裂成不同的派别。有18%的人口属于什叶派，多数为哈扎拉人，受到塔利班政权的打压。阿富汗的语言状况也很复杂。阿富汗波斯语（Afghan Persian）又称答里语（Dari）为官方语言，占人口的50%；普什图语（Pashto）是官方语言，占35%；突厥语（Turkic）占11%，主要使用者是乌兹别克人和土库曼人；另外，阿富汗还有30个少数语言，占4%，主要为俾路支语（Balochi）和帕赛语（Pashai）。[②] 随着2014年的逐渐来临，阿富汗社会已经逐渐形成北方民族联盟、什叶派哈扎拉人少数派和主要普什图地区和部落派别之间的分立现象，将会在很大程度上影响阿富汗安全力量（ANSF）和阿富汗政府的结构。

其次，虽然阿富汗2001年以后经济发展速度很快，但阿富汗经济对外依存度畸高，不可持续，且民众没有普遍获得实惠。从一方面来看，阿富汗经济在过去十年中取得了很多进步，快速的经济增

① Sarah Chayes, "In Afghanistan, It's Not All in the Numbers", December 3, 2012. http://carnegieendowment.org/2012/12/03/in-afghanistan-it-s-not-all-in-numbers/epjw, 2012-12-5.

② The CIA, "The World Factbook: South Asia, Afghanistan", https://www.cia.gov/library/publications/the-world-factbook/geos/af.html, 2012-11-27.

长率、相对较低的通货膨胀率、更好的公共金融系统以及教育、卫生系统的改善。一些重要社会指标如期待寿命和女性参与经济活动的比率等，都有很大的进步。但是在另外一方面，尤其是在国家治理和机制建设方面，阿富汗仍然非常落后，甚至还有恶化趋势。在整体上，阿富汗仍然是世界上最不发达的国家之一。在2010—2011年财年，阿富汗人均GDP只有528美元，三分之一的人口处于贫困线以下，超过一半随时有可能滑入贫困线以下，三分之二的人口是文盲。[①] 目前，阿富汗的人均GDP处世界第214位，难民问题严重，失业现象普遍。[②] 尽管世界粮食项目（World Food Program）在最近几年里对阿富汗30%的人进行粮食援助，但营养不良问题仍然非常普遍。并且，据世界银行估计，在2000—2010年间阿富汗GDP每年增长9%的数据是非常不真实的，也是不可持续的，在很大程度上是外来援助所导致的虚假增长。在2011—2018年间，阿富汗的GDP年均增长率将会下降到5%—6%左右。如果再考虑到阿富汗2.8%的年人口增长率，阿富汗社会经济的发展速度是非常有限的。[③]

更重要的是，虽然阿富汗在过去十年中取得了一定的经济增长，但其实这种增长不是内生型的，而是外来援助带来的副产品，阿富汗的工农业体系仍然处于落败的状态之中。2005年以后，阿富汗获得的外国援助日益上升。在2010—2011财年，阿富汗所获得的援助（民用与安全费用）达到157亿美元，与当年度阿富汗的GDP相当。尽管阿富汗国家安全部队（ANSF）的开支占主要部分，但民用开支

---

① The World Bank, "Afghanistan in Transition: Looking beyond 2014", volume 1: Overview, May 2012, p. 1. http://siteresources.worldbank.org/INTAFGHANISTAN/Resources/Vol1Overview8Maypm.pdf, 2012-11-22.

② Central Intelligence Agency, "The World Factbook [Afghanistan]." https://www.cia.gov/library/publications/the-world-factbook/geos/af.html.

③ The World Bank, "Afghanistan in Transition: Looking beyond 2014", volume 1: Overview, May 2012, p. 16. http://siteresources.worldbank.org/INTAFGHANISTAN/Resources/Vol1Overview8Maypm.pdf, 2012-11-22.

仍然达到60亿美元，占当年阿富汗GDP总量40%。[①] 在2002—2012财政年度之间，美国就向阿富汗国家安全部队（ANSF）提供了600亿美元的援助，民用项目援助也达到170亿美元。除此以外，美军用于军事支持项目上的费用规模也很大。据美国管理与预算办公室（the Office of Management and Budget）估计，美国在阿富汗的非军事开支，将从2012财年的150亿美元，下降到2013财年的100亿美元。[②]

目前，上述经济有利因素已经开始减少，在2014年以后有些甚至还会消失，阿富汗的经济前景将不容乐观。即使阿富汗经济形势和财政收入可以改善，特别是从矿产业的收入将会增加，但阿富汗的开支将会增加更快。据世界银行的估计，如果想维持现有的安全水平，到2014—2015财政年度，阿富汗的安全开支将占GDP的17%，非安全开支将占到GDP的14%。到2021—2022财政年度，阿富汗的政府开支将仍然是其国内财政收入的2倍以上。[③] 因此，阿富汗经济是严重援助依赖型的，基本上不可持续，这将成为未来阿富汗局势最不确定、也最具有整体性威慑的一个环节。

五、阿富汗周边国家的政策及其相关措施

影响阿富汗未来的主要国际因素可以分为三个层面：第一层是核心行为体，主要包括美国、巴基斯坦和伊朗；第二层是主要行为

---

① The World Bank，“Afghanistan in Transition：Looking beyond 2014”，volume 1：Overview，May 2012，p. 16. http：//siteresources. worldbank. org/INTAFGHANISTAN/Resources/Vol1Overview8Maypm. pdf，2012 - 11 - 22.

② Joseph J. Collins，“No time to go wobbly in Afghanistan Focus on stability，not exit deadlines”，http：//www. armedforcesjournal. com/2012/09/10922600，2012 - 11 - 27.

③ Teh World Bank，*TRANSITION IN AFGHANISTAN LOOKING BEYOND* 2014，November 21，2011，p. 11.

体，主要是印度，因为巴基斯坦的阿富汗政策在很大程度上取决于印巴关系；第三层是边缘行为体，包括俄罗斯、中亚国家、中国和海湾国家。在形成一个对阿富汗国际共识的过程中，基本内容和框架当然要由核心行为体来提供，但如何平衡核心行为体以及主要行为体之间的关系，如美伊关系、美巴关系和印巴关系等，反而是边缘行为体可以发挥作用的地方。因此，虽然说大国间竞争是阿富汗问题的一个重要国际因素，经常还是主要的国际因素，但是美军逐渐撤出阿富汗的情况下，周边国家的政策与立场，不仅是影响阿富汗国内局势的长期因素，作用也在不断上升。正如一名阿富汗高级安全官员所说："这场战争的根源在我们的边界之外。这些反叛武装组织在境外得到训练与资助，然后再回到阿富汗境内。邻国不希望看到一个独立的阿富汗。他们不想推动他们在阿富汗市场的主导地位……除非确信他们在阿富汗的利益没有危险，这些邻国就不愿意看到阿富汗的和平。"①

巴基斯坦是对阿富汗影响最大的一个邻国。首先，巴基斯坦对阿富汗拥有巨大的经济影响。由于是一个内陆国家，阿富汗的进出口贸易主要通过巴基斯坦，巴基斯坦也长期是阿富汗的最大贸易伙伴（苏联时期除外）。可以说，阿富汗经济长期严重依赖巴基斯坦。其次，巴基斯坦对阿富汗拥有广泛的政治影响。巴基斯坦还可以通过阿富汗境内的普什图人对阿富汗内政事务施加影响。由于喀布尔政权长期不承认巴阿之间的国界线杜兰线（Durand Line），巴基斯坦感觉到自己更有影响阿富汗内部事务、保障自身国家安全的必要性。再次，巴基斯坦军方对阿富汗局势有特殊的利益需求。继承英帝国的殖民主义遗产，巴基斯坦军方也长期把阿富汗视为自己的势力范围，将其作为与印度进行斗争的战略后方。最后，在广泛意义上，

① ICG Asia Report No. 221, *Talking About Talks: Toward a Political Settlement in Afghanistan*, 26 March 2012, p. 10.

巴基斯坦还视阿富汗为获得中亚资源的一个战略通道。随着联军逐渐从阿富汗撤出，巴基斯坦将会是阿富汗问题中最重要的一个外部因素，甚至还有可能是最重要的因素。

印度在阿富汗的影响也在日益上升。首先，经济是印度影响阿富汗的主要手段。2010 年，阿富汗对印度出口占其出口总额的 23%。同时，印度对阿富汗的投资规模也在增大。2012 年 1 月，印度钢铁企业（Steel Authority of India Ltd，SAIL）领导的联盟中标了阿富汗巴米延省一个数十亿美元金额的铁矿。其次，印度在阿富汗的政治影响也在上升。在阿富汗北部，印度凭借其与北方联盟的长期友好关系而占据有利地位。在阿富汗南部，印度情报机构“研究与分析部”（the Research and Analysis Wing，RAW）的活动也非常频繁。特别是在巴阿边境地区坎大哈和楠格哈尔（Nangarhar）省的印度领事机构，更成为印度的重要情报活动基地。印度与美国和阿富汗等国的政策虽然有一致性，但也有很大分歧。印度最担心的是塔利班等亲巴基斯坦势力上台或进入阿富汗政府。为此，印度对美国主导的与塔利班谈判和权力分享计划非常不满，但无力改变。2011 年 11 月，印度与阿富汗政府签订了战略伙伴关系协议。根据协议，印度将向阿富汗国民军（Afghanistan National Army）提供训练和轻武器，以在美军撤退以后维护自己在阿富汗的利益。

伊朗也是阿富汗的一个重要邻国。作为一个什叶派国家，伊朗与阿富汗境内什叶派民族有着天然的联系，并成为对抗沙特和巴基斯坦影响的一个重要场所。20 世纪 90 年代阿富汗内战期间，为了防止沙特支持的亲瓦哈比教义的塔利班上台，伊朗最高领袖霍姆尼坚强地支持北方联盟中的哈扎拉（Hazara）和塔吉克（Tajik）武装组织。[①] 作为对伊朗的报复，1997 年塔利班关闭了伊朗大使馆；1998

① Janne Bjerre Christensen, “Strained Alliances: Iran’s Trouble Relations to Afghanistan and Pakistan”, Danish Institute for International Studies, 2011, p. 9.

年，塔利班绑架并最终杀害了 8 名伊朗外交人员。正因为此，伊朗革命卫队才会在 2001 年向美国中央情报局提供很多关键情报，并与俄罗斯和印度情报机构一起，向北方联盟提供很多关键性支持。[①] 伊朗还帮助北方联盟寻找、逮捕塔利班和“基地”组织成员。伊朗在阿富汗拥有强大的软实力，特别是在什叶派哈扎拉人群体中。伊朗最大的基金会“伊玛目·霍梅尼救济委员会（The Imam Khomeini Relief Committee）”向阿富汗家庭和学生提供了 3200 万美元的援助。同时，伊朗的教育交流计划也很有成效，大约有 30 万名阿富汗学生在伊朗的小学与中学就读。另有大约 7000 人在伊朗大学中注册。伊朗与阿富汗的经济联系也很密切，2010 年向阿富汗出口大约 13 亿美元的商品。[②] 伊朗对阿富汗的政策，在很大程度受到美伊关系的影响。2001 年第一次波恩会议上，伊朗派出代表团，并与美国、俄罗斯和印度代表团一道迫使北方联盟和首席代表（Mohammad Younus Qanooni）接受临时政府组成协议。[③] 但由于与美国的关系一直不能改善，伊朗后来改变了对塔利班的政策，开始与塔利班接触。对于伊朗来说，防止阿富汗再出现一个塔利班政权是其基本政策目标，这与美国、印度等国有共同利益。

中亚国家也是影响阿富汗局势的重要因素。除了传统的文化与经济联系以外，中亚 5 国中有 3 个（土库曼斯坦、乌兹别克斯坦和塔吉克斯坦）是阿富汗的邻国。这些国家最担心的就是南部塔利班和其他武装组织的势力推进到阿富汗—中亚边界地区，并将伊斯兰

---

① Barnett R. Rubin with Sara Batmanglich, “The U. S. in Iran and Afghanistan: Policy Gone Awry”, Center for International Studies, Massachusetts Institute of Technology, October 2008.

② ICG Asia Report No. 221, *Talking About Talks: Toward a Political Settlement in Afghanistan*, 26 March 2012, p. 14.

③ James Dobbins, “Negotiating with Iran: Reflections from Personal Experience”, *The Washington Quarterly*, January 2010, pp. 154 – 156. 根据协议，北方联盟获得了阿富汗中央政府 26 个内阁职位中的 16 个。

极端主义势力也带入中亚。从 2008 年底开始，随着巴基斯坦北约运输队遇袭事件的增加，北约就日益依赖经过俄罗斯、高加索和中亚的北方分配网（Northern Distribution Network，NDN）。从 2009 年开始，经过北方分配网的运输物资，占美军和北约总需求的 75% 左右。① 另外，阿富汗北部也是矿产和油气资源丰富的地区，人口构成也与中亚国家相近。因此，美国试图推进一个促进北部阿富汗与中亚联系的“新丝绸之路”计划（New Silk Road initiative）。如果美国的计划能够成功，哪怕未来阿富汗南部陷入塔利班之手，美国仍然可以凭借其在阿富汗北部的影响来维护自身利益。

俄罗斯与中国也是影响阿富汗局势的重要国家。俄罗斯虽然不是阿富汗的邻国，但是中亚国家与阿富汗之间的密切互动，使得阿富汗局势也会对俄罗斯产生重大的影响。目前，俄罗斯主要通过发挥软实力的形式介入阿富汗事务。例如，俄罗斯决定帮助阿富汗北部建设一条投资达 10 亿美元的萨朗隧道（Salang tunnel）。目前，虽然俄罗斯主要与伊朗、印度等传统盟友合作，但也不排斥阿富汗政府与反叛武装之间的谈判，但对这些谈判不抱希望，对一些反叛武装及其领导人更无信任。当联合国安理会谈判把塔利班移出恐怖组织名单时，俄罗斯曾表达过不同的意见。中国对阿富汗的政策受到三种考虑的影响：首先是与巴基斯坦的关系，其次是与伊朗、印度等北方联盟伙伴国家的关系，最后才是在阿富汗的利益。中国领导人周永康访问阿富汗以后，中国对阿富汗事务的兴趣开始上升，但也不超出警察培训和轻武器提供等低级别领域。

总体来看，阿富汗周边在稳定阿富汗局势上有共识，但是对权力分享方案有不同意见，各国在阿富汗国内政治中的盟友关系不统

① According to official U. S. government estimates, about 40per cent of NATO supplies go by land across the NDN, 31 percent by air, primarily through the Manas air base in Uzbekistan, and 29 per cent through Pakistan. 本文见于：ICG Asia Report No. 221, *Talking About Talks: Toward a Political Settlement in Afghanistan*, 26 March 2012, p. 15.

一，相互间存在竞争甚至是敌对现象。在 1999 年时，周边国家曾提出过一个“6 +2”方案，但没有真正实施。2008 年，乌兹别克斯坦总统卡里莫夫曾提议扩大“6 +2”计划，把北约也包括在内，但没有引起多少响应。如果周边国家不能形成共识，甚至仍然相互敌对与竞争的话，阿富汗的未来将不乐观。

六、阿富汗局势的发展趋势

美国及其盟国目前在阿富汗存兵十万以上，但仍然稳定不了阿富汗安全形势，摧毁不了塔利班和其他武装组织；反之，塔利班也没有办法击败美军军队，尽管美军在阿富汗的存在规模会大大缩小。美军与塔利班在不同的阵线上以不同的形态进行战争，其间存在着一种动态平衡关系，也使得阿富汗出现一种政治停滞状态。尽管美国希望把阿富汗安全职能阿富汗化，但问题在于无论阿富汗安全部队如何扩张与训练，都避免不了塔利班和其他武装组织成员的渗透。并且，尽管今天的塔利班与 2001 年以前不同，指挥体系与结构形态都比较松散，但奥马尔仍然处在中心领导和象征位置，美国试图分裂塔利班、分而治之的政策是不可能实现的。换句话来说，不通过奥马尔的谈判是不可能成功的。美国虽然强大，但是美国需要处理的危机与问题也更多；塔利班虽然相对弱小，但塔利班无处可去，也不想到其他地方去，只能在阿富汗与美军对抗到底。这一基本特征表明：在美军与塔利班之间的停滞状态中，最终让步的肯定是美国，而不是塔利班。无论如何，2014 年撤军以后，美国在阿富汗局势中的影响力肯定会大大削弱。但是，2001 年美军与塔利班较量的经历也表明：只要美军愿意在阿富汗维持一定程度的存在，塔利班也不可能重掌阿富汗政权。在这种情况下，影响阿富汗的各要素以及阿富汗局势将会出现以下发展趋势：

第一，美军将保持一定程度的军事存在。虽然美国不愿意维持在阿富汗的军事行动，但也不愿意在这种情况下完全撤出。在2014年撤军期限以后，美国仍然将（至少在几年内）维持一定的军事存在，驻扎在阿富汗几个关键的战略地点。在空军优势的帮助下，美国在阿富汗的影响虽然会下降，但仍然可以阻止塔利班进入喀布尔，掌握全国政权。但是，美军虽然已经与阿富汗政府签订了相关条约，但是仍然有四个问题没有解决：驻军规模问题，所起作用问题，法律地位问题，以及与阿富汗军队的关系问题。虽然美国政府没有确定2014年后美军军事存在的具体数量，但肯定会低于2万人，加上数量不定的特种部队。私人安保公司将继续承担重要作用。在此情况下，由于人力情报的数量与质量都将下降，美军在阿富汗人事的夜袭活动将难以持续，至少会减少。

第二，阿富汗现在政府虽然是一个腐败的、依赖外国援助的政府，但只要外国援助能够持续，阿富汗政府是可以维持的。在这种情况下，腐败反而是调和阿富汗中央政府与各地方势力关系的一种润滑剂。只要阿富汗中央政府持续，不管其对阿富汗各地的管理能力如何，都可以阻止绝大部分武装组织问鼎中央政权的企图，使得阿富汗的国内冲突不会蔓延到内战的程度。目前来看，至少在2014年以后几年之内，国际社会对阿富汗的援助承诺还是可信的、可持续的。

第三，阿富汗周边国家不可能形成对阿富汗政策的共识，将会延续过去的相互竞争局面。但在国际社会的压力之下，这些竞争的规模将会比较小，手段也将会比较谨慎，不会成为左右阿富汗国内政治格局的关键性力量。

第四，在前三点存在的前提下，塔利班虽然会继续壮大，但将没有能力主导首都，也将没有能力大规模进入北方联盟和什叶派势力范围。在塔利班与阿富汗政府及其与北方联盟体系下的地方军阀之间，形成一种势力平衡状态。事实上，阿富汗民众支持政府与塔利班达成一个妥协方案，以实现阿富汗形势的稳定与和平。据2012年早期一个ASCOR/D3系统对阿富汗全部34个省的2018人的民调显示，超过74%的受访者支持允许塔利班成员进行政府的解决方案，65%的受访者接受塔利班控制几个省份，75%的受访者接受塔利班进入武装部队。并且，大多数受访者接受塔利班的限制女性权利的部分措施。①

总而言之，2014年以后的阿富汗，至少在几年之内，将会出现一种中央政府名义存在，地方势力各自为政的局面，成为一种现代意义下的"封建"体系。如果这种情况能维持较长的时间，阿富汗北部将在社会经济上逐渐与中亚融合，南部将逐渐与巴基斯坦融合，西部将逐渐向伊朗靠拢，阿富汗各地将会出现去中心化现象。这段时间对于阿富汗及其周边国家来说，既是机会、也是挑战。如果处理合适，阿富汗将渡过这一危险时期，走向正常的、稳定的国家化道路。但如果应对不当，阿富汗将可能重新回到内乱与动荡交替的状况，将重新成为南亚、中亚地区的不稳定因素。

七、对中国的影响及中国的应对措施

一个稳定的、和平的、发展的阿富汗符合中国的利益。反之，一个动荡的、战乱的、落后的阿富汗，将成为危害中国，特别是西北边疆地区的问题来源。当前的阿富汗，是中亚、南亚地区的毒品主要来源，是宗教极端组织和基层组织的主要活动与训练营地，是

① ACSOR/D3 Systems："Afghan Futures , Analysis by Langer Research"，Contact：Matt Warshaw，ACSOR/D3 Systems，703 388 - 2450，info@ d3systems. com. 本文见于：Anthony H. Cordesman，"Afghanistan from 2012 - 2014：Is A Successful Transition Possible?" June 19，2012，p. 12. http：//csis. org/files/publication/120619_ Afghan_ Transition. pdf，2012 - 11 - 27.

各国竞争与斗争的重要场所，还是地区经济合作和人员交往网络中的一个重要症结。如果阿富汗安全和政治形势能够稳定、阿富汗经济能够发展，将会对中国西部经济开发、边疆安全和毒品等非传统安全问题治理起到重要的促进作用。在美国与北约军事力量存在期间，中国对阿富汗事务参与力度有限、参与意愿不高，西方也未必乐于在阿富汗看到中国的存在与影响。但是在美国 2014 年撤退以后，作为阿富汗的邻国，中国将无可选择地增加对阿富汗事务的涉及与参与力度。总体来看，中国将会在阿富汗事务方面采取如下措施：

第一，中国要加强环阿富汗周边地区安全机制建设。在多边外交机制建设方面，我国目前已经主导建立了上海合作组织，并把上合组织的活动领域扩大到政治、经济、文化、军事和非传统安全等领域，成员国（包括观察员国）包括南亚、中亚、东亚等十多个国家，成为一个地域辽阔的综合性国际组织。另外，中国也在积极推动各种对话机制建设，已经启动的有中阿巴三边对话等。但是随着 2014 年北约撤退时间的来临，阿富汗将出现更多的不确定性因素。为了应对这些潜在威胁，中国可以考虑推动一个“阿富汗周边国家论坛”，以协调各国的阿富汗政策，避免在阿富汗的国际政治竞争甚至是斗争。另外，如何在阿富汗问题上协调印度与巴基斯坦的立场与政策，也是一个重要的挑战。中国可以考虑推动建立一个中印巴三边对话机制，以使中国能够在南亚发挥更大的作用，并拥有更大的战略自由度。

第二，中国要加强与阿富汗政府的联系与合作。中国与阿富汗的关系已经有所发展，并逐渐深入到警察培训、轻武器提供等具体领域，这将增加中国在阿富汗国内的影响力。但是与中国在阿富汗的经济存在相比，中国与阿富汗政府的关系还十分薄弱。在未来，中国要努力发展与阿富汗政府在多领域、多方面的关系，编织起一个中阿关系网络。另外，中巴关系一向是我国南亚政策的基石。中国可以借助巴基斯坦渠道，进一步促进与阿富汗的双边关系，甚至把这种关系转化为一种三边关系框架。

第三，中国要加强与阿富汗非政府、次政府行为体的联系与合作。阿富汗政府、包括中央政府在内的能力有限，各种地方势力、部族势力和非政府武装组织势力强大。为了维护自身利益，中国不仅要强化与阿富汗政府之间的关系，还要做好非政府行为体和次政府行为体的工作。特别是一些有重大影响力的武装组织与部落，经常会对中国利益产生不亚于政府的影响与压力。通过各种方式搞好与非政府行为体之间的关系，将会增加中阿关系的深度与弹性，有利于促进双边关系、维护中国在阿富汗的经济、安全利益。

小结

美国阿富汗政策的调整，具体来说，从阿富汗撤退的战略选择，将对阿富汗局势和中国产生复杂的影响。从一方面来看，美国撤离将消除阿富汗暴力活动的一个重要动机，将可能为阿富汗国内和解提供契机。对中国而言，美国及北约从阿富汗撤军，也使中国消除了西方将阿富汗建成一个战略基地的忧虑，对中国的宏观战略环境有利。但是从另一方面来看，美国及北约的撤离，也将使现存阿富汗政治、社会和经济结构失去一个有力的支撑，阿富汗将出现去中心化等不稳定趋势，将可能重新成为恐怖主义的温床，将会威胁中国和地区内国家的安全利益。为了应对美军撤退后的复杂局势，抓住2014年后的短暂机会窗口，中国应该加强多边机制建设，巩固与阿富汗政府的联系，增加与阿富汗非政府组织的互动，对阿富汗采取积极的谨慎参与政策，才有可能维持阿富汗稳定，维护中国的安全与利益。

图书在版编目（CIP）数据

美国反恐怖战略调整及其对中国的影响/张家栋主编．—北京：时事出版社，2013.6

ISBN 978-7-80232-591-3

Ⅰ．①美…　Ⅱ．①张…　Ⅲ．①美国—反恐怖活动—影响—中国—学术会议—文集　Ⅳ．①D771.288-53②D669.8-53

中国版本图书馆 CIP 数据核字（2013）第 110558 号

出版发行：时事出版社
地　　址：北京市海淀区巨山村 375 号
邮　　编：100093
发行热线：（010）82546061　82546062
读者服务部：（010）61157595
传　　真：（010）82546050
电子邮箱：shishichubanshe@ sina. com
网　　址：www. shishishe. com
印　　刷：北京百善印刷厂

开本：787×1092　1/16　印张：20.5　字数：263 千字
2013 年 6 月第 1 版　2013 年 6 月第 1 次印刷
定价：52.00 元
（如有印装质量问题，请与本社发行部联系调换）